· 宁夏回族自治区"十三五"重点学科建设成果

· 宁夏大学综合实力提升工程学科建设成果

·宁夏大学哲学学术文库·

任 军 ◎主编

伊本·赫勒敦
"文化科学"理论研究

冯杰文 ◎著

黄河出版传媒集团
宁夏人民出版社

图书在版编目（CIP）数据

伊本·赫勒敦"文化科学"理论研究 / 冯杰文著.
—银川：宁夏人民出版社，2015.12
（宁夏大学哲学学术文库 / 任军主编）
ISBN 978-7-227-06237-0

Ⅰ.①伊… Ⅱ.①冯… Ⅲ.①文化学—研究
Ⅳ.①GO

中国版本图书馆 CIP 数据核字(2016)第 003651 号

宁夏大学哲学学术文库　　　　　　　　　　　　　任军 主编
伊本·赫勒敦"文化科学"理论研究　　　　　　　　冯杰文 著

责任编辑　丁丽萍　赵学佳
封面设计　邵士雷
责任印制　肖　艳

黄河出版传媒集团
宁夏人民出版社　出版发行

出 版 人　王杨宝
地　　址　宁夏银川市北京东路 139 号出版大厦(750001)
网　　址　http://www.nxpph.com　　　　http://www.yrpubm.com
网上书店　http://shop126547358.taobao.com　　http://www.hh-book.com
电子信箱　nxrmcbs@126.com　　　　renminshe@yrpubm.com
邮购电话　0951- 5019391　　　5052104
经　　销　全国新华书店
印刷装订　宁夏银报印务有限公司
印刷委托书号　（宁)0000422

开　　本　787mm×1092mm　　1/32
印　　张　7.625
字　　数　250 千字
版　　次　2016 年 3 月第 1 版
印　　次　2016 年 3 月第 1 次印刷
书　　号　ISBN 978-7-227-06237-0/G·861
定　　价　29.00 元

总　序

哲学之于大学特别是综合性大学的价值是毋庸置疑的。如果没有对智慧的追求，大学可能就失去了存在的意义。对于中国的大学来说，明德亲民、止于至善的终极目标更是与哲学的精神和理念须臾不可分离。

宁夏大学自1958年建校以来就开始了哲学教育工作，1993年获批的东方哲学硕士学位授权二级学科点是宁夏大学设置最早的文科硕士点之一。随着宁夏大学在2008年进入"211工程"重点建设高校的行列，哲学学科也取得了跨越式发展。2011年，宁夏大学获批哲学硕士学位授权一级学科点，现有外国哲学、伦理学、宗教学3个二级学科点。经过多年的发展，宁夏大学哲学学科所取得的成就主要表现在以下方面。

第一，师资力量雄厚。宁夏大学哲学学科核心团队共有骨干人员21人，其中教授8人，副教授11人，博士14人。学科成员大多毕业于北京大学、中国社会科学院、中国人民大学、中山大学、东南大学、中央民族大学、兰州大学、四川大学、西北大学、华中师范大学、陕西师范大学等知名高校和研究机构，具有较为完备的职称结构、学历结构、年龄结构和学缘结构。团队成员中，多人入选国家百千万人才工程、国务院特殊津贴，以及宁夏回族自治区政府特殊津贴、宁夏回族自治区"国内引才312计划"、"313人才计划"、"四个一批"人才，高层次人才和国际化人才建设工作取得一定进展。哲学学科的教学科研骨干全部具有主持国家级、省部级课题的经历，有各自侧重的具体研究领域，为本学科的持续发展打下了坚实基础，从而保证了本学科在区内的领先地位和在国内的学术影响力。

第二，科研能力突出。宁夏大学哲学学科近年来共获批主持国家社科基金课题18项，其中国家社科基金重大项目1项，国家社科基金重大项目子项目3项，国家社科基金一般项目、青年项目、西部项目14项，同时，主持省部级课题近20项，科研经费达400余万元。其中，以李伟教授为首席专家主持的国家社科基金重大项目《我国多民族道德生活史系列研究》，充分反映了本学科在伦理学，特别是民族伦理学研究领域的雄厚实力和优势地位。以任军教授、冯璐璐教授为学科带头人的外国哲学及阿拉伯伊斯兰文化研究，以及以吕耀军教授为带头人的涵盖伊斯兰教、道教、藏传佛教等领域的宗教学研究积淀深厚，在国内相关研究领域居于前沿地位，部分研究成果已达到国内领先水平。

第三，人才培养质量逐步提升。宁夏大学哲学学科是宁夏回族自治区唯一一个培养从事哲学研究和哲学教育高层次专门人才的基地，自招收硕士研究生20年来，培养出哲学硕士100余人，其中不乏丁克家研究员、吕耀军教授、冯璐璐教授这样的优秀毕业生。近年来，研究生公开发表学术论文的数量和发表期刊的级别都有明显的上升。同时，研究生参加国内外高层次学术会议、赴国内外访学和承担研究生创新项目，以及获得国家奖学金、学业奖学金及其他各类奖项的数量显著增长。

第四，学术交流活动日益频繁。近年来，宁夏大学哲学学科主办和承办了"第21次中韩伦理学国际学术研讨会"、"儒学与中国少数民族文化"、"中国多民族道德生活史学术研讨会"等国际性和全国性学术会议，先后与美国、加拿大、日本、韩国、巴基斯坦、伊朗、约旦、阿联酋及港台地区知名学者开展学术交流多次，有多名学术骨干访问美国、韩国、马来西亚、以色列、土耳其等国，同时，与台湾、香港等地高校签署了人才培养、师资队伍建设、学科建设合作协议。

第五，学术建设成果累累。目前，宁夏大学哲学学科已经取得的标志性成果有四项。一是学科成果。本学科经过多年发展，现已建成宁夏回族自治区唯一的哲学硕士学位授权一级学科点，扩展了宁夏回族自治区和宁夏大学的学科布局。外国哲学和伦理学先后成为宁夏大学重点建设学科。二是平台成果。成立我国第一个民族伦理学学术团体——中国民族伦理学会，会长单位和秘书长单位均为宁夏大学。三是项目成果。依托宁夏大学哲学学科立项的《我国多民族道德生活史系列研究》，是宁夏大学第一个，同时也是宁夏回族自治区第一个国家社科基金重大项目，具有突破性质。四是研究成果。近年来，学科成员出版著作20余部，发表核心期刊论文100余篇，有20余项成果获得自治区社科优秀成果奖、中国伦理学会学术成果奖等奖项。

2012年，宁夏大学作为宁夏回族自治区唯一一所"211工程"重点建设高校和省部共建高校，成为"中西部高校综合实力提升"工程入选高校；2015年，宁夏大学哲学学科获批宁夏回族自治区"十三五"重点学科。这都为哲学学科的发展带来了良好的机遇，《宁夏大学哲学学术文库》就是得益于这些支持才得以面世的。同时，本文库的出版，与宁夏人民出版社的丁丽萍女士所提供的帮助是密不可分的，特此致谢。

　　本文库第一批中，顾世群博士的《〈古兰经〉伦理思想研究》，尹强博士的《卢梭的自由观研究》，冯杰文博士的《伊本·赫勒敦"文化科学"理论研究》，刘莉博士的《道教天心派北极驱邪院研究》，曹庆锋博士的《马来西亚伊斯兰复兴运动研究》，林冬子博士的《鹖冠子》研究》，大多为在该学科领域的博士学位论文的基础上修改而成的，既有一定理论功底，又有独到学术见解，反映出宁夏大学哲学学科近年来在人才队伍建设和学术研究方面的进步和成就。我们也希望，随着宁夏大学哲学学科建设的不断推进，本文库会有更多的佳作与读者见面。

目　录

绪　论

　　伊本·赫勒敦于 1332 年生于突尼斯,1406 年卒于埃及,伊斯兰世界"百科全书式"的思想家,"文化科学"理论的创建者,历史哲学的奠基人。希提评价其为"历史的真正广度和性质的发现者,社会学科学的真正奠基人,伊斯兰教所产生的最伟大的历史哲学家,也是历代最伟大的史学家之一'①。

一、伊本·赫勒敦"文化科学"理论概述

　　伊本·赫勒敦在学术上的突出贡献在于其创建了包含丰富的历史哲学和社会学等思想的"文化科学",李振中先生称其为"社会历史哲学"。伊本·赫勒敦"文化科学"的创建,有三个最基本的客观条件成为了其促成因素。

　　一是深厚的学术积淀。早期在突尼斯著名的宰墩大清真寺对《古兰经》、"圣训"、教义学、教律学、神秘主义等经典和学科的学习,后来在埃及从事大法官和爱资哈尔大学教师工作时对伊斯兰经典的研读,使其积累了深厚的伊斯兰文化知识。由于阿拉伯帝国"百年翻译运动"对古希腊、罗马、波斯、印度等国文化典籍的翻译,阿拉伯亚里

---

①〔美〕希提:《阿拉伯通史》(下册),马坚译,商务印书馆,1995 年,第 679 页。

士多德学派对亚里士多德经典的注释、研究和评价,使其有机会更多地了解古希腊、罗马、波斯、印度等国的文化典籍。拉威若斯认为:伊本·赫勒敦几乎涉猎了 9 世纪以来穆斯林学者从希腊翻译来的所有学术资源,并且此后穆斯林学者从"百年翻译运动"继承和发展而来的几乎所有学术资源,他也进行了涉猎。[①]以亚里士多德为代表的古希腊学者和以伊本·西那、伊本·鲁世德为代表的阿拉伯亚里士多德学派的成员大都是"百科全书式"的思想家,伊本·赫勒敦在导师伊本·易卜拉欣·阿比利(1356 年卒)的指导和自学的基础上,了解或掌握了包括哲学在内的多门学科。正如《伊本·赫勒敦自传》一书所言:伊本·赫勒敦师从阿比利,从数学和逻辑学开始学起,然后伸展开去,包括哲学的各学科。阿比利并不追随某个具体的哲学派别,而是与学生一起阅读伊本·西那、拉齐和伊本·鲁世德的主要著作。[②]除此之外,在突尼斯、埃及和叙利亚大图书馆和档案室的阅读,也为其了解不同国家的历史和文化奠定了基础。

二是丰富的社会阅历。伊本·赫勒敦一生的大部分时间是在迁徙和旅行中度过的,其足迹遍及马格里布地区、穆斯林西班牙[③]、埃及、麦加、耶路撒冷和伯利恒等地。旅行使他开阔了视野,积累了丰富的社会阅历,结识了大批知名的学者,旅行也提升了其丰富的想象能力和独特的视角。伊本·赫勒敦曾经参与了马格里布地区、穆斯林西班牙和埃及等地区多个王朝的政治事务,结识了多个王朝的政要,向多个王朝政要建言献策。他还曾两次跟随埃及的素丹法赖吉亲征,在跟随法赖吉抗击帖木儿时,曾冒着生命危险会见了帖木儿帝国的开国皇帝帖木儿,并且与帖木儿有过 35 天的交往。除此之外,伊本·赫勒敦还曾六次担任过埃及的马立克派大法官,出任过拜伯而斯学院院

---

①Ibn Khaldun, An Introduction to History, Translated and introduced by Franz Rosenthal, Abridged and edited by N.J.Dawood, Princeton: Princeton University press, 2005, p.xi.

②转引自马小鹤:《伊本·赫勒敦》,台北东大图书股份有限公司,1993 年,第 17～18 页。

③即穆斯林统治时期的西班牙。

长等职。对多个王朝政治事务的参与，大法官和学院院长职务的担任，使其对王朝的治理，王朝的兴衰，学者在王朝治理中的作用等问题有了深刻的认识。正如马小鹤先生所言：伊本·赫勒敦在马格里布政治上的失败以及他与新的埃及文化环境的接触，使他对政治的态度发生了决定性的变化。他不再努力通过亲自行使行政权力，或者通过教导一位君主成为哲人王的办法来改造社会。他在隐退期间所获得的对社会事件的性质与原因的理解，揭示了学者在社会事务中作用的新观念。这种态度在埃及变得更加明确了，他采取了社会领导力量二元论的观点：社会的领导力量一方面是君主，另一方面是学者，特别是执行法律的学者，即法官。这种观点强调在教律的支持下两者紧密合作的必要性：君主应该维护政治稳定，保护臣民，礼贤下士；学者应该领悟、解释和运用教律；这样社会就不会由于人类动物式的激情得不到抑制而导致内部虚弱与道德沦丧。①

三是地中海沿岸文化的繁荣与多元文化的交汇。伊本·赫勒敦曾经生活或造访过的马格里布地区、穆斯林西班牙、埃及、耶路撒冷等地，皆位于地中海沿岸。地中海位于欧、亚、非三洲之间，是世界文化交汇与激荡的旋涡，多种文化的聚合地和分流地。地中海孕育了高度发达的古希腊—罗马文化，执欧洲牛耳的基督教在地中海兴起。古希腊罗马文化借助于阿拉伯人之手回传到欧洲。地中海兴起的古希腊—罗马文化以及基督教文明通过各种渠道向世界各地辐射。在伊本·赫勒敦时代兴起的"文艺复兴"与资本主义的萌芽均产生在地中海地区。地中海沿岸在伊本·赫勒敦时代是伊斯兰世界与多种文化交融的中心，这里是犹太教、基督教、伊斯兰教、希腊科学和阿拉伯诗歌艺术相互交融的地区，同时，地中海地区还通过贸易活动与亚洲其他地区连接起来，这里成为14世纪联系伊斯兰世界的重要纽带。地中海沿岸文化的繁荣，多元文化的交汇，开拓了伊本·赫勒敦的学术视

①马小鹤：《伊本·赫勒敦》，台北东大图书股份有限公司，1993年，第36页。

野,为其了解其他文明提供了方便。深厚的学术积淀,丰富的社会阅历,以及地中海沿岸多元文化的交汇,加上伊本·赫勒敦精妙的构思,最终促成了《历史绪论》的诞生和"文化科学"理论的创建。

伊本·赫勒敦"文化科学"理论突出的特点在于:一是由于受亚里士多德等古希腊思想家的影响,重视历史、政治、经济、城市、学科知识等领域的共时性研究;二是由于受亚里士多德等古希腊思想家的影响,涉猎的学科领域广泛,除了对历史、政治、经济等学科的研究外,仅《历史绪论》的第六章"论科学及科学知识的获得与研究"中就涉及 20 多门学科;三是伊本·赫勒敦的"文化科学",并未将研究的侧重点放在"认主归真"上,而是放在了"人是真主在人间的代治者"如何履行好"代治者"的使命上,即如何实现对世俗社会的有序治理上。

伊本·赫勒敦"文化科学"理论的主要贡献在于:一是在史学研究上,将史学分为"外在史学"和"内在史学",主张史学研究不能仅停留在对个别历史事件记述的"外在史学"研究上,而是应该由"外在史学"转入"内在史学"的研究,即从哲学入手研究历史,从文明的共时性结构入手研究历史。也主张对历史的研究不能仅仅局限于历史学一门学科,应采取多学科交叉研究的方法,他说:历史学家的首要任务就是不惜一切代价去寻求真理。他不仅应具有深邃的思想和严密的逻辑思维,而且还应博学多识,了解一切与文化科学相关的那些学科的理论和知识,如政治学、经济学、地理学、军事学等,以及建立在这些知识之上的史料考证法。[1]这种历史的研究范式,成就了伊本·赫勒敦成为历史哲学的奠基人和创建者的地位。二是伊本·赫勒敦"文化科学"中对经济理论的研究,是中世纪思想家对经济理论进行较为系统研究的为数不多的学者之一。中世纪,不管是西方,还是伊斯兰世界,对经济理论系统探讨的学者不多。奥地利经济学家约瑟夫·熊彼特(1883～1950 年)在其经典《经济分析史》中认为:希腊和拉丁经

---

①Ibn Khaldun,An Introduction to History,Translated from the Arabic by Franz Rosenthal, London,1958,vol.1,p.15、56.

院哲学家，尤其是圣·托马斯·阿奎那时期的几个世纪为"空白的世纪"，期间，经济方面几无著述。[①]伊斯兰世界，除了艾布·优素福（731～798年）、伊本·泰米叶（1263～1328年）等思想家在其相关著作中有一些经济议题外，对经济理论进行较为系统研究的就是伊本·赫勒敦。三是伊本·赫勒敦"文化科学"中提出的许多观点都具有超前性。正如泰旺西1962年在开罗出版的《伊本·赫勒敦》一书中所言："伊本·赫勒敦不少有趣的观点和理论是西方思想家和哲学家后来才发现的。他详细地讨论了政府与主权、暴政对人民的影响、统治者的品质、国家的妨御、战士的薪俸、统治者与其臣民在经商盈利方面的竞争、统治者贪图人民的钱财，以及由此而引起的人民对他的憎恨。他还讨论了一国之内混乱状态的扩散和战士攫取人民钱财等问题——所有这些都走在《王术》的作者、著名的意大利哲学家马基雅维利前面很远。伊本·赫勒敦在其《历史绪论》中还研究了历史哲学，说明人与社会之间的相互关系，要远远早于法国哲学家、现代社会学之父奥古斯特·孔德。伊本·赫勒敦在进化论的创建者，英国科学家查理·达尔文之前很久，就宣称环境与进化对这个世界上的生物的生命有影响。伊本·赫勒敦对游牧民比对城市居民更赞赏。哲学家卢梭曾经号召人们返璞归真，他在卢梭以前，很久就认为游牧民比城市居民更好。正是伊本·赫勒敦在社会主义的建筑师卡尔·马克思之前很久就认为各代人之间状况的不同是因为他们的生活方式不同。他还在斯宾塞以前就确立了两条重要的原理：第一，宗教感情与生活中的合作是人们聚居的首要原因之一；第二，当一个国家沉溺于奢侈和闲暇之中时，它的衰弱就开始了。他的走在时代之前的观点还有：'被征服者总是热衷于在为人处世、衣饰服装、人生信条和风俗习惯等方面去同化征服者。'法国社会学的创建者涂尔干借用了不少伊本·赫勒敦的思想：社会的生命是一种实实在在的实体，社会的规模

[①]Joseph A. Schumpeter. History of Economic Analysis. New York: Oxford Universiy Press, 1954,p.74.

与其财富之间有一种关系,从历史上来说,对社会的研究包括了国民生活的所有方面,要决定一个社会是野蛮的还是文明的,是统一的还是分裂的,是征服者的还是被征服者的,要讨论国家的政治地位和人们的谋生手段……"①

正因为伊本·赫勒敦在《历史绪论》中创建的"文化科学"具有如此重要的贡献,他得到了后来一些知名思想家的高度评价。英国著名的历史学家汤因比在《历史研究》中做过这样的评价:"突尼斯的阿甸杜勒·赖哈曼·伊本·穆罕默德·伊本·赫勒敦·哈达拉米(A.D.1332~1406年)———一位阿拉伯的天才,他在作为一个成年人的54年工作生涯中,用一次不到4年的隐居,完成了一部著作,从而达到了毕生事业的顶峰,这部著作在视野的广度和深度方面,在聪明才智方面,都可以与修昔底德或马基雅维利的作品相媲美。伊本·赫勒敦这颗明星与他所掠过的黑暗夜空相比就显得更加明亮耀眼了;因为修昔底德、马基雅维利和克拉林顿都是光明时代和地区的光辉代表,而伊本·赫勒敦却是他那片夜空中唯一的灿烂的光点。他所属的这个文明的社会生活整个来说是'与世隔绝,穷困,肮脏,野蛮与贫乏的',在这个文明的历史上他确实是一个出类拔萃的人物。在他所选择的智力活动领域里,他得不到什么先驱者的启发,在自己同时代人当中,他找不到什么知音,而且没有在什么后继者当中激起灵犀相通的心灵火花;然而在其《殷鉴》的《绪论》(Muqaddimat)中,他精心构思和明确表述了一种历史哲学,这无疑是古往今来,普天之下任何心灵所曾经构想过的这类著作中最伟大的一部。"②1893年,弗林特在其《法国、比利时和瑞士历史哲学史》中对伊本·赫勒敦的评价是:"讲到历史的科学或历史的哲学,一个最辉煌的名字为阿拉伯文献赢得了光彩。古典世界或中世纪基督教世界都没有能够出现一位差不多同样辉煌的人物。伊本·赫勒敦(A.D.1332~1406年),如果仅仅被看做一位历史学家,那么他在阿拉

①转引自马小鹤:《伊本·赫勒敦》,台北东大图书股份有限公司,1993年,《自序》第3~4页。
②转引自马小鹤:《伊本·赫勒敦》,台北东大图书股份有限公司,1993年,《自序》第5~6页。

伯作者当中也是出类拔萃的,但是作为一位历史理论家,在维科出现之前的三百多年中，在任何年代和国家中他都是无与伦比的。柏拉图、亚里士多德和奥古斯丁都不能与他匹敌,其他所有的人根本不可同日而语。他的创建性和睿智,他的深邃和他的广博同样令人惊叹。然而,他是一位出格的人物,在历史哲学领域里,他与同一信奉宗教的人相比,与同时代人相比,是超凡出众、独一无二的,就像但丁在诗歌领域里或罗吉·培根在科学领域里一样。阿拉伯历史学家确实收集了他所能运用的资料,但是只有他一个人驾驭了这些资料……"1947年萨尔顿出版的《科学史导言》中对伊本·赫勒敦的评价是:"伊本·赫勒敦是一位史学家、社会学家、经济学家、人类事务的深入的研究者,渴望分析人类的过去以求了解人类的现状和未来。他不仅是中世纪最伟大的史学家,像一位巨人在一个侏儒部落中似的鹤立鸡群,他还是第一批历史哲学家之一,马基雅维利、博丹、维科、孔德和寇诺特的先驱者。在中世纪的基督教史学家当中只有一位或两位可以与他比一比,那就是鄂图和约翰,而他们与他之间的距离实在很大,要远远大于他与维科之间的距离。同样值得注意的是,伊本·赫勒敦敢于深入思考我们今天所谓的历史研究方法……"①美国的东方学家希提在《阿拉伯通史》中写到:"伊本·赫勒敦的声望,是从他的《绪论》获得的,他在这篇绪论里,初次提出一种历史发展的理论,这种理论正确地认识到气候、地理、道德和精神力量等物质条件的作用。伊本·赫勒敦致力于叙述民族盛衰的规律,因此,我们可以说他是历史的真正广度和性质的发现者,正如他自己所说的那样,至少我们可以说,他是社会科学的真正奠基人。没有一个阿拉伯作家,也没有一个欧洲作家,曾经用那样既渊博又富于哲学卓见的眼光来观察历史。所有评论家一致的意见是,伊本·赫勒敦是伊斯兰教所产生的最伟大的历史哲学家,也是历代最伟大的史学家之一。"②

---

① 转引自马小鹤:《伊本·赫勒敦》,台北东大图书股份有限公司,1993年,第259~260、264页。
② 〔美〕希提:《阿拉伯通史》(下册),马坚译,商务印书馆,1995年,第679页。

二、国内外研究现状

对于伊本·赫勒敦的"文化科学"理论,从 1406 年至 1806 年 4 个世纪当中没有引起学术界足够的重视,特别是中国和欧洲的学术界,对这位伟大的阿拉伯历史学家几乎一无所知。但从 19 世纪开始,其"文化科学"理论的重要性日益受到学术界的重视,尤其是欧洲学术界对其"文化科学"理论展开研究,并于 19 世纪初到 20 世纪中叶形成了一股研究热潮,直至第二次世界大战以后,相关著作仍在不断出版。通过对其著作的翻译和研究,欧洲学者惊奇地发现,他们当时提出和研究的许多观点,在中世纪末期伊本·赫勒敦就在《历史绪论》中阐述其"文化科学"理论时早已提出。中国学者对这位伟大的阿拉伯历史学家的了解比欧洲学者又晚了一个多世纪。20 世纪上半叶,中国学者通过翻译出版英国历史哲学家弗林特的《历史哲学概论》、荷兰学者第·博亚的《回教哲学史》[①]时才初步了解。中国学者早期撰文对伊本·赫勒敦思想进行研究,至今能够查阅到的资料是 1945 年 5 月《东方杂志》刊登了著名社会学家陈定闳(时任中央大学总务长,社会学系教授)的论文《回教社会学家伊本·哈勒敦》,此后一直未引起学术界的重视。直至 20 世纪 80 年代初,复旦大学的张广智教授在《历史教学》1982 年第 6 期发表了《伊本·卡尔敦及其〈通史〉》,中国学者才真正开始对伊本·赫勒敦的思想进行研究,并陆续发表了 10 余篇文章,对其生平、著作和其"文化科学"理论进行介绍。总体上来看,19 世纪以来学术界对"文化科学"理论的研究呈现出三大研究趋势:一是对其所有著作中最著名的也是今天流传最为广泛的历史学巨著《阿拉伯人、外国人、柏柏尔人的历史纲要和殷鉴》(以下简称《殷鉴》)的第一编《历史绪论》的选本或全本的搜集、刊行、翻译和出版;二是对伊本·赫勒敦"文化科学"理论的概括性研究;三是对伊本·赫勒敦

---

①弗林特:《历史哲学概论》,新月书店,1928 年;第·博亚:《回教哲学史》,马坚译,商务印书馆,1946 年。这两部著作都对伊本·赫勒敦的历史思想做过简要评价。

"文化科学"理论的专题性研究。

（一）《历史绪论》的选本或全本的刊行、翻译和出版情况

伊本·赫勒敦的"文化科学"理论主要集中在其历史巨著《殷鉴》的第一编《历史绪论》中。《历史绪论》共分六章：第一章总论人类文明；第二章研究贝杜因（农牧）文明，其他野蛮民族与部落及其生活条件；第三章研究王朝、王权、哈里发政权及王朝官制；第四章研究定居文明、国家与城市；第五章研究各种谋生之道，特别是工商业；第六章论科学及科学知识的获取。学术界对伊本·赫勒敦"文化科学"理论早期的研究工作主要是对《历史绪论》抄本的收集和对《历史绪论》选本或全本的刊行、翻译以及出版。

1.《历史绪论》选本和全本的刊行情况

18世纪，皮里宰德赫将《历史绪论》翻译成了土耳其文，并于1859年在开罗与阿拉伯原文一起刊行，1860年在君士坦丁堡分为三卷单独刊行。1810年，戴·萨西刊行并翻译了《历史绪论》中关于寻找宝物和强国建立雄伟建筑物的片段，并于1826年、1829年和1831年陆续刊行《历史绪论》的选粹。1816~1818年，哈默刊行了《历史绪论》的几个片段，并于1822年在《亚洲杂志》上介绍了《历史绪论》的前五章。1824年，加森·戴·塔西在《亚洲杂志》上介绍了《历史绪论》的第六章。1824年、1825年和1827年，科凯贝特·戴·蒙特布雷在《亚洲杂志》刊行了《历史绪论》的一些选粹。[①]

2.《历史绪论》选本和全本的出版和翻译情况

除了刊行《历史绪论》的选本和全本以外，学术界还对《历史绪论》的选本和全本进行出版和翻译。比较能反映全貌的阿拉伯文选本是佩雷斯1947年在阿尔及尔出版的《伊本·赫勒敦，〈绪论〉和〈殷鉴〉精选》。比较容易找到的阿拉伯文选本是 D.B.麦克唐纳1905年在莱登初版，1948年重印的《伊本·赫勒敦，〈绪论〉选》。德文选本有席梅尔

---

① 参见马小鹤：《伊本·赫勒敦》，台北东大图书股份有限公司，1993年，第253~256页。

1951 年出版的《伊本·赫勒敦,〈绪论〉精选》。1943 年出版过《历史绪论》的希伯来文选本,1966 年出版过《历史绪论》的印地文选本。出版比较典型的全本有 1852～1856 年卡特勒梅勒编辑出版的《历史绪论》和胡里尼 1867 年编辑出版的《殷鉴》的全本中的第一编。《历史绪论》编辑出版之后被学术界翻译成多种语言,将《历史绪论》的翻译出版推向高潮。1862～1868 年,德斯朗将《历史绪论》翻译成法文出版。1954 年翻译出版了第二个土耳其文译本。1967 年翻译出版了第二个法文译本。1958 年翻译出版了罗森撒尔的英译本(三卷),罗森撒尔的三卷英译本还被达吾德节写成一卷,作为普及本出版。1958 年翻译出版了葡萄牙文译本。1967 年出版了希伯来文译本。此外,《历史绪论》还分别于 1924 年、1957 年和 1961 年被翻译成乌尔多文、波斯文和印地文出版。①

(二)对伊本·赫勒敦"文化科学"理论的概括性研究

对伊本·赫勒敦"文化科学"理论的概括性研究,主要从总体上揭示了伊本·赫勒敦社会学和历史学思想的主要内容,并将伊本·赫勒敦的相关理论与欧洲学者的相关观点进行了比较,论证其"文化科学"理论对欧洲的影响以及伊本·赫勒敦在学术界享有的地位。

1.对伊本·赫勒敦社会学思想的概括性研究

对《历史绪论》中社会学思想的概括性研究从 19 世纪以来日益受到学术界的重视,研究成果日益丰富。比较典型的研究成果有:布图尔在 1930 年博士论文的基础上写成的《伊本·赫勒敦,他的社会哲学》,以对《历史绪论》进行具体分析为依据,同时分析了伊本·赫勒敦的其他相关著作,概括出伊本·赫勒敦的社会学理论。莫尼艾 1930 年在巴黎出版的《北非的社会学集成》,主要以《历史绪论》为依据编辑出版。拉科斯特 1966 年在巴黎出版了《伊本·赫勒敦,历史学的诞生和第三世界的过去》,将伊本·赫勒敦对当时的马格里布的观察看作是一种中世纪北非的社会学和政治经济学,此书在 1971 年被翻译成西班牙文,1977 年翻译

①参见马小鹤:《伊本·赫勒敦》,台北东大图书股份有限公司,1993 年,第 258～268 页。

成阿拉伯文,1984 年翻译成英文,影响相当大。[1]巴利和瓦迪 1981 年在波士顿出版了《从社会的角度看伊本·赫勒敦和伊斯兰思想方式》,该书分别从理想主义与现实主义、权利与权力、理性与信仰以及伊斯兰教与游牧文明四个方面论述了伊本·赫勒敦的社会学思想,特别分析了《历史绪论》中社会学思想的独特价值。[2]巴利 1988 年在奥尔班尼出版的《社会、国家和都市生活:伊本·赫勒敦的社会学思想》一书对伊本·赫勒敦的乌玛思想、社会和文化、团体意识、国家的兴衰、历史循环理论、都市生活等思想进行概括,并将伊本·赫勒敦和西方著名的社会学家孔德、迪尔凯姆的社会学思想进行比较,发现他们的许多理论都有相似之处,强调伊本·赫勒敦的思想在社会学方面的重要贡献。[3]巴利 1992 年在波士顿出版了《社会组织:伊本·赫勒敦的社会学思想》,对《历史绪论》中关于家庭、教育、宗教、政治、经济方面的内容进行分析和整理,从社会组织的视角进行论述。[4]马哈穆迪·达乌迪在论文《伊本·赫勒敦和西方经典社会学家社会动力思想研究》中,在对伊本·赫勒敦辩证的文明观做了总体介绍的基础上,将伊本·赫勒敦的社会循环理论和西方社会达尔文主义分别放在同时代的阿拉伯和西方的社会环境下进行比较研究,并对伊本·赫勒敦与西方经典社会学家的宗教伦理观、社会失范、类型学、社会决定论进行比较研究。[5]赛依德·法里德·艾里塔斯的论文《伊本·赫勒敦和当代社会学》,介绍了伊本·赫勒敦及其历史社会学思想的概观,讨论了伊本·赫勒敦历史社会学思想被边缘化的原因,提出在多元文化背景下对非西方的学术思想也应该给予重视,并提

①参见马小鹤:《伊本 赫勒敦》,台北东大图书股份有限公司,1993 年,第 271~272 页。

②Baali,F.and Wardi,A,Ibn khaldun and Islamic Thought-styles:a Social Perspective ,Boston: G.K.Hall,1981.

③Baali,F,Society,State, and Urbanism: Ibn khaldun's Sociological Thought, Albany: State University of New York Press,1988.

④Baali,Social Institutions:Ibn khaldun's Sociological Thought, Boston: University Press America,1992.

⑤Dhaouadi, Mahmud, "An Exploration into Ibn Khaldun and Western Classical Sociologists Thought on the Dynamics of Change", Islamic Quarterly, Vol. 30, No.4,1986,p.248 .

出将伊本·赫勒敦历史社会学思想纳入历史社会学主流的建议。[①]

2.伊本·赫勒敦社会学思想与欧洲社会学理论的比较研究

学术界将伊本·赫勒敦与马基雅维利、孔德、马克思和迪尔凯姆等人的思想进行比较，并研究了伊本·赫勒敦社会学思想对欧洲社会学理论的影响，甚至克雷默和弗林特等西方学者也认为伊本·赫勒敦是社会学理论的奠基人之一。贝克和伯恩斯认为伊本·赫勒敦社会学思想对欧洲社会学理论的直接影响始于1899年，1899年波兰社会学奠基人之一龚普洛维奇发表的社会学论文中包括伊本·赫勒敦社会学思想的章节。罗伯特·奥本海默的冲突理论受伊本·赫勒敦土地改革思想的影响。霍普金斯认为恩格斯的历史唯物主义思想与伊本·赫勒敦《历史绪论》中的许多观点有相似之处。[②]

3.对伊本·赫勒敦历史哲学思想的概括性研究

对伊本·赫勒敦历史哲学思想进行概括性研究的学术成果有：1879年克雷默在维也纳发表的论文《伊本·赫勒敦及其伊斯兰文明史》、邦巴西1946年在意大利比萨发表的《伊本·赫勒敦的历史学说》、塔尔比1973年在突尼斯出版的《伊本·赫勒敦与历史》[③]、麦海迪在博士论文的基础上写成的《伊本·赫勒敦的历史哲学、文化科学的哲学基础的研究》[④]、伊萨维1950年在伦敦出版的英文选本《阿拉伯的一种历史哲学》[⑤]、拉比卡和邦夏克1965年在巴黎出版的法文选本《伊本·赫勒敦的理性主义》[⑥]等。此外，马小鹤的著作《伊本·赫勒敦》用了两章内容研究了伊本·赫勒敦的历史哲学。[⑦]蔡德贵的著作《东方

---

① Syed Farid Alatas,"Ibn Khaldun and Contemporary Sociology", International Sociology, Vol 21, No.6, 2006,p.782.

② Syed Farid Alatas,op.cit.,p.786～788.

③参见马小鹤：《伊本·赫勒敦》，台北东大图书股份有限公司，1993年，第259～269页。

④ Mahdi,M, Ibn khaldun's Philosophy of History.A study in the Philosophic Foundations of the science of culture. Chicago: University of Chicago Press,1964.

⑤参见马小鹤：《伊本·赫勒敦》，台北东大图书股份有限公司，1993年，第267页。

⑥参见马小鹤：《伊本·赫勒敦》，台北东大图书股份有限公司，1993年，第267～268页。

⑦参见马小鹤：《伊本·赫勒敦》，台北东大图书股份有限公司，1993年，第43～117页。

著名哲学家评传》(西亚北非卷)部分章节对伊本·赫勒敦历史哲学的主要内容进行了介绍。①张广智的论文《伊本·卡尔敦及其〈通史〉》对伊本·赫勒敦的新科学即"文化科学"的内容从历史应作为一门科学、历史学的研究对象、历史发展理论、地理环境对人类历史进程的影响等方面做了简要概括。②徐善伟的论文《伊本·卡尔敦的史学观》，结合当代史学的发展趋势，对伊本·赫勒敦的史学观从"内在史学"和"外在史学"、史学的整体性和多学科研究两个方面进行诠释。③许晓光的论文《浅析赫勒敦史学研究中的唯物论思想因素——兼及伊斯兰文化对西欧文化的影响》，从伊本·赫勒敦关于民族的兴衰、人民的经济活动及其与国家的关系、国家和王权产生的物质要素等方面的论述中挖掘伊本·赫勒敦史学研究中的唯物论思想因素。④徐善伟在论文《论伊本·卡尔敦的历史哲学》中认为，伊本·赫勒敦是从历史学与哲学的交叉点上构思出他的"新科学"——"文化科学"，也就是历史哲学，并对伊本·赫勒敦关于历史哲学的研究对象、人类文化的产生、发展阶段和演变过程做了总体概括，阐述了伊本·赫勒敦关于对人类文化演进的决定因素的论述。⑤胡小溪的论文《孤独的夜行者——伊本·赫勒敦》，对伊本·赫勒敦的生平做了简要概括，重点研究了伊本·赫勒敦关于历史研究的四大规律，即因果律、相似率、可能律和变化率。⑥

4.将伊本·赫勒敦的社会学和历史学思想结合起来进行研究

学术界除了将伊本·赫勒敦的社会学和历史学思想分别进行研究外，还将二者结合起来进行研究。比较典型的研究成果有：芭齐耶

①蔡德贵：《东方著名哲学家评传》(西亚北非卷)，山东人民出版社，2000年，第479～493页。

②张广智：《伊本·卡尔敦及其〈通史〉》，《历史教学》，1982年第6期，第43～44页。

③徐善伟：《伊本·卡尔敦的史学观》，《史学史研究》，2000年第3期，第75～79页。

④许晓光：《浅析赫勒敦史学研究中的唯物论思想因素——兼及伊斯兰文化对西欧文化的影响》，《史学理论研究》，2008年第4期，第35～43页。

⑤徐善伟：《论伊本·卡尔敦的历史哲学》，《史学理论研究》，2001年第3期，第101～112页。

⑥胡小溪：《孤独的夜行者——伊本·赫勒敦》，《世界文化》，2008年第7期，第26～27页。

娃在1959年博士论文的基础上写成的《伊本·赫勒敦〈绪论〉的历史学和社会学研究》、艾阿德在1930年博士论文的基础上写成的《伊本·赫勒敦的历史学和社会学》①，以及李振中的论文《社会历史哲学奠基人伊本·赫勒敦》②。

（三）对伊本·赫勒敦"文化科学"理论的专题性研究

对伊本·赫勒敦"文化科学"理论的专题性研究主要是从伊本·赫勒敦的文明观、宗教思想、经济思想以及人性论与方法论等不同侧面进行分析。

1.伊本·赫勒敦文明观的研究

乔安·皮·阿伦逊和乔治·斯坦斯的论文《伊斯兰背景下的文明和国家形式：重读伊本·赫勒敦》，将伊本·赫勒敦的文明观放在伊斯兰背景下，从政治、经济、宗教等方面进行解读。③马哈茂德·达吾迪的论文《伊本·赫勒敦文明观的新探索》，将伊本·赫勒敦文明观放在伊本·赫勒敦所处的社会历史背景下进行研究，并对西方一些学者对伊本·赫勒敦文明观的研究提出了自己的看法。④

2.伊本·赫勒敦的宗教思想研究

斯蒂芬·坎赛维特的论文《〈历史绪论〉中的神秘主义思想：伊本·赫勒敦的苏非神秘主义观》，对伊本·赫勒敦苏非神秘主义思想进行梳理，从伊本·赫勒敦关于苏非神秘主义的修行目标、修行方式等内容进行研究。⑤此外，萨德1973年在马德里出版的《伊本·赫勒敦的宗

①参见马小鹤：《伊本·赫勒敦》，台北东大图书股份有限公司，1993年，第268页。

②李振中：《社会历史哲学奠基人伊本·赫勒敦》，《回族研究》，2004年第1期，第81～86页。

③Johann P. Arnason and Georg Stauth,"Civilization and State Formation in the Islamic Context: Re-Reading Ibn Khaldun", Thesis Eleven, Number 76, February 2004, p.29～47.

④Mahmoud Dhaouadi,"New Explorations in the Making of Ibn Khaldun's Umran (Civilization) Mind", International Sociology Review of Books, Vol. 23, No. 2, 2008, p.221～224.

⑤Stephen Casewit, "The Mystical Side of the Muqaddimah: Ibn Khaldun's View of Sufism", Islamic Quarterly, Vol. 29, No.3,1985,p.172.

教思想》、拉比卡 1968 年在阿尔及尔出版的《伊本·赫勒敦的政治学
和宗教学》①、叙利瓦 1947 年在《伊斯兰文化》上发表的《伊本·赫勒敦
和伊斯兰神秘主义》②、芭齐耶娃 1968 年发表的《对于试图澄清问题者
的指导:伊本·赫勒敦关于苏菲派的论文》③等也是研究伊本·赫勒敦宗
教思想的力作。

3.伊本·赫勒敦经济思想研究

斯宾格勒在《社会和历史比较研究》上发表的论文《伊斯兰经济
思想:伊本·赫勒敦》,以伊斯兰经济学的演变为背景,挖掘了《历史绪
论》中的经济理论,特别对伊本·赫勒敦的政治经济循环理论做了详
细的论述,并对伊本·赫勒敦的经济思想进行了评价。④迪特·维斯的
论文《伊本·赫勒敦的经济改革思想》,以 20 世纪五六十年代阿尔及
利亚、突尼斯、叙利亚和埃及等阿拉伯国家的经济改革进程为背景,
挖掘伊本·赫勒敦的经济思想,对伊本·赫勒敦的社会系统理论和经
济发展理论做了总体介绍,并重点讨论了伊本·赫勒敦《历史绪论》中
创造增加财富、供求机制、生产和消费、人口的增长、都市化理论、农
业的地位等社会经济发展理论对一些阿拉伯国家经济改革的现实意
义进行研究。⑤拉卡斯特 1966 年在巴黎出版的《伊本·赫勒敦,历史学
的诞生和第三世界的过去》一书,将伊本·赫勒敦对当时的马格里布
的观察看作是一种中世纪北非的社会学和政治经济学,1984 年此书
被翻译成英文,影响相当大。⑥穆·吾默·查普若的论文《伊本·赫勒敦
的发展理论:是否能够帮助解释当今穆斯林》运用这些理论解释伊斯

①参见马小鹤:《伊本·赫勒敦》,台北东大图书股份有限公司,1993 年,第 271 页。

②参见马小鹤:《伊本·赫勒敦》,台北东大图书股份有限公司,1993 年,第 271 页。

③参见马小鹤:《伊本·赫勒敦》,台北东大图书股份有限公司,1993 年,第 272 页。

④Joseph J. Spengler, "Economic Thought of Islam: Ibn Khaldun", Comparative Studies in Society and History, Vol. 6, No. 3,Apr,1964,p.268～306.

⑤Dieter Weiss,"Ibn Khaldun on Economic Transformation",International Journal of Middle East Studies,Vol. 27, No. 1 ,Feb, 1995, p.29～37.

⑥参见马小鹤:《伊本·赫勒敦》,台北东大图书馆股份有限公司,1993 年,第 272 页。

兰国家发展低效能的原因。[1]王新中的论文《阿拉伯世界的孟德斯鸠——突尼斯经济思想家伊本·赫尔敦的贡献》,研究了伊本·赫勒敦经济研究的特点,并从经济与社会文明、国家以及城市的关系几个方面概括了伊本·赫勒敦的宏观经济思想。[2]

4.伊本·赫勒敦方法论的研究

对伊本·赫勒敦方法论的研究,有穆欣·马哈迪的著作《伊本·赫勒敦历史哲学》,他在书中指出伊本·赫勒敦用辩证的态度看待以往阿拉伯历史学研究方法,目的是揭露以往阿拉伯历史学研究方法的缺陷,及自己以亚里士多德的逻辑学为基础对社会历史研究采用的新方法的合理性。艾尔·瓦迪批判了穆欣·马哈迪的观点,认为伊本·赫勒敦实际上反对对历史学的研究采用逻辑的方法,伊本·赫勒敦的历史研究方法实际上受艾尔·伽则和伊本·泰米叶的影响。冉比1967年在他的博士论文里对伊本·赫勒敦的历史研究方法进行了有价值的研究综述。一是伊本·赫勒敦并不赞成对社会历史的研究采用预设的态度;二是伊本·赫勒敦对社会历史研究的方法受他之前的阿拉伯法学家和社会历史哲学家思想影响较小。[3]

5.伊本·赫勒敦人性思想的研究

马哈茂德·达吾迪的论文《伊本·赫勒敦人性思想的阐述》,认为伊本·赫勒敦不仅对文明进程进行研究,对人性的研究也是其思想的重要组成部分。作者对散见于伊本·赫勒敦《历史绪论》的人性思想进行梳理,并对伊本·赫勒敦关于农牧文明和定居文明背景下人性的不同

[1]M. Umer Chapra, "Ibn Khaldun's Theory of Development: Does It Help Explain the Low Performance of the Present-day Muslim World?", The Journal of Socio-Economics, Vol.37, 2008,p.836~863.

[2]王新中:《阿拉伯世界的孟德斯鸠——突尼斯经济思想家伊本·赫尔敦的贡献》,《西亚非洲》,2001年第1期,第59~63页。

[3]See Syed Farid Alatas, "Ibn Khaldun and Contemporary Sociology", International Sociology, Vol 21, No.6, 2006,p.788.

表现对文明进程的影响进行阐释。①

　　从国内外研究现状可以看出，国际学术界对伊本·赫勒敦"文化科学"理论研究成果较多，而国内学术界对伊本·赫勒敦"文化科学"理论的重要性还未引起足够的重视，仅有十余篇学术论文和几部学术著作的部分内容对伊本·赫勒敦"文化科学"理论进行了简单的介绍，可喜的是，宁夏人民出版社于 2015 年出版了蕴涵丰富的"文化科学"理论的历史学巨著《殷鉴》的导言即《历史绪论》。

三、课题的研究思路

　　课题在对伊本·赫勒敦《历史绪论》英文版研读和翻译的基础上，结合李振中先生的中文译本以及马小鹤等国内外学者的现有研究成果，从伊本·赫勒敦的生平、"文化科学"理论的兴起背景及创建过程、史学方法论、社会发展动力论、文明形态史观、政治理论、城市理论、经济理论、学科分类理论九个方面对伊本·赫勒敦的"文化科学"理论进行系统研究。在研究过程中，对伊本·赫勒敦"文化科学"理论中的每一具体理论的学科地位和突出贡献进行了分析和评述。

---

① Mahmoud Dhaouadi, "An Interpretation of the Implications of Human Nature for Ibn Khaldun's Thinking ", Islamic Quarterly, Vol.32, No.1 ,1988,p.5.45 See Syed Farid Alatas, "Ibn Khaldun and Contemporary Sociolo.

第一章　伊本·赫勒敦的生平

伊本·赫勒敦于 1332 年生于突尼斯，1406 年卒于埃及，中世纪伊斯兰世界"百科全书式"的思想家，"文化科学"理论的创建者，历史哲学的奠基人。

一、家世

伊本·赫勒敦的家族据说是起源于阿拉比亚南方海岸中部的哈达拉毛的一个部落的后裔，其系谱可以追溯到瓦伊尔·本·哈哲尔。哈哲尔是先知穆罕默德的门弟子，曾在也门教授《古兰经》并宣传伊斯兰教。这个家族曾经在塞维利亚和突尼斯的政治和文化舞台上扮演过重要的角色。9 世纪末，伊本·赫勒敦的家族成员在塞维利亚建立过一个半独立的政府。其家族成员中有一位在当时是闻名于世的科学家与哲学家，名为欧麦尔·伊本·赫勒敦（1057 年或 1058 年卒）。13 世纪以来，由于基督教势力不断地向科尔多瓦—塞维利亚—格拉纳达三角地带推进，伊本·赫勒敦的家族成员离开塞维利亚前往突尼斯，在突尼斯受到了当朝的欢迎，并从当朝获取了薪金和封地，家族成员在突尼斯也有较高的威望。伊本·赫勒敦的曾祖父艾卜·伯克尔·穆罕默德曾担任过财政部长。伊本·赫勒敦的祖父是一位虔诚的宗教信徒，曾两次前往麦加朝圣。伊本·赫勒敦的父亲是一位学者，在《古兰经》和教律学的研究方面有一定的造诣,在诗学和语法方面也有一定的研究。伊本·赫勒敦的妻子为哈夫息王朝兵部尚书之女。伊本·赫勒敦共弟兄三人,弟弟叶哈雅后来成为了一位政治家和史学家。

二、政治生涯

伊本·赫勒敦与政治的机缘,与其家族对政治的热衷是密不可分的。伊本·赫勒敦家族所属的一个部落在早期就以支持倭马亚人而闻名。9世纪末,伊本·赫勒敦家族的一个成员曾经举兵反抗过西班牙的倭马亚王朝,在塞维利亚建立过一个半独立政府。11世纪初西班牙倭马亚王朝解体后,塞维利亚成为了一个独立的小王国,这个独立的小王国的政权主要掌握在伊本·赫勒敦家族成员及一些大贵族手中。从11世纪下半叶到13世纪初,塞维利亚相继成为柏柏尔人的穆拉比兄王朝的陪都和穆瓦希德王朝的首都,伊本·赫勒敦家族成员在这个王朝的政府和军队中具有显赫地位。伊本·赫勒敦步入仕途,除了家族的影响以外,也与其持有的政治宏愿有关,即希望利用自己掌握的知识来训练和引导一位君主能够按照自己的治理理念来对王朝进行治理,从而建立一个自己心目中的理想国。正是秉持这样一种政治宏远,伊本·赫勒敦从20岁左右就开始走上仕途。从1352年在哈夫息王朝做一名签署官至1375年开始构思和撰写《阿拉伯人、外国人、柏柏尔人的历史纲要和殷鉴》止,期间伊本·赫勒敦经历了20多年艰难和坎坷的政治生涯。

1352年,伊本·赫勒敦被突尼斯的哈夫息王朝委任为一名签署官,虽然这个职位的主要职责是在公文的抬头与正式内容之间写上"赞美真主"和"感谢真主"的字样,没有直接履行与政治管理相关的职能,但是这个职位为其了解王朝的机密提供了方便。

1354年,摩洛哥素丹艾布·阿南邀请伊本·赫勒敦到非斯出任素丹科学委员会委员,并代表素丹起草诏书。这个职位给伊本·赫勒敦结识朝廷上的各种政治人物与外国使节提供了机会,如后来登基为王的哈夫息王朝的王子艾卜·阿卜杜拉等。后来,由于泄密,他于1356年在狱中度过了两年。1358年摩洛哥素丹艾布·阿南被其首相谋杀后,伊本·赫勒敦才得以获释。艾布·阿南死后,摩洛哥马林王朝的大臣纷纷企图拥立自己的王族成员登基,而伊本·赫勒敦却支持艾布·阿南流亡归来的弟弟艾布·萨里木登基为王。艾布·萨里木登基为王之后,任命伊本·赫勒敦为国务卿,后来出掌高等法院。由于艾布·萨里木的独裁和浅见,其除了对自己的权力感兴趣外,对伊本·赫勒敦的政见根本没有兴趣,可见伊本·赫勒敦在这里根本无法施展出自己的政治才能和政治抱负。后来,艾布·萨里木死于一场一些官员组织的叛乱之中,新任素丹并未让伊本·赫勒敦发挥重要作用。因此,伊本·赫勒敦想离开马林王朝到东面特莱姆森的齐雅尼王朝施展自己的政治抱负。但由于马林王朝担心伊本·赫勒敦帮助齐雅尼王朝来反对马林王朝,不准其前往,只允许其选择西方的其他王朝。

伊本·赫勒敦于1362年离开非斯,选择到穆斯林西班牙的格拉纳达施展自己的政治抱负。在格林纳达,由于伊本·赫勒敦曾经在非斯做国务卿时友好接待过格拉纳达的流亡国君穆罕默德五世和其宰相伊本·赫帖卜,并且在伊本·赫勒敦的积极活动下,穆罕默德五世得以重新登上格拉纳达的王位。因此,伊本·赫勒敦得到了国王穆罕默德五世和首相伊本·赫帖卜的信任和支持。穆罕默德五世是一位二十来岁的年轻君主,他不仅比较容易接近,而且还乐意倾听伊本·赫勒敦的治国理念,伊本·赫勒敦希望通过对这位二十来岁年轻君主的教导,使其能够成为一个贤明的君主,能够按照自己的政治理念治理王朝,从而使其理想国的梦想能够实现。因此在格林纳达期间,伊本·赫勒敦不失时机地向这位年轻的君主传授治国理政的知识,向国王解释自己的政治宏愿,并且还奉命率领一个外交使团前往卡斯提,目的是为了使卡斯提与穆斯林缔结和平条约。虽然当时卡斯提王朝的国王彼得罗是一位残暴的君主,但由于这位君主希望伊本·赫勒敦能够为自己效力,因此给予伊本·赫勒敦以很大的热情和尊重。此次外交之行,伊本·赫勒敦不辱使命,圆满完成任务。而且此次外交之行也是伊本·赫勒敦与基督教欧洲的唯一一次直接接触,这次直接接触让伊本·赫勒敦深刻感受到了此时的伊斯兰文明与基督教文明相比正在走下坡路。从表面上看,伊本·赫勒敦似乎有机会在格拉纳达实现自己的政治宏愿,穆罕默德五世似乎是他想象中的明君,不但委以重任,而且还愿意倾听他的治理理念。但是谙熟政治的伊本·赫帖卜却不以为然,他不认为穆罕默德五世具备理解和运用伊本·赫勒敦教给他的治国理政知识的素质,伊本·赫勒敦的做法不但不能实现王朝的善治,而且还会给王朝的治理带来麻烦,因此,伊本·赫帖卜寻找借口以体面的方式让伊本·赫勒敦离开了格拉纳达,伊本·赫勒敦的政治抱负又一次破产。虽然伊本·赫勒敦的政治抱负又一次破产,但是事实却证明了伊本·赫帖卜的预言,穆罕默德五世不但不是伊本·赫勒敦想象的明君,而且后来还成为一名暴君。

1365年,伊本·赫勒敦受其曾帮助过的突尼斯哈夫息王子的邀请到了布吉城,担任哈夫息王子艾卜·阿卜杜拉的首相。伊本·赫勒敦希望竭尽全力帮助艾卜·阿卜杜拉成就其事业,也寄希望自己的政治宏愿能够在此实现。但是,由于艾卜·阿卜杜拉的堂兄、君士坦丁堡的统治者艾卜勒·阿巴斯的举兵,艾卜·阿卜杜拉被打败且在战争中身亡。1366年,艾卜勒·阿巴斯占领了布吉城,伊本·赫勒敦被迫为艾卜勒·阿巴斯效力,但由于伊本·赫勒敦政敌的挑拨,伊本·赫勒敦被迫离开布吉。

离开布吉后,从1366年至1370年,伊本·赫勒敦谢绝了齐雅尼国王艾卜·哈木让他担任首相的邀请,定居于比斯克拉,与在马格里布的一个重要的部落里亚赫—达瓦威达部落的阿拉伯人恢复了他1352年离开突尼斯时建立的老关系,充任这个部落与齐雅尼王国的中间人。

1370年,马林三朝国王阿卜杜勒·阿齐兹不断扩张,使他意识到不能长期滞留在北非,他决定再次前往西班牙,途中被阿卜杜勒·阿齐兹的军队俘获,被囚禁一夜。后前往特莱姆森附近欧拜德的圣徒艾卜·麦地安的圣所。在这里滞留了几星期后,由于马林王朝国王的派遣,伊本·赫勒敦被迫前往比斯克拉,争取阿拉伯人希拉勒诸部落支持马林王朝袭击流亡的齐雅尼国王艾卜·哈木。1372 年 9 月,他离开比斯克拉,前往非斯,途中,被夺回政权的齐雅尼国王艾卜·哈木追杀,他躲过了追杀者,于 1372 年 11 月抵达非斯。在非斯,他试图援救老朋友伊本·赫帖卜,因此激怒了非斯的新僭主,一度被捕入狱。后在一位阿拉伯酋长的帮助下,克服非斯政府的重重阻挠,于 1374 年 9 月抵达格拉纳达,在格拉纳达不久,他就被已经成为暴君的穆罕默德五世用船送往特莱姆森接受齐雅尼国王艾卜·哈木的处置。所幸的是,伊本·赫勒敦再次得到了那位阿拉伯酋长的帮助,得到了艾卜·哈木的宽恕,让他在特莱姆森附近的欧拜德退隐。后来,他离开特莱姆森,来到阿拉伯部落中,并且接来了家属。在阿拉伯部落中的奥拉德—阿里夫家族的保护下,伊本·赫勒敦居住在伊本·赛拉麦城堡。

1382 年,伊本·赫勒敦到达埃及的亚历山大港。由于其在政治和学术上的影响力,到达埃及不久,就受到了新任素丹贝尔孤格的信任和器重,他曾六次担任埃及的马立克派大法官。1399 年,贝尔孤格去世,他的儿子法赖吉继位。法赖吉在位期间,伊本·赫勒敦两次随同法赖吉亲征。1400 年,法赖吉亲征叙利亚平定一次叛乱,伊本·赫勒敦随同前往。第一次亲征后,当法赖吉前往叙利亚抗击帖木儿时,伊本·赫勒敦第二次前往。亲征的途中,由于埃及正在酝酿一次叛乱,法赖吉赶回埃及,将军队和包括伊本·赫勒敦在内的文职人员留在大马士革。当大马士革的法官们向帖木儿乞降时,帖木儿要求面见伊本·赫勒敦。伊本·赫勒敦与帖木儿交往了 35 天,应帖木儿的要求,伊本·赫勒敦为帖木儿撰写了一个描写马格里布地理和乡村城镇的小册子,帖木儿将这个小册子翻译成了蒙古文。由于满足了帖木儿获得马格里布第一手资料的愿望,帖木儿允许伊本·赫勒敦及其许多朋友返回埃及。回到开罗后,伊本·赫勒敦给马格里布的君主写了一封长信,将自己与帖木儿的遭遇、鞑靼人的历史进行了简要勾勒,重点阐明了帖木儿征服小亚细亚、印度以及叙利亚的战功,借此来说明帖木儿的强大。

三、主要学术活动

伊本·赫勒敦从事学术活动,与其家族地位的显赫,家庭经济实力的雄厚,以及家族良好的学术传统密切相关。正是这样一个良好的家庭环境,为伊本·赫勒敦从事学术活动提供了各种便利。

伊本·赫勒敦早年在突尼斯当时非常有名望的宰墩大清真寺学习《古兰经》、"圣训"、教义学、教律学、苏非神秘主义等学科时,就开始借助于注释和有关的其他主要著作来详细地研究这些学科,使其有了深厚的伊斯兰教基础。

由于伊本·赫勒敦有良好的家庭经济条件,再加之其父亲本身就是一位学者,所以常常会有伊斯兰世界西部的文化精英前来造访,这些文化精英对伊本·赫勒敦的学术研究产生过重要影响,有的还成为伊本·赫勒敦的导师,其中对其影响最大的是穆罕默德·伊本·易卜拉欣·阿比利（1282～1356 年）。阿比利是1347 年随马林王朝的国王来到突尼斯的学者之一,在哲学诸学科方面被认为是"同时代人中最精深渊博的大师"。阿比利在突尼斯会见过伊本·赫勒敦的父亲,这一会见使伊本·赫勒敦有机会结识这位大师,并使其成为伊本·赫勒敦的导师。伊本·赫勒敦在导师阿比利的指导下开始学习和研究哲学以及与哲学有关的学科。在阿比利的指导下,伊本·赫勒敦从数学和逻辑学开始学起,然后学习了哲学等学科,研读了伊本·西那[1]、拉齐[2]、伊本·鲁世德[3]等著名学者的著作。

---

①伊本·西那(980～1037 年),欧洲人称其为阿维森纳,波斯人,阿拉伯著名的哲学家、自然科学家和医生,其著述达 200 多种,著名的有《哲学科学大全》《医典》。

②拉齐(865～925 年),波斯人,阿拉伯著名的哲学家、自然科学家和医生。

③伊本·鲁世德(1126～1198 年),拉丁名为阿威罗伊,生于西班牙,阿拉伯著名的哲学家、教法学家和医学家,据传著作有 70 多部,著名的有《哲学家矛盾的矛盾》。

经过多年的学习和积累,伊本·赫勒敦在 30 至 40 岁前后,已经有很多学术成果问世。主要有:撰写了包括逻辑与数学方面的论文;为伊本·鲁世德的许多著作写了节本;为法赫鲁丁·拉齐的《古今学科概论》写了节本;为穆罕默德·蒲绥里的《先知的斗篷》写了评论;为伊本·赫帖卜(1313~1347 年)的一本论教律学原理的著作写了评论;完成了苏非神秘主义著作《关于试图澄清问题者的指导》。

伊本·赫勒敦一生最重要的学术著作为《阿拉伯、外国人、柏柏尔人的历史纲要和殷鉴》(简称《殷鉴》)。这部著作的撰写有其深刻的动因,这个动因与其十多年的政治生涯有密切关系。如前所述,伊本·赫勒敦在突尼斯、摩洛哥和穆斯林西班牙的十多年政治生涯的节节失利以及寻找安身之所的曲折经历,使伊本·赫勒敦认识到王朝的治理和兴衰是一个系统工程,有政治、经济、文化、军事等各方面要素的影响,并非单纯取决于政治家的主观愿望和知识水平,也不单纯取决于是否有一个开明的君主。社会历史的发展必然有其自身内在的必然性,社会历史发展的内在必然性决定着社会历史的兴衰。这些难能可贵的认识使得伊本·赫勒敦从实现政治宏愿的努力彻底转向了学术研究。伊本·赫勒敦开始反思其现有的知识结构,对知识在社会生活中的作用进行了新的认识,开始探索王朝治理和兴衰背后的必然性。

从 1366 年开始,伊本·赫勒敦就无意再卷入政治,决定隐退寻找一个安身之所潜心学术研究,期间在比斯克拉、欧拜德和非斯几次隐退进行学术研究。但由于在仕途上的影响力以及政敌的多次干扰,其长期隐退的愿望在 1375 年前始终不能如愿。1375 年,在阿拉伯部落中的奥拉德—阿里夫家族的保护下他终于有机会长期隐居,在伊本·赛拉麦城堡隐居了 4 年。期间经过长时期的酝酿和构思,伊本·赫勒敦认识到对社会历史发展内在必然性的认识,离不开社会历史的内在和外在的两个方面,任何一方都不能偏废。他说:为了理解历史事件的原因与性质,人们必须从正确的资料出发;但是为了提炼有关历史事件的资料,去伪存真,人们又必须知道历史事件的性质与原因。[1]正是基于这样的认识，伊本·赫勒敦放弃了其曾经计划撰写一部当代伊斯兰世界西部历史的计划，理由是单纯的一部当代伊斯兰世界西部历史不具有学科的普遍意义，也不能很好地确立史学这门学科的原理、方法、原因和性质等内容。为此，应该撰写一部通史，并且在通史之前应该有一个绪论，这个绪论应该将历史的内在方面交代清楚。在这种认识的指导下，伊本·赫勒敦决定撰写一部包括历史的内在方面和外在方面的著作，并且确定了著作的撰写结构：第一部分为绪论，主要研究史学的内在方面；第二部分为伊本·赫勒敦时代为止的世界通史；第三部分为原计划撰写的伊斯兰世界西部的历史；著作的以上内容完成时，再撰写一个简短的前言；著作的名称为《阿拉伯人、外国人、柏柏尔人的历史纲要和殷鉴》。其中，第一部分于1377年完稿，完稿后，他决定离开伊本·赛拉麦城堡，到有大图书馆和档案馆的地方去，以便更好地完成《殷鉴》这部巨著。于是其向突尼斯哈夫息国王艾卜勒·阿巴斯写信，把自己希望到突尼斯从事研究工作的意愿进行了表达。艾卜勒·阿巴斯不但表示同意，而且还给伊本·赫勒敦提供了赞助。1378年前后，伊本·赫勒敦选择前往阔别多年的故乡突尼斯。在突尼斯的大图书馆和档案室，伊本·赫勒敦找到了研究伊斯兰世界西部历史的丰富资料，重写并完成了《殷鉴》的第一部分，完成了第三部分的一个完整的本子，撰写了第二部分一个不完整的本子。由于在突尼斯的大图书馆和档案室不能获得其他国家或地区的历史资料，为了更好地完成第二部分，伊本·赫勒敦于1382年离开突尼斯前往埃及。在埃及，伊本·赫勒敦能够查找到在突尼斯等地查找不到的丰富的资料，会见埃及的知名学者，深入了解繁荣的埃及文明，这一切为其修改完成《殷鉴》，特别是《殷鉴》的第二部分提供了很多丰富的一手资料，从而使《殷鉴》得以顺利完成和完善。

　　在埃及期间，除了撰写《殷鉴》外，伊本·赫勒敦于1400年还利用

---

①马小鹤：《伊本·赫勒敦》，台北东大图书股份有限公司，1993年，第30页。

埃及素丹法赖吉亲征叙利亚的机会，到叙利亚的图书馆做了一些研究工作，并与叙利亚的一些传述史料的学者进行学术交流，还通过讲学等方式将其所积累的丰富知识与他人共同分享。伊本·赫勒敦所处时代埃及知名的爱资哈尔大学经过几个世纪的建设和发展，学科门类增多，学术活动活跃，吸引了各地知名的学者和教授纷至沓来。伊本·赫勒敦到埃及不久，也被吸引到爱资哈尔大学讲学，后来还被任命为盖姆希叶学院马立克派法学教授，在这里从事教学和研究。1389年，伊本·赫勒敦被任命为拜伯而斯学院院长，重点讲授教律学、圣训学等与宗教有关的学科，还讲授了其《殷鉴》的第一部分。①

---

①根据马小鹤:《伊本·赫勒敦》,台北东大图书股份有限公司,1993 年,第 10～41 页;蔡德贵:《东方著名哲学家评传》(西亚北非卷),山东人民出版社,2000 年,第 460～464 页的内容整理而成。

第二章　伊本·赫勒敦"文化科学"理论
兴起的背景及创建过程

伊本·赫勒敦所处的时代,西方正处于"文艺复兴"兴起和资本主义萌芽产生的时期,阿拉伯帝国正处于由盛转衰的时期,马格里布地区正处于各个小王朝相互倾轧的时期。正是在这样一个时代背景下,伊本·赫勒敦创建了被其称为新科学的"文化科学"理论。伊本·赫勒敦"文化科学"理论的创建有其深刻的政治、经济以及思想文化前提。对马格里布地区若干王朝政治实践的参与与考察,为其"文化科学"理论的创建提供了政治前提;伊斯兰世界经济的繁荣和城市的兴盛,为其"文化科学"理论的创建提供了经济前提;阿拉伯世界文明的存在形态及马格里布地区文明的存续状态,伊斯兰世界科学文化的繁荣,为其"文化科学"理论的创建提供了思想文化前提。伊本·赫勒敦正是在对以往文明成果批判性继承的基础上,创建了其"文化科学"理论。

一、"文化科学"理论兴起的背景

伊本·赫勒敦生活的中世纪晚期,欧洲正处于资本主义萌芽的出现和"文艺复兴"的兴起时期。由于"十字军"的东征和意大利商人对外贸易的拓展,中国发明的罗盘、造纸术和印刷术经阿拉伯人之手传入欧洲,阿拉伯数字、代数也传入了欧洲,所有这一切推动了航海业、货币业、银行业的兴起。1270年比萨人发明的航海手册,在13世纪末得到了广泛的应用,同时,指南针、转盘仪以及航位推测法也开始在船上使用,13 世纪末,大帆船在商业贸易中的运用也变得越来越广泛。除了航海业的发展,货币经济和银行业也开始逐步兴起。在中世纪初期,由于庄园经济是自给自足的,货币在欧洲很少被使用,但是随着商业贸易的发展,货币经济和商业信用开始发展起来。早在 11世纪时,意大利就出现了中世纪欧洲最有实力的银行家,到了 12 世纪,在意大利商业城市里,信用票据已经占据了重要地位,而且大银行家的业务不断地向其他领域拓展。汤普逊说:意大利的银行家不仅将他们自己的利润投放于商业,经手征集教皇的税收,还作为教廷代理人经营教廷巨额剩余资金的投资。[①]欧洲货币经济发展的一个重要标志是劳役地租开始向实物地租和货币地租转变,以及封建领主向国王承担的骑士役的货币化,到 1300 年,货币经济大体上取代了以前的自然经济。航海业、货币业、银行业的兴起,推动了商业贸易的发展,进而推动了城市在欧洲的复兴。众所周知,欧洲中世纪前期几乎没有城市生活,而是以庄园、修道院和城堡为标志的农业文明。后随着"十字军"的东征和东西方贸易的往来,昔日辉煌的城市开始在欧洲逐步复兴。出现了诸如意大利的威尼斯、热那亚、米兰,波罗的海沿岸的汉堡,德意志南部的奥斯堡、纽伦堡等著名的大城市和四通八达的商业中心。商业的发展和城市的复兴推动了资本主义萌芽的出现,正如汤普逊所言:城市运动,比任何其他中世纪运动更明显地标志着中世纪时代的消逝和近代的开端。[②]马克思在《资本论》中也指出:资本主义生产的最初萌芽,在 14 世纪、15 世纪,已经稀疏地可以在地中海沿岸若干城市看到。[③]欧洲中世纪晚期城市经济的发展和资本主义萌芽的出现反映在政治上层建筑上则表现为市民阶层的兴起和民族

---

①〔美〕詹姆斯·W.汤普逊:《中世纪晚期欧洲经济社会史》,徐家玲译,商务印书馆,1992 年,第 14~15 页。

②〔美〕詹姆斯·W.汤普逊:《中世纪经济社会史》(下),耿谈如译,商务印书馆,1984 年,第407页。

③〔德〕马克思:《资本论》(第 1 卷),人民出版社,1975 年,第 784 页。

国家的成长,引发了不同利益共同体矛盾和斗争的多元化,有市民与教会和世俗封建统治者的斗争,有城市手工业行会与城市贵族的斗争,有波澜壮阔的农民起义和教权与王权、皇帝、国王与封建贵族的斗争,各种矛盾和斗争交织在一起形成了复杂的社会斗争局面。中世纪晚期,欧洲社会经济和政治的一系列变化,新事物层出不穷,各种矛盾和问题相互激荡,这样一个时代反映在文化上则是一个批判、重构和解释的时代,也是文化大师层出不穷的时代。正是在这样的背景下,"文艺复兴"在西方兴起。"文艺复兴"发端于 14 世纪的意大利。由于意大利濒临地中海,地处商业要道,从而成为"第一个资本主义民族"①。也由于"十字军"的东征和阿拉伯帝国的西征,使得意大利人较多地接触了由阿拉伯人通过"百年翻译运动"保存下来的古希腊罗马文化。同时,还由于意大利曾经是罗马帝国的中心,古希腊罗马文化多汇合在意大利,意大利有丰富的古希腊罗马文化资源。另外,中世纪晚期欧洲兴起的对阿拉伯著作的大规模翻译工作,对"文艺复兴"的兴起也产生了重要影响。1125 年,西班牙托莱多创办了一所翻译学校,当时许多著名学者在这里进行了大规模的翻译阿拉伯著作的工作,从 12~14 世纪,包括伊本·鲁世德(1126 ~ 1198 年)、伊本·西那(980 ~ 1037 年)等知名学者翻译的古希腊罗马的阿拉伯文译本又重新被译成包括拉丁文在内的各种欧洲文字,使欧洲人又重新接触到了真正的古希腊罗马文化,对意大利的"文艺复兴"在古典文化的吸收以及欧洲人的思想解放等方面做出过重要贡献。正如基佐所言:从阿拉伯世界涌来的知识潮流,给欧洲带来了心灵解放的大跃进,促进了发展自由思想的伟大进步。②意大利的"文艺复兴",涌现出了与伊本·赫勒敦同时代的包括但丁 (1265 ~ 1321 年)、彼特拉克 (1304 ~ 1374 年)、薄伽丘(1313 ~ 1375 年)等意大利的著名思想家,他们一方

①《马克思恩格斯选集》(第 1 卷),人民出版社,1976 年,第 249 页。
②〔法〕基佐:《欧洲文化通史》,转引自〔美〕芬克斯坦:《艺术中的现实主义》,赵澧译,上海文艺出版社,1985 年,第 55 页。

面搜集、整理和翻译古希腊罗马的文学、历史、哲学和自然科学著作，恢复被中世纪教会歪曲和利用的古希腊罗马文化的本来面貌；另一方面对基督教扼杀人性、禁锢思想的沉闷局面进行猛烈的抨击，对人的尊严、人生价值、人的现世生活以及人的自然平等凸显人的尊贵地位的内容进行了深入研究和充分肯定。在史学的研究上，"文艺复兴"的思想家们打破了为宗教的目的而研究历史的窠臼，开始从世俗生活入手研究历史，历史开始由以往的"圣洁史"向"世俗史"转变。

在伊斯兰世界，曾经辉煌的阿拉伯帝国，到了中世纪晚期已经四分五裂，腹背受敌，开始走向衰落。阿拉伯帝国之所以有昔日的辉煌，主要得益于 7 世纪开始的伊斯兰教的兴起和传播，在伊斯兰教"认主独一"原则的凝聚下，阿拉伯人开创了许多辉煌的业绩。正如黑格尔所言："对于'唯一'的崇拜就是伊斯兰教的唯一的、最后的目的……阿拉伯人当穆罕默德在世的时候，并且在他的领导之下，就获得了许多胜利。他死后，在他的各位继承人的领导之下，他们更因为奉行他的遗教，完成了辉煌的成功……征服造成了主权和财富，造成了一个王室的特权，又造成了个人的联系。"[①]阿拉伯人开创的辉煌业绩主要表现为：一是伊斯兰教的一神思想取代了阿拉伯半岛之前的多神和偶像崇拜，阿拉伯统一的政治实体——"乌玛"的建立等举措，使阿拉伯半岛实现了宗教意识和政治的统一。二是在伊斯兰教"认主独一"原则的凝聚下，阿拉伯帝国不断向外扩张，伊斯兰教传播领域也不断向外拓展。在四大哈里发时期，向东吞并了整个波斯萨珊帝国（包括今叙利亚、伊拉克、伊朗），向西则征服了埃及、接受了的黎波里（今利比亚）柏柏尔人的投降。倭马亚王朝时期，帝国继续向外扩张，向东进军中亚和信德（印度河下游），向西征服了整个北非，征服北非以后又渡海征服了西班牙半岛，后又占领了法兰西西南部的几个城市。经过半个多世纪的征服，其势力范围东至中国边境，西达大西洋海岸，北

---

①〔德〕黑格尔：《历史哲学》，王造时译，上海书店出版社，2001 年，第 353～355 页。

至里海，南接阿拉伯海，成为了一个横跨亚、非、欧三洲的大帝国。阿拉伯帝国对外扩张的过程也是伊斯兰教对外传播的过程，帝国所到之处的很多民族都皈依了伊斯兰教。以与伊本·赫勒敦关系最密切的北非为例，在7世纪中叶至8世纪初，伴随着倭马亚王朝的征服以及对马格里布的逐渐统治，当地的柏柏尔人纷纷皈依了伊斯兰教，采用阿拉伯语，渐行伊斯兰化。三是"百年翻译运动"对波斯、印度、希腊、罗马学术著作的翻译以及包括伊本·巴哲、伊本·图菲利、伊本·鲁世德、铿迪、法拉比、伊本·西那和拉齐等阿拉伯亚里士多德学派的学者对古希腊罗马文化的译介及发展，使阿拉伯的学术呈现出发展的黄金期。阿拔斯王朝时期，阿拉伯帝国的扩张基本停止，局势逐步安定，王朝的上层迫切希望将世界先进的学术成果译为阿拉伯文，以满足王朝政治、经济以及文化发展的需要。经过长时期的翻译，包括波斯、印度、希腊、罗马的大量学术著作被翻译成阿拉伯文。除此之外，阿拉伯亚里士多德学派的成员在9世纪至12世纪在对古希腊文化的译介和发展方面也做出过重要贡献。"百年翻译运动"和阿拉伯亚里士多德学派对古希腊罗马文化的译介和发展，以及伊斯兰人文主义、理性思维的兴起对阿拉伯学术繁荣产生了重要影响。然而，在阿拉伯帝国辉煌的背后，也隐藏着各种潜在的矛盾和危机，这些潜在的矛盾和危机积聚到一定程度时开始显现，将曾经辉煌的阿拉伯帝国拖向了衰落的深渊。主要表现为：一是在阿拉伯帝国内部由于"缺少有机的坚固性来维系"[①]，使得伊斯兰教内部开始分化，阿拉伯帝国开始走向分裂。在伊斯兰教内部出现了诸如哈瓦利吉派、穆尔太齐赖派、什叶派、苏非派等宗教派别，伊斯兰教内部出现了离心力。而阿拉伯帝国内部无论是"伊朗的波斯人、突兰的突厥人、含族的柏柏尔人，都没有跟闪族的阿拉比亚人结合成一个纯一的整体"[②]，在帝国内部出现了地方分权和群雄割据的局面。在西方，有后倭马亚王朝（756～1031年）、易得

①〔德〕黑格尔：《历史哲学》，王造时译，上海书店出版社，2001年，第355页。
②〔美〕希提：《阿拉伯通史》（上），马坚译，商务印书馆，1979年，第580页。

里斯王朝(788～974年)、艾格莱卜王朝(800～909年)、突伦王朝(868～905年)、伊赫什德王朝(935～969年)等。在东方,有塔希尔王朝(820～872年)、萨法尔王朝(867～903年)、萨曼王朝(962～1186年)、加兹尼王朝(962～1186年)、布韦西王朝(945～1055年)、赛尔柱王朝(1037～1300年)等。除此之外,帝国统治者横征暴敛的统治策略、穷奢极欲的社会生活、贫富差距的悬殊,从某种程度上使这种"有机的坚固性"变得不再坚固。正如希提指出的那样:"伊斯兰教再不能把自己的皈依者团结成一个有组织的整体,哈里发帝国也再不能把地中海地区的领土和中亚西亚的领土,结合成一个坚固的单元了。"①二是在阿拉伯帝国外部,西方十字军的威胁和东方蒙古大军的入侵,也加速了这个强大帝国的衰败。阿拉伯帝国面临的内外矛盾,最终促使这个盛极一时的辉煌帝国走向了衰落。

在伊本·赫勒敦生活的北非马格里布地区,王朝林立,各自称雄一方,战争连绵不断,为柏柏尔人的复兴蒙上了巨大的阴霾。马格里布地区是指埃及以西的北非地区,主要包括现在利比亚的三个省(巴卡尔、的黎波里和费赞)、突尼斯、阿尔及利亚和摩洛哥,在罗马人发现北非之后,将其称为柏柏尔地区。历史上的马格里布地区,曾经长期处于异族的侵略和统治之下。公元前145年,罗马在马格里布地区继承了迦太基的统治直至439年。5世纪下半叶,汪达尔人统治马格里布,一个世纪后又为拜占庭帝国所征服。7世纪中叶至8世纪初,阿拉伯人征服了马格里布地区,对其实施统治。800年以后,随着阿格拉布王朝的建立,马格里布分为三个王朝,即东部由阿拉伯人建立的阿格拉布王朝,中部由波斯人建立的罗斯图姆王朝,西部由先知后裔谢里夫建立的伊德里斯王朝。11世纪后,马格里布地区长期处于异族统治的状况初步得到改观,此时南部的柏柏尔游牧人从西部进入马格里布,在半个世纪内建立了一个柏柏尔帝国,这是对阿拉伯帝国渗透

---

① 〔美〕希提:《阿拉伯通史》(上),马坚译,商务印书馆,1979年,第580页。

的一个有力回击。13 世纪后是所谓的"柏柏尔人的复兴时期",在马格
里布地区出现了三个柏柏尔王朝,即东部突尼斯的哈夫息王朝、中部
阿尔及利亚特莱姆森的阿卜德瓦王朝和西部摩洛哥非斯的马林王
朝。伊本·赫勒敦生活的时代,三个柏柏尔王朝都希望成为霸主,相
互倾轧,不停地联合一些短暂的联盟攻击对方。而在每一个王朝内
部相互敌对的部族、王位的觊觎者、朝臣和宦官之间相互斗争持续
不断, 而每一个王朝的不同支系以及每个支系里的弟兄们也内讧
不已。王朝的内讧与王朝之间的相互争雄,加之王朝君主的专制与
残暴最终把王朝苕向了衰落的边缘。正如伊本·赫勒敦所言: 如果
说穆斯林文明在别的地方已经衰弱了的话, 那么它在北非实际上
已经气息奄奄了。①

　　由于伊本·赫勒敦生活的马格里布地区和埃及与意大利有相邻
的地缘(皆位于地中海沿岸)、欧洲与北非在中世纪晚期贸易往来与
贩卖黑奴活动频繁、欧洲与阿拉伯帝国文化上的双向互动(欧洲对阿
拉伯著作的翻译、阿拉伯帝国对古希腊罗马学术著作的译介)等原因
的影响,使得伊本·赫勒敦有机会了解包括意大利在内的欧洲一些国
家在中世纪晚期政治、经济、文化等方面的发展状况。这种了解不管
是通过其亲身经历,还是旅行者的见闻,抑或通过相关著作的阅读,
使其对发端于意大利的"文艺复兴"及其所倡导的人本主义思潮、欧
洲封建制度的即将崩溃及资本主义萌芽的出现、欧洲城市经济的兴
起以及新兴的市民阶层与王权、教权的斗争等方面的内容都有一定
程度的认识,这些认识都会或多或少地对其"文化科学"理论的兴起
产生了一定的影响。如果说欧洲在中世纪晚期政治、经济、文化发展
状况对伊本·赫勒敦"文化科学"理论兴起的影响是间接的,那么包括
马格里布地区在内的伊斯兰世界出现的各种历史事实对伊本·赫勒
敦"文化科学"理论兴起的影响则是直接的,甚至是深远的。伊斯兰教

①马小鹤:《伊本·赫勒敦》,台北东大图书股份有限公司,1993 年,第 10 页。

"有机的坚固性"面临的挑战、阿拉伯帝国的兴衰变化、马格里布地区各个小王朝的相互争雄等问题的出现,为伊本·赫勒敦"文化科学"理论的创建提供了丰富的资料,这些问题的出现也成为伊本·赫勒敦"文化科学"理论创建的动因。正如马小鹤先生所言:他(引者注:伊本·赫勒敦)曾经是马格里布政治舞台上的活跃人物,也参与了穆斯林西班牙和埃及的政治活动。他非常熟悉这些地区的当代史;他也知道中东和远东的伊斯兰势力范围里其他地方发生的重大事件,知道拜占庭对奥斯曼土耳其人的顽强抵抗,知道西欧的文艺复兴。这些事件,不管是他个人亲身经历的也好,还是从同时代的学者、旅游者、朝圣者的游记和史学著作中收集来的也好,对他的思想都有深刻的、持续的影响。①

二、"文化科学"理论创建的前提

伊本·赫勒敦的"文化科学"理论包括政治、经济、城市、学科理论、文明形态史观以及史学研究方法等多方面的内容,这些理论的产生并非一蹴而就,而是有着一定的政治、经济、文化前提,对伊本·赫勒敦"文化科学"理论创建前提的梳理有助于更好地认识和理解伊本·赫勒敦的"文化科学"理论。

(一)政治前提

伊本·赫勒敦生活的时代,三个柏柏尔王朝之间都希望成为霸主,相互倾轧,不停地联合一些短暂的联盟攻击对方。而在每一个王朝内部相互敌对的部族、王位的觊觎者、朝臣和宦官之间相互斗争持续不断,而每一个王朝的不同支系以及每个支系里的弟兄们也内讧不已。王朝的内讧与王朝之间的相互争雄,加之王朝的君主专制与残暴最终把王朝带向了衰落的边缘。面对三个柏柏尔王朝的衰落,伊本·赫勒敦积极参与马格里布地区的政治事务,曾在马林王朝艾布·阿南

①马小鹤:《伊本·赫勒敦》,台北东大图书有限公司,1993年,第1页。

的朝廷上出任素丹科学委员会委员、马林王朝艾布·萨里木的朝廷上
任国务卿、哈夫息王朝艾卜·阿卜杜拉的朝廷上担任首相。他希望通
过积极参与马格里布地区的政治事务的方式，用自己的知识来训练
一位开明的君主按照自己的政见来实现马格里布的统一，从而扭转
王朝衰落的境遇。但由于各个王朝君主的专制和浅见以及王朝内部
的权力争夺等原因，伊本·赫勒敦并未如愿以偿。如马林王朝的艾布·
萨里木是在伊本·赫勒敦的支持下登上王位的，伊本·赫勒敦希望对
他进行训练使其成为开明的君主，但是艾布·萨里木并未像他设想的
那样成为一位精明强干的君主，相反，他只是一个目光短浅、心胸狭
窄的独裁者，除了对巩固自己的权力感兴趣外，根本不愿意接受伊
本·赫勒敦的政见。再如在艾卜·阿卜杜拉的朝廷上，伊本·赫勒敦希
望竭尽全力帮助艾卜·阿卜杜拉成就其事业，但由于艾卜·阿卜杜拉
的堂兄的举兵以及伊本·赫勒敦政敌的挑拨，其愿望也并未实现。伊
本·赫勒敦希望寻觅一位具有远见卓识的君主，按照自己设定的治理
理念来对其进行劝说、引导和训练，从而实现王朝的善治，但从其屡
屡受挫的实践证明，由于君主的独断专行和王朝治理的复杂性，这个
思路根本行不通。这促使伊本·赫勒敦开始转变思路，开始对王朝的
治理和社会的运行进行重新思考。经过思考，伊本·赫勒敦认识到王
朝的治理和社会的运行是一个复杂的历史进程，单靠劝说一位君主
是无法改变王朝治理的现状的，王朝的治理和社会的运行背后必然
有一个必然性在支配。正是这些难能可贵的认识，促使伊本·赫勒敦
对与王朝的治理和社会运行相关的各个要素进行认识和研究，促使
其从各个纷繁复杂的王朝治理模式中寻找王朝治理和社会运行的
共性，探寻王朝治理和社会运行内在的必然性。这是伊本·赫勒敦创
建"文化科学"理论一个重要的政治前提，也是伊本·赫勒敦创建"文
化科学"理论的一个重要动因。除此之外，伊本·赫勒敦亲自参加马
格里布地区一些小王朝的政治实践，使得其有机会深入了解与王朝
治理相关的一些要素对王朝治理的影响，如群体凝聚力与王权的获

得及王朝治理的关系,统治者的奢侈腐化、专制、任用外人、大权旁落、苛捐杂税、与民争利等一些要素对王朝治理的不良影响,为何众多的部落群体凝聚力不利于王朝的统治等。诸如此类的在政治实践中获得的经验和认识,为伊本·赫勒敦"文化科学"理论的创建,特别是"文化科学"理论中的政治理论创建提供了丰富的实践资料。

(二)经济前提

伊斯兰世界的经济在中世纪曾经有过一段较长时期的繁荣期,特别是在阿巴斯王朝前中期、后倭马亚王朝时期的穆斯林西班牙以及埃及的法蒂玛王朝和马木鲁克王朝时期。伊斯兰世界经济的繁荣,有伊斯兰教对经济鼓励的原因,如《古兰经》说:"真主为他的臣民而创造的服饰和佳美的食物,谁能禁止他们去享受呢?"(7:32)"财产和后嗣是今世生活的装饰;常存的善功,在你的主看来,是报酬更好的,是希望更大的。"(18:46)"真主准许买卖,而禁止重利。"(2:275)等;有受被征服地波斯、埃及、西班牙等经济繁荣的影响;有阿拉伯人善于经商的原因;也有发达的对外贸易的带动,如7~9世纪,穆斯林商人的足迹,东方从水陆两路到达中国,南方到达桑给巴尔和南非洲最远的海岸,北方深入俄国,西方为"黑暗海洋"(大西洋)的惊涛骇浪所阻,无法前进了[①];有"十字军"东征的原因,如由于"十字军"的介绍,有一些新的植物和作物普及于西部地中海地区,如芝麻、稻子豆、谷子、稻子、柠檬、甜瓜、杏子等[②]。

阿拔斯王朝前中期,从农业发展来看,王朝统治者认识到了农业在王朝经济中的重要作用。王朝重视兴修农业水利工程,从幼发拉底河开凿出许多运河,构成了纵横交错的河道网,为农业的灌溉提供了便利。农业的发展除了种植粮食作物以外,还大量种植果树、蔬菜、鲜花等经济作物。粟特河谷、包旺山峡、伍布莱运河区的田园、大马士革的果木园,成为当时名副其实的"四大乐园"。从手工业发展来看,手

---

①〔美〕希提:《阿拉伯通史》(上),马坚译,商务印书馆,1995年,第452页。

②〔美〕希提:《阿拉伯通史》(上),马坚译,商务印书馆,1995年,第800页。

工业的发展规模、手工艺品的种类、手工业技艺精细的程度都达到了
一定的水平。纺织业、家具制造业、玻璃和瓷砖制造业、造纸业、宝石
加工业以及其他日用品手工业都得到了空前的发展。以造纸业为例，
自8世纪中叶从中国传入撒马尔罕的造纸术开始到8世纪末巴格达
建立了第一座造纸厂，造纸业开始兴盛起来，随后埃及、摩洛哥、西班
牙都先后建立起了造纸厂，大量生产白纸和彩色纸张。以玻璃和瓷砖
制造业为例，当时叙利亚生产的彩色加釉玻璃，被"十字军"传入欧
洲，成为欧洲大教堂中所用的彩色玻璃的先驱。大马士革生产的瓷砖
有正方形的、六边形的，有时还绘有花卉等图案。以纺织业为例，埃及
的纺织品牌"迪木雅帖""达比基""田尼西"都是国际市场上的名牌
货。哈里发穆斯台因的母亲，有一张毯子，是为她特制的，价值一亿三
千万第尔汗，毯子上用金线织出各种飞禽，飞禽的眼睛是用红宝石和
其他宝石镶嵌的。①从阿拔斯王朝的旅行家麦格迪西（约945~990年）
从一个地区所开列的一张货单，也可以看出当时手工业品种类的丰
富。根据这张货单的记载，这个地区各城市出口的货物有：肥皂、地
毯、刺镂制品、毡斗篷、毛皮、琥珀蜂蜜、剪刀、针、小刀、剑、弓等。②从
商业发展来看，由于帝国辽阔的版图和享受需要日益增强等原因，促
使商业迅速发展起来。当时的巴格达、巴士拉、开罗、亚历山大港等城
市都成为了活跃的陆上和水上贸易的中心。穆斯林商人的足迹，在东
方途径"丝绸之路"到达了中国，在西方到达了摩洛哥和西班牙，北面
与伏尔加河地区有兴旺的陆上贸易。当时商业的兴盛从一些商人积
累的财富中就可以窥豹一斑。巴格达的大商人珠宝商伊本·哲萨斯的
财产有1600万第绰尔。巴士拉有些商人每年的平均收入超过百万第
纳尔。巴士拉和巴格达的一个没有文化的磨坊主，能够每天用100第
纳尔布施贫民。西拉夫的普通商人，每户的资本超过10000第纳尔；
有些商户的资本超过30000第纳尔；有些从事海上贸易的商户的

①〔美〕希提：《阿拉伯通史》（上），马坚译，商务印书馆，1995年，第403、405页。
②〔美〕希提：《阿拉伯通史》（上），马坚译，商务印书馆，1995年，第405页。

资本,竟达 400 万第纳尔之多。①

后倭马亚王朝时期的穆斯林西班牙,在阿卜杜勒·赖哈曼三世、哈克木二世(961～976 年)以及曼苏尔侍从长(977～1002 年)统治时期,是穆斯林西班牙的极盛时期。希提指出:在哈里发帝国时代,西班牙是欧洲最富庶的地方之一。②从农业发展来看,穆斯林将他们在西亚的耕作方法带入了西班牙,加上西班牙温和的气候,适宜耕作的平原及肥沃的土壤,促使该地的农业迅速发展起来。希提指出:农业的发展,是西班牙穆斯林的光荣事迹之一,也是阿拉伯人赠给西班牙的永恒礼物之一,因为西班牙的园圃,直到今天,还保存着"摩尔人"的痕迹。最驰名的园圃之一,是"精奈赖列夫"花园(意思是检察官的乐园),是 13 世纪晚期奈斯尔王朝的遗迹。这座花园是"天下闻名的,因为那里有广阔的树荫,倾注的泉水,温和的微风",这座花园是铸成台地的,仿佛一座圆形的剧场,用泉水灌溉,泉水构成许许多多的小瀑布,然后消失在花树、丛林和乔木之间。③从工业发展来看,纺织业、制革业、采矿业、铸造业等行业是当时该地非常兴盛的行业。如丝织业,由于中国的养蚕业经穆斯林之手传入西班牙,推动了该地丝织业的发达。再如托勒多因产剑而闻名于全世界。从商业发展来看,当时西班牙最大的内河港口之一塞维利亚,输出棉花、油橄榄和橄榄油;从埃及输入布匹和奴隶。通过亚历山大港和君士坦丁堡,西班牙的产品能找到像印度和中亚西亚那样遥远的市场。西班牙与大马士革、巴格达和麦加之间的贸易,特别活跃。④

伊本·赫勒敦生活过的埃及,在法蒂玛王朝和马木鲁克王朝时期,经济也表现出高度的繁荣。关于法蒂玛王朝经济的繁荣,可以通过历史学家伊本·凯西尔(1300~1372 年)用"最富有、最多财"的字样

---

① 〔美〕希提:《阿拉伯通史》(上),马坚译,商务印书馆,1995 年,第 403 页。
② 〔美〕希提:《阿拉伯通史》(上),马坚译,商务印书馆,1995 年,第 627 页。
③ 〔美〕希提:《阿拉伯通史》(上),马坚译,商务印书馆,1995 年,第 629 页。
④ 〔美〕希提:《阿拉伯通史》(上),马坚译,商务印书馆,1995 年,第 629 页。

来描述法蒂玛王朝的哈里发,①就可以看出。马木鲁克王朝时期,王朝
重视农业经济的发展,在尼罗河沿岸建筑了桥梁、水坝,设置了测水
器。手工业中的纺织业、陶器业、玻璃制造业、制革业等行业,在西方
都享有盛名。对外贸易也因外国在埃及领事馆的设立,为西方商人修
建旅馆和房舍等原因迅速发展起来。

　　阿拔斯王朝前中期、后倭马亚王朝时期的穆斯林西班牙以及埃
及的法蒂玛王朝和马木鲁克王朝时期经济的繁荣,带动了城市的发
展和城市文明在伊斯兰世界的兴盛。此时的城市布局,一般而言,能
够体现伊斯兰信仰的清真寺和体现王权威严的哈里发宫殿都被建在
城市的中央,为了方便居民生活、市场交易及就学的需要,市中心还
建有主要的集市、公共浴室、商队驿站、旅馆和学校,离集市稍远处建
有居民区。城市里除了清真寺、宫殿、集市、学校等主体建筑外,还有
较为完善的公共设施,如较为发达的供水系统和公共浴室等。据旅行
家伊本·白图泰于 1327 年访问巴格达的记载, 巴格达城西部 13 个
区,每区有讲究的澡堂两三所,每所里的冷热水都是流动的。据希提
考证:当日的澡堂与现代的澡堂一样,是由几个房间构成的,地上铺
着花砖,内墙上镶着大理石板,那些房间,环绕着一个巨大的中厅,大
厅上面,罩着一个圆屋顶,屋顶周围镶着许多圆形的小玻璃窗,让光
线透进来。大厅中部,有一个水池,水池中央,有一股喷泉,喷出的热
水,放射着蒸汽,把整个大厅变得暖和和的。外部的房间,作为休息
室,顾客们可以在那里享受各种饮料和茶点。②对于城市的规模和繁
荣程度, 可以从伊本·赫勒敦生活过的埃及以及伊本·赫勒敦较为熟
悉的穆斯林西班牙感受得到。据波斯的伊斯玛仪派传道师纳绥尔·胡
斯罗于 1046～1049 年访问埃及时的描述: 哈里发的皇宫住着三万
人……有 7 艘游艇,停泊在尼罗河岸边,游艇长 150 骨尺,横梁处 60

①纳忠:《阿拉伯通史》(下卷),商务印书馆,1999 年,第 55 页。
②〔美〕希提:《阿拉伯通史》(上),马坚译,商务印书馆,1995 年,第 339 页。

骨尺。哈里发在首都有市房两万所,大部分是用砖建筑的,每所五六层,还有商店两万所,每所的月租,从两个第纳尔到 10 个第纳尔不等。主要的街道,上面都有凉棚,夜间都有路灯……旧的弗斯塔德区有 7 所清真大寺,新的开罗区有 8 所。①穆斯林西班牙的科尔多瓦在 10 世纪中叶到 11 世纪初,与君士坦丁堡和巴格达齐名,为世界三大文化中心之一。科尔多瓦有居民 113000 户,有郊区 21 处,有图书馆 70 所,还有许许多多的书店、清真寺和宫殿。科尔多瓦有铺砌的街道好几英里,从道旁小屋里射出的灯光,把大街照的通明。巴塞罗那等地的统治者,凡缺乏外科医生、建筑师、歌手或裁缝的时候,都要到科尔多瓦聘请。穆斯林首都的声誉,深入到辽远的德国。一个撒克逊的修女,称科尔多瓦为"世界的真珠"。②

伊斯兰世界经济的繁荣,为伊本·赫勒敦经济理论的创建以及对经济领域各种行业和技艺的论述提供了思想基础。由于城市一般都是经济、科学、教育、学术等方面的中心,伊斯兰世界城市的发展为伊本·赫勒敦的城市理论奠定了思想基础。

(三)思想文化前提

西方唯名论的复兴以及"文艺复兴"运动的兴起,中世纪伊斯兰世界文化科学的繁荣、阿拉伯世界文明的存在形态及马格里布地区文明的存续状态,为伊本·赫勒敦"文化科学"理论的创建提供了思想文化前提。

1.唯名论复兴以及"文艺复兴"运动兴起对伊本·赫勒敦"文化科学"理论创建的影响

经院哲学是欧洲中世纪哲学的基本形态,形成于 11 世纪,繁荣于 13 世纪,14 世纪开始解体。经院哲学的解体与市民阶层的逐步兴起、阿拉伯人所保存的古希腊罗马文化的回传、唯名论的复兴有密切

---

① 〔美〕希提:《阿拉伯通史》(上),马坚译,商务印书馆,1995 年,第 749 页。

② 〔美〕希提:《阿拉伯通史》(上),马坚译,商务印书馆,1995 年,第 625~626 页。

关系。市民阶层的兴起引发了市民阶层与传统各个阶层的矛盾和斗
争，阿拉伯人所保留的古希腊罗马文化的回传加剧了精神领域的斗
争，唯名论的复兴对教会权威的挑战以及对理性精神的弘扬，加剧了
经院哲学的解体。唯名论是经院哲学的一个派别，约从 14 世纪开始，
随着阿拉伯人所保存的古希腊罗马文化的回传和意大利"文艺复兴"
运动的影响，以罗吉尔·培根、邓斯·司各脱和威廉·奥康为代表的唯
名论开始复兴。唯名论思想的核心是反对教会的权威，如培根说：屈
从于谬误甚多、毫无价值的权威，习惯的影响，流行的偏见，以及由于
我们认识的骄妄虚夸而来的我们自己的潜在的无知。从这些致命的
流毒造成了人类的一切罪恶，①主张将整个神学都排除在理性之外，
对神学中所倡导的那些无用的东西，应该像快刀子剃头发那样，统统
剃掉(威廉·奥康著名的"奥康剃刀")；认为知识主要来源于理性和经
验。如培根认为，知识有三个来源：权威、理性和经验。但是，无理性做
基础，权威是不完全的，没有这个基础，它会引起误解，而只是根据信
仰接受(真理)，——我们相信权威，但不是通过权威来了解事物。而
理性不能单独区别辩论与真正的论证，如果他不能以经验证明自己结
论正确的话；②对封建教会和封建王公进行了激烈的批判。如培根说：
在我们这个时代，充满了比以往任何一个时代都严重的罪孽。圣位成
为不义的人们欺骗和虚伪的牺牲……傲慢成风，贪欲泛滥，妒忌吞噬
着一切。放纵玷辱了整个教廷，奢侈统治了一切……上层如此，下边
又如何呢？看看那些高级教士们吧。看他们怎样搜刮财物，不关心人
们的灵魂，提拔自己的亲族和其他俗界朋友以及那些出主意毁灭一
切的狡诈的律师……新僧团也完全丧失了原来的尊严，整个教界都
热衷于纵欲、傲慢和贪婪。③

---

①北京大学哲学系外国哲学史教研室：《西方哲学原著选读》(上卷)，商务印书馆，1981
年，第 285～286 页。

②郭守田：《世界通史资料选辑》(中古部分)，商务印书馆，1981 年，第 221 页。

③苗力田：《西方哲学史新编》，人民出版社，1990 年，第 190 页。

"文艺复兴"发端于 14 世纪的意大利,"文艺复兴"运动的兴起与古希腊罗马文化经过阿拉伯人之手传入欧洲密切相关。中世纪阿拉伯人的"百年翻译运动"、亚里士多德学派对古希腊罗马文化的译介等文化活动,保存和发展了古希腊罗马文化。被阿拉伯人保存下来的古希腊罗马文化随着"十字军"的东征、阿拉伯帝国的西征、1125 年以来西班牙兴起的对阿拉伯著作的翻译运动等原因逐步传入欧洲,对欧洲的"文艺复兴"在对古希腊罗马文化的吸收方面做出了重要贡献。"文艺复兴"从字面意思上讲是指对古希腊罗马文化的复兴或再生,实质上是为了摆脱封建教会的束缚,恢复古希腊罗马文化的真相,倡导人文主义思潮,承认人的感性欲望,高扬理性旗帜,倡导人的自由、平等和博爱,以此来表达新兴市民阶层的要求。如被恩格斯称为"中世纪最后一位诗人,新时代的最初一位诗人"的但丁(1265 ~ 1321 年)曾经说过:永恒的上帝用其天的力量命令全人类存在,以达其最后目的。所谓最后目的,就是人类的幸福,即是吾人所寻求的第一个原理,这原理是我们做研究的指南。人的高贵,究其许许多多的成果而言,超过了天使的高贵。[1]如薄伽丘(1313 ~ 1375 年)认为:"我们人类的骨肉都是用同样的物质造成的,我们的灵魂都是天主赐给的,具备着同等的机能和一样的效用。我们人类是天生一律平等的,只有品德才是区分人类的标准。"[2]

伊本·赫勒敦生活的 14 世纪,正好是欧洲经院哲学走向解体、唯名论的复兴以及"文艺复兴"运动兴起的时期。阿拉伯人对古希腊罗马文化的译介与保存,对经院哲学的发展以及"文艺复兴"运动的兴起产生了重要影响。欧洲学术界与阿拉伯学术界在文化上的互译和交往,为伊本·赫勒敦了解古希腊罗马文化与欧洲当时的思想发展动态提供了便利。唯名论的复兴和"文艺复兴"运动的兴起,对封建教会

---

① 周辅成:《从文艺复兴到十九世纪资产阶级哲学家政治思想家有关人道主义人性论言论选辑》,商务印书馆,1966 年,第 318 页。

② [意]薄伽丘:《十日谈》,新文艺出版社,1958 年,第 357 页。

的挑战,对人类感性欲望的认可,对人类理性的张扬、人文主义思潮
的兴起,对伊本·赫勒敦的思想解放,以及从人的需求出发探讨文明
的起源等方面具有潜在的影响力。

2.中世纪伊斯兰世界文化科学的繁荣对伊本·赫勒敦"文化科学"
理论创建的影响

中世纪伊斯兰教的兴起和发展、阿拉伯帝国的"百年翻译
运动"、阿拉伯亚里士多德学派的兴起以及科学等方面的繁荣
与发展,为伊本·赫勒敦"文化科学"理论的创建提供了丰富的思想
基础。

7世纪,伊斯兰教在阿拉伯半岛产生与传播直至630年伊斯兰教
取得完全合法地位以来,阿拉伯半岛在信仰领域和社会结构等方面
都发生了巨大的飞跃。在信仰领域,突破了先前各部落的多神偶像崇
拜,以"认主独一"为核心的伊斯兰教作为共同信仰。在社会结构上,
以政教合一的政权组织形式代替了先前纷乱复杂的氏族部落组织形
式。伊斯兰教的基本经典《古兰经》和"圣训"成为了基本的法律依据、
信仰和处世的准则,渗透于文化与社会生活的各个方面。在伊斯兰教
发展过程中,出于学习、注释和理解《古兰经》的需要,兴起了《古兰
经》注释学、圣训学、教义学、教律学等多门宗教学科。随着对伊斯兰
教教义的深入探讨,以及古希腊、印度等文化的传入与影响,伊斯兰
教内部围绕真主的本质与属性、前定与自由意志、信仰与理性的关系
等问题展开深入探讨,由于讨论的侧重点不同,形成了穆尔太齐赖
派、艾什尔里派、罕百里派、苏非派等各具特色的派别。如穆尔太齐赖
派集中讨论真主的正义性和独一性,艾什尔里派强调信仰高于理性,
罕百里派坚守传统信仰,苏非派侧重内心修炼和神秘体验等。伊斯兰
教各门宗教学科的发展,为伊本·赫勒敦研究伊斯兰教宗教学科提供
了丰富的资料,也为伊本·赫勒敦对伊斯兰教教义学的扬弃提供了思
想前提。

阿拉伯帝国的"百年翻译运动"是指从8世纪中叶至9世纪的一

百多年中,阿拉伯帝国为了适应帝国政治、经济、文化以及宗教发展的需要而兴起的对古希腊、罗马、波斯、印度等国的文化典籍翻译成阿拉伯语的文化活动。翻译活动初始于倭马亚王朝,在阿拔斯王朝的哈里发麦蒙(813~833年在位)时期达到高潮。830年,哈里发麦蒙在宫廷小规模翻译研究机构的基础上,在首都巴格达创建了国家级的综合性学术机构"智慧宫",统一组织和领导帝国的翻译活动和学术研究。"智慧宫"以重金聘请了各地不同民族、不同宗教信仰的近百名著名学者和翻译家,如伊本·伊斯哈格、花拉子密、铿迪等。他们将从各地搜集的一百多种学科古籍进行了整理、译述,并对早期已译出的相关著作进行了校订、修改和重译。"百年翻译运动"期间,被翻译成阿拉伯语的学术著作达数百部之多,涵盖了哲学、逻辑学、政治学、天文学、数学、物理学、医学、炼金术、地理学、历史、语言、文学、宗教、农业、科技等多门学科。其中从希腊语翻译过来的学术典籍有亚里士多德的《形而上学》《逻辑学》《伦理学》《物理学》等(除了将亚里士多德的原著翻译成阿拉伯文,而且还将希腊人解释亚里士多德的著作也译成阿拉伯文),柏拉图的《理想国》《法篇》《申辩篇》等,欧几里得的《几何学原理》,毕达哥拉斯的《金色格言》,托勒密的《天文集成》,普罗提诺的《九章集》,希波克拉底和盖伦的医学著作100多部等。从波斯语翻译过来的典籍有《波斯历代国王史》《波斯古经》等20多部。从印度梵文翻译过来的典籍有《信德罕德》《婆罗门正宗》等30多部。此外从奈伯特语翻译过来的关于农业等方面的典籍有20部,从古叙利亚语翻译过来的文学、科技、艺术的著作有几十部。阿拉伯帝国的"百年翻译运动"对包括古希腊罗马文化在内的多种文化的保存与传播、对阿拉伯人的思想启迪以及对欧洲思想界重新认识古希腊罗马文化等方面都产生了重要影响,特别是为伊斯兰世界的学术界学习和研究异质文化提供了方便。正如伊卜拉欣·麦德库尔所言:这些翻译家们为阿拉伯思想提供了巨大的服务,这种服务不在他们所进行的翻译工作本身。传播知识的愿望促使他们在不同的领域去编撰书籍,如医学、物理学、化学、天文学、数学和哲学。这些被编撰者们谦逊地称之为"入门"或"导读"的著作和论文，是照亮伊斯兰世界理性研究的第一束光亮，直到当代，它们仍然是为读者提供已知学科总体思想的节要。这些著作和论文大多帮助了知识的传播，为穆斯林自己在各类学校里进行专门研究和科学探讨铺平了道路。[1]对伊本·赫勒敦而言，阿拉伯帝国的"百年翻译运动"为其"文化科学"理论的创建提供了丰富的学习和研究资料，开拓了其学术视野，为其了解和研究包括古希腊罗马、印度、波斯在内的异质文化提供了方便之门，也为其"文化科学"理论的创建在许多方面产生了启发和影响。如伊本·赫勒敦的"学科分类理论"就是在亚里士多德学科分类的基础上进行，伊本·赫勒敦对几十门学科内容的介绍有很多是从"百年翻译运动"中对许多学科译介的成果中汲取养分；伊本·赫勒敦的文明形态史观对包括希腊、罗马、印度、波斯等国文明情况的介绍，得益于"百年翻译运动"对这些国家文化的译介；伊本·赫勒敦将哲学运用到历史研究中的研究方法，得益于古希腊罗马哲学的启迪；伊本·赫勒敦在政治理论中，对"人是天生的政治动物"等亚里士多德名言的引用和发挥，无不得益于"百年翻译运动"对亚里士多德著作的翻译。

阿拉伯亚里士多德学派是 9~12 世纪阿拉伯哲学派别，该派的形成与巴格达为中心的"百年翻译运动"对亚里士多德为代表的古希腊哲学和科学典籍的翻译有关，也与阿拉伯东方的伊斯兰文化和古希腊哲学科学典籍的阿拉伯文译本传入科尔多瓦为中心的穆斯林西班牙（后倭马亚王朝统治下的西班牙）有关。故该派分为东西两支，东支以巴格达为中心，代表人物有铿迪、法拉比、伊本·西那和拉齐，西支以穆斯林西班牙的科尔多瓦为中心，以伊本·巴哲、伊本·图斐利、伊本·鲁世德为代表。该派以《古兰经》和伊斯兰教基本教义为体，以"百年翻译运动"翻译为阿拉伯文的古希腊、罗马、印度、波斯等国的文化

---

① 蔡德贵：《阿拉伯哲学史》，山东大学出版社，1992 年，第 133 页。

为用,特别是深受亚里士多德和新柏拉图主义的影响,用哲学解释世俗世界,以理性展开对伊斯兰教教义的分析和解读。同时,他们也大量注释、研究和评价亚里士多德的哲学和科学典籍,形成了极具理性主义的自然观、宗教观和社会历史观。如被誉为"第二导师"的法拉比注释和研究亚里士多德的著作有:《形而上学要旨》《亚里士多德各著作要领》《亚里士多德范畴篇注释》《亚里士多德解释篇注释》《亚里士多德分析篇诠解》《亚里士多德〈天和世界〉注》等;再如被誉为"阿拉伯世界的亚里士多德"的伊本·西那的《逻辑学节要》《亚里士多德论灵魂注释》等。由于该派以亚里士多德和新柏拉图主义相调和的观点解释和论证《古兰经》和伊斯兰教教义,力图使哲学独立于宗教,具有明显的世俗倾向,并且该派的思想在中世纪占据阿拉伯哲学的主体,故称其为"阿拉伯亚里士多德学派",第·博尔称其为"受新柏拉图派影响的亚里士多德派哲学家"①。虽然阿拉伯亚里士多德学派代表人物众多,成果丰硕,讨论的主体多样,论证的内容丰富,但是从其纷繁复杂的思想中,也可以梳理出其中的一些主线来。具体表现为:在本体论上,承认安拉是宇宙最高主宰的同时,也承认世俗世界存在的合理性、永恒性以及自身的规律性;在理性与信仰的关系上,推崇理性的价值,认为理性的价值高于信仰的价值,对自然界的认识主要靠哲学和自然科学来完成,人类获得的正确认识和良好的道德行为主要通过理性,而不是完全诉诸信仰;承认逻辑学在人类认识中的重要作用,认为逻辑学是哲学的导论,逻辑学中的逻辑形式和范畴是获得理性认识的思维工具;在真理观上,倡导"双重真理论",认为哲学和宗教都能带来真理,二者在真理的获得上并行不悖,在各自领域内获得真理,哲学可以获得为使人类进步的关于宇宙万物的真理,而宗教可以获得信仰和社会伦理范围内的真理;在政治观上,受到了亚里士多德《政治学》和柏拉图《理想国》的影响,对构建君主贤明、民众明礼重

①〔荷兰〕第·博尔:《伊斯兰哲学史》,马坚译,中华书局,1958年,第87页。

义和敦邻睦亲、人人平等、财产公有的理想社会的推崇和向往。由于
阿拉伯亚里士多德学派对理性和世俗世界的重视和推崇，迎合了伊
本·赫勒敦从人的需要、人的生产生活方式、地理环境等物质要素以
及从哲学入手阐释人类文明和构建自身理论的需要，因此，伊本·赫
勒敦对包括法拉比、伊本·西那、伊本·鲁世德等学者及其思想非常重
视，在《历史绪论》中，伊本·赫勒敦多次提及他们及其思想。阿拉伯亚
里士多德学派对伊本·赫勒敦的影响是多方面的，由于阿拉伯亚里士
多德学派的成员大都是百科全书式的学者，且其译注或著述主要以
阿拉伯文为主，这对丰富伊本·赫勒敦的学术视野，深化其对有关
知识领域的认识产生了重要影响；由于阿拉伯亚里士多德学派注释、
研究和评价了以亚里士多德为代表的大量的古希腊典籍，这为伊本·
赫勒敦深入认识和理解古希腊文化提供了便利；由于阿拉伯亚里士
多德学派是在汲取亚里士多德和新柏拉图主义为代表的哲学观和自
然观的基础上，以理性来阐述伊斯兰教教义的代表，因此，其关于信
仰和理性的关系、真理的获取途径、人类认识和知识的来源等方面的
观点对伊本·赫勒敦在相关问题的认识产生了重要的启迪。伊本·赫
勒敦在相关领域的论述就是在扬弃阿拉伯亚里士多德学派相关观点
的基础上进行的。如伊本·赫勒敦就是根据知识的获取途径不同将
人类的知识分为理性学科和神学学科两大类；在信仰和理性的关系
上，伊本·赫勒敦也认为信仰和理性在各自领域内发挥作用，二者并
行不悖；在本体论上，伊本·赫勒敦也承认安拉是宇宙万物的第一因
和目的因；在人类认识的途径上，伊本·赫勒敦认为理性和信仰都是
认识的途径，只不过理性仅仅能够对所感知的存有物进行认识，而
对存有物背后存在的原因、真主的独一性等问题则需要借助信仰的
力量；再如伊本·赫勒敦受柏拉图和法拉比等关于理想国构想的影
响，试图在其从政的王朝中通过劝说君主的方式来建立一个理想国，
虽然其愿望未得到也不可能得到实现，但足以说明伊本·赫勒敦是深
受柏拉图和法拉比的理想国的影响的。

中世纪伊斯兰世界科学的繁荣与发展对伊本·赫勒敦"文化科学"理论的创建也产生了重要影响,特别是为伊本·赫勒敦对各门学科的认识和论述提供了坚实的思想基础。中世纪的伊斯兰世界,由于"百年翻译运动"运动的影响(百年翻译运动期间,柏拉图、亚里士多德、希波克拉底、欧几里得、阿基米德、托勒密、毕达哥拉斯、格林等人的数学、自然科学和哲学著作都被翻译成了阿拉伯文,如希波克拉底的《格言》、托勒密的《天文大集》、欧几里得的《几何学原理》、亚里士多德的《物理学》《形而上学》、格林的医学论文等,这些学术著作和论文的翻译,为伊斯兰世界科学技术的发展提供了丰富的研究资料)、宗教生活的需要(如伊斯兰教规定穆斯林每天应五次朝向麦加礼拜,需要确定麦加的方位;穆斯林每年对斋月的开始和结束时间的确定,需要观察新月,见月封斋,见月开斋。诸如此类的宗教生活的需要推动了相关的天文学、数学、地理学等学科的发展)以及商业的发展(由于阿拉伯人善于经商,发展商业离不开计算,离不开航海技术,这些因素也推动了数学、天文、地理等学科的发展)等原因的影响,使得中世纪伊斯兰世界科学取得了长足的发展。在天文学方面的主要成就有:一是对天文学著作的翻译。如对从印度传入巴格达的天文学著作《西德罕塔》的翻译,希提认为:伊斯兰教关于天文学的科学研究,是在一部印度的天文学著作的影响下开始的,这部著作叫作《西德罕塔》。① 对托勒密《天文大集》的翻译,对萨珊王朝编辑的帕莱威历表的翻译。二是兴建天文台,进行天文观测。哈里发麦蒙在舍马西叶门附近建立了天文台。哈里发的天文学家不仅在这里有系统地观测天体的运动,而且根据非常精确的结果,校正了托勒密《天文大集》里一切基本的要素:黄道斜线、二分点的岁差和岁实等。在这个天文台建成之后不久,大马士革城外的噶西雍山上也建立了天文台。在这个时代,天文台上的仪器有象限仪、星盘、日晷仪、天球仪和地球仪等。除

---

① 〔美〕希提:《阿拉伯通史》(上),马坚译,商务印书馆,1995年,第439页。

了麦蒙的天文台外,穆萨·伊本·沙基尔的三个儿子,在巴格达自己的
家里,设了一个天文台。布韦希王朝的素丹舍赖弗·道莱(982~989年
在位),在巴格达的宫廷中,建设了另外一个天文台。旭烈兀破巴格达
城后仅一年,1259年就在乌尔米雅湖附近着手建立马腊格天文台,奈
绥尔丁(1274年卒)在这座天文台上编成一部新的天文表,叫作伊儿
汗历,这部历表流行于亚洲各国,甚至传到中国。[1]三是测量地球子午
线一度之长,确定黄道斜角。希提指出:麦蒙的天文学家们,曾做过一
件极其精密的测地工作——测量地球子午线一度之长。测量的目的
是,假定大地为球形,然后实测子午线一度之长,据此而推算地球的
体积及其圆周。测量的结果是,子午线一度之长,等于五十六又三分
之二阿拉伯里。根据这个数字计算,地球的圆周,是20400阿拉伯里,
地球的直径是6500阿拉伯里。布韦希王朝呼罗珊人哈精曾确定黄道
斜角,而且解决了一个存在于阿基米德的著作中的问题,从而得出一
个三次方程式。[2]四是天文学其他方面的贡献。有白塔尼订正了托勒
密的许多错误,又修正了太阳轨道和某些行星轨道计算的方法,证明
太阳环食的可能性,更正确地决定了黄道斜角,提出关于决定新月可
见度的独创理论。比鲁尼(973~1050年)对地球的经度和纬度做出精
密的测定。在塞尔柱克王朝的欧麦尔·赫雅木和他的合作者共同研究
创作了哲拉里历,这种历法比格里历还要精密。花拉子密编辑了最古
的天文表。麦只里贴(约1007年卒)校订了花拉子密的历表,这是穆
斯林天文学家的第一个历表[3]。在数学方面的主要贡献有:一是将印
度数字传入阿拉伯乃至全世界。据希提介绍:印度算数及其数字体系
(阿拉伯语所谓的印度数字)和零号传入阿拉伯国家的人是一位印度
学者。而这些数字的应用,遍于阿拉伯世界,应归功于花拉子密(780~
约850年)和数学家海伯什(867~874年间卒)的天文表。阿拉伯数字也

①〔美〕希提:《阿拉伯通史》(上),马坚译,商务印书馆,1995年,第440、442、445页
②〔美〕希提:《阿拉伯通史》(上),马坚译,商务印书馆,1995年,第441、442页。
③〔美〕希提:《阿拉伯通史》(上),马坚译,商务印书馆,1995年,第443、444、446、682页。

是借花拉子密的著作传到西方的。[1]二是代数学的发明。纳忠认为：在阿拔斯王朝初期，穆斯林虽然曾翻译过希腊人关于代数的著作，但实际上那不是"代数"，最多只算是关于代数的粗浅知识而已。所以大部分的西方学者承认，完全的代数学实际是阿拉伯人所发明的。穆斯林发明代数的学者是花拉子密。他博采希腊、印度、波斯的理论而创造完全的代数学。[2]在地理学方面的主要贡献有：托勒密的《地理学》多次被翻译成阿拉伯语。比鲁尼发明了利用三角测量法来测量大地与地面物体之间距离的技术，找到了精确测量经纬度的具体方法，确定了穆斯林礼拜的朝向和城市方位的坐标。花拉子密和其他69位学者绘制了自伊斯兰教创建以来的第一张地图。涌现出诸如白克里（代表性的著作《列国道路志》）、易得里西（代表性的著作《云游者的娱乐》）、伊本·白图泰（代表性的著作《伊本·白图泰游记》）等一些知名的地理学家或旅行家，他们撰写了多部地理学方面的著作，对认识和了解伊斯兰世界或世界其他地方的地形地貌、风土人情等方面做出了重要贡献。在植物学方面的主要贡献有：对于椰枣和大麻一类植物的雌雄性做过正确的观察。把植物分成若干类，有些是由插条生长的，有些是由种子生长的，有些是天然生长的。科尔多瓦的医生加菲基（1165年卒），搜集了西班牙和非洲的植物，并列出了每种植物的阿拉伯语、拉丁语、柏柏尔语的名称，而且加以描述，他还撰写了一部论药用植物的著作《本草》。伊本·阿瓦木曾撰写过一篇关于农业的论文，论述了585种植物，说明了50多种果树的栽培方法，对嫁接及土壤和肥料的特性，提出了许多新颖的见解，论述了许多果树和葡萄的病虫害的症候，并提出了治疗方法。[3]

　　3.阿拉伯世界文明的存在形态及马格里布地区文明的存续状态对伊本·赫勒敦"文化科学"理论创建的影响

---

①〔美〕希提：《阿拉伯通史》（上），马坚译，商务印书馆，1995年，第446、447页。

②纳忠：《阿拉伯通史》（下），商务印书馆，1999年，第393页。

③〔美〕希提：《阿拉伯通史》（上），马坚译，商务印书馆，1995年，第687、688页。

　　在伊斯兰教兴起之前,阿拉伯半岛主要有游牧民和定居民,北方
主要以游牧民为主,南方主要以定居民为主,由于二者各自为了生存
的需要而促使他们之间区分的界限往往模糊。希提指出:流动的居民
与定居的居民,二者之间,通常没有明确的界限。城居的人民和游牧
的人民,他们彼此间的作用和反作用,是自我利益和自我保存的迫切
动机所促成的。城居人民,得天独厚;游牧人民,以坚决的态度,向他
们索取自己所缺乏的生活资料,或以暴力掠夺,或以和平方法,彼此
交易。他或做强盗,或做商人,或身兼二职。[①]游牧民中的贝杜因人,沙
漠的生存环境,造就了其自身特有的生活方式。希提说:游牧制度
是内夫得地区的一种科学的生活方式, 正如工业制度是底特律和
曼彻斯特的一种科学生活方式一样。游牧人的文化模型,永远是一
样的。他的生活方式,仍然是他祖先的生活方式——住在用羊毛或
驼毛织成的"毛屋"里。养羊、养驼、养马、狩猎和劫掠,构成他主要
的职业。照他的想法,这些事才是男子汉值得干的职业,农业和各
种工商业,是有损威严的。贝杜因人、骆驼和椰枣,是沙漠中一切生
物的三位一体的统治者;再加上沙子,就构成沙漠里的四大主角。他
日常的食物,是椰枣和面粥或炒面,再加凉水或奶。他的衣服是像食
物一样缺乏的:一件长的衬衫,一条带子和一件宽舒而飘垂的上衣。
头上蒙一块披巾,月一条细绳给结稳了。裤子是不作兴穿的,鞋袜是
稀罕的。[②]

　　由于沙漠生存环境的特殊性(沙漠缺水、天气炎热、道路不明、食
物缺乏),使得贝杜因人坚守传统,重视语言和血统的纯粹性,铸就了
其崇尚个人主义、劫掠、好战和忠实的品质,而对宗教却漠不关心。希
提指出:游牧人,作为一个类型来看,现在和过去完全一样,将来仍然
是这样。变化、进步、发展,都不在他所愿意遵守的规律之列。他受不

---

①〔美〕希提:《阿拉伯通史》(上),马坚译,商务印书馆,1995 年,第 24 页。
②〔美〕希提:《阿拉伯通史》(上),马坚译,商务印书馆,1995 年,第 24、25、26 页。

到外来的观念和风俗的影响。沙漠不仅是一个可居住的地方,而且是他们神圣传统的守护者,是他的纯粹的语言和血统的保卫者,是防范外界侵略的第一道防线。个人主义,是他的另一种明显的特性,这种特性是根深蒂固的,他只关心本部族的福利。纪律、秩序、权威,都不是沙漠生活中的崇拜对象。劫掠本来是一种盗贼的行径,但是,沙漠生活的经济情况和社会情况,却已经把劫掠提升到了一种民族风俗的地位。劫掠是有数的几种表现大丈夫气概的职业之一。在沙漠地方,好战心里是一种牢不可破的心理状态;一个弱小的部落,或边境上的定居民,可以用现在所谓的礼物向强大的部落换取保护。贝杜因人,作为敌人,虽然非常可怕,但在他的友谊的规则范围以内,他也是一个忠贞而大方的朋友。招待、热忱和丈夫气概,被认为是这个民族的高贵的美德。贝杜因人对于宗教,确是漠不关心的。①贝杜因人以血缘关系为纽带的氏族或部落作为其基本的社会组织形式,氏族或部落的血缘关系有真实的,也有虚构的。希提指出:同一氏族的成员,互相承认是同一血统的。氏族关系,本来是一个出身的问题,但可以以个人的身份取得氏族关系;取得的方法,非常简单,只需与某氏族的人共餐,或者吸吮他的几滴血,就成为那个氏族的成员了。获得解放的奴隶,常认为与原主人的家族保持几分联系,这样一来,他就变成同族兄弟了。一个外人,可以寻求这样一种关系,被称为受保护人。依同样的方法,整体比较弱的氏族,可以自愿地取得某个强大氏族或部族的保护,而终于被它吸收。②氏族或部落的首领必须由有资格的长者才能当选。希提说:氏族的代表,是它的名誉领袖舍赫(老者),他是本部族中年高德劭、智勇双全、仗义疏财的成员。③群体凝聚力是氏族或部落的精神动力,希提称之为"宗派主义"。希提指

①〔美〕希提:《阿拉伯通史》(上),马坚译,商务印书馆,1995年,第25、26、27页。
②〔美〕希提:《阿拉伯通史》(上),马坚译,商务印书馆,1995年,第28、29页。
③〔美〕希提:《阿拉伯通史》(上),马坚译,商务印书馆,1995年,第30页。

出:宗派主义包含着对于同族人无止境、无条件的忠贞,大体上相当
于极端的狭隘的爱国主义。宗派主义认为本氏族或本部族自成一个
单位,能独立生存,至高无上,同时,把其他的一切氏族或部落当做
自己的合法的牺牲品,可以任意地加以掠夺或杀害。[1]除此之外,由
群体凝聚力而衍生的血亲复仇也是氏族或部落的一个重要特质。希
提说:某氏族的成员,若杀害了本氏族的人,任何人都不保护他。他若
杀害了外族人,两氏族之间就要发生近亲复仇,本氏族成员不管是
谁,都可能必须为这件罪行付出生命的代价。依照沙漠里原始的法
律,血债是要用血来偿的;除了报仇,无论什么惩罚也不生效。[2]随着
伊斯兰教的兴起,要以城市为据点传播宗教,随着阿拉伯帝国对外征
服过程中对一些城市的征服以及对城市文明的吸收等原因,伊斯兰
世界的城市文明在中世纪高度发达。一些城市有辉煌的建筑,发达的
供水系统,高度繁荣的商业和文化事业。

　　马格里布原意为太阳西沉的方向,被誉为"西方之岛"。西起阿加
迪尔湾,东至锡尔特湾和加贝斯湾,北接地中海,南至撒哈拉沙漠。这
里既有长达 3000 公里的海岸线,也有包括突尼斯湾在内的九大海
湾。既有阿特拉斯山脉,也有包括沙维亚平原在内的十多处富庶的平
原。既有马格里布沙漠及其点缀的绿洲,也有包括突尼斯迈杰尔达河
在内的六处河流。马格里布地区独特的地理位置和地形地貌,给这里
的居民的谋生方式带来了较大的选择余地,靠近平原和适宜耕种山
地居民依靠农业谋生,靠近沙漠和适宜放牧山脉的居民则依靠畜牧
业为生,靠近海岸和河道两旁则适宜兴建城市。浩瀚的沙漠、绵长的
海岸线以及川流不息的河流,加强了马格里布内部各个地区以及对
外的联系,从而使他们可以互通有无,商业贸易由此发展起来。由于
独特的地形地貌而带来的谋生方式的不同,使这里既有农业文明,也
有游牧文明,还有城市文明和商业文明等多种文明存在形态。

①〔美〕希提:《阿拉伯通史》(上),马坚译,商务印书馆,1995 年,第 29～30 页。
②〔美〕希提:《阿拉伯通史》(上),马坚译,商务印书馆,1995 年,第 28 页。

马格里布地区的主要居民为柏柏尔人，除此之外还有非土著的阿法里克人、犹太人、黑人、罗马人和法兰克人。对于柏柏尔人的起源，有两种说法：一种说法是以伊本·哈兹姆为代表的谱系学家以阿拉伯宗谱为主干将柏柏尔人分成巴拉尼斯部族和布特尔部族两大部分，皆为易卜拉欣的后裔。另一种说法是以伊本·赫勒敦为代表的学者，反对柏柏尔人是易卜拉欣后裔的说法，认为柏柏尔人是迦南·本·哈姆·本·诺亚的后代，是巴勒斯坦人的亲戚，而不是巴勒斯坦人。但是不管起源如何，柏柏尔人的两部分中，布特尔部族是“游牧民”（帐篷居民），巴拉尼斯部族是“城居民”（房屋居民），则是确信无疑的。因为绝大部分的巴拉尼斯部族生活安定，居住在肥沃的平原和山区，从事农耕。而大多数的布特尔部族则逐水草而居，在高原沙漠和半沙漠地区放牧牲畜。但这种划分也不是纯粹的，有些巴拉尼斯部族，如戴面罩的穆拉萨姆人生活在沙漠中心，他们是马格里布南部沙漠里的牧驼者，欧洲学者称其为“大牧民”，与靠牧羊为主的“小牧民”相对应。小牧民则是入寇的骑士，由于其天生善跑（欧洲学者称其为“单峰驼”），他们能够摧毁和建立国家。

历史上的柏柏尔人的居民主要以农民和牧民为主，农民根据其所在地理环境的不同又分为三个层次：处于最高层次的是果农和种粮食的庄稼汉，他们种植梓橄、无花果、葡萄以及大麦、小麦等农作物和经济作物，是定居民。处于第二层次的是绿洲居民，他们定居在与土地紧密相连的村庄里，与游牧民的关系密切，主要种植枣椰树和大麦小麦等作物。处于第三层次的农民既种庄稼，又牧羊和饲养牲畜。他们居住在靠近高原山地和有水源的适宜农牧业发展的地区，他们在中马格里布称为丘陵区的气候温和多雨的地区和干燥的沙漠区之间往返。这些区域的居民的住宅有土坯筑成的房屋和牧民的帐篷相杂。牧民包括牧羊人和放牧骆驼的人，其中牧羊人占牧民人数的大多数，他们分布在整个马格里布地区，由于马格里布地区既有山地和丘陵构成的高地牧场，也有平原构成的低地牧场，牧民们会时常根据气候的变化和水源的丰歉程度辗转于平原和山地之间。放牧骆驼的牧民居住在沙漠边缘,虽然沙漠边缘水源稀缺,但那里有适宜骆驼适用的各种草料。放牧骆驼的牧民主要以驼奶、熏制的驼肉和绿洲上的椰枣为生,他们甚至不知道什么是面包。他们是柏柏尔人中典型的游走不定、逐水草而居的游牧民,他们不但以这种方式寻找草地和水源,而且还将骆驼产品和自身独特的文明带入撒哈拉沙漠的中心以及黑人地区,伊本·赫勒敦称其为"最野蛮的人们"。由于马格里布地区地形地貌的多样性,孕育出了农民和牧民的多样性,生产的产品也基本上各有特色,他们依靠沙漠中的骆驼和便利的河道,互通有无,通过商品交换来换回他们所需的产品。如植树的农民依靠梓檬从渔夫和岛民哪里获取金银。绿洲居民和游牧民都是沙漠中的行商,绿洲居民用椰枣等农作物换回游牧民的畜产品。

柏柏尔人的社会组织以父系制家族作为基本细胞,以血缘关系为纽带,包括所有来源于同一始祖男性后代的直系和旁系亲属。为了确保家族成员的凝聚力,也为了保证家族繁荣和安全的需要,族长具有至高无上的权力和权威;除了父系制家族外,还有一些范围更广的包括家族在内的、类似罗马"自治市"的集团,该集团由一些公认为有能力处理公共事务的老者和有名望的人组成元老院。元老院是习惯法的唯一解释者,也是司法、财产、农事安排、战争与和平等事项决定的宣布者。除此之外,还有一个以上的氏族或部落组成的部落联盟作为其基本的社会结构,为了确保部落联盟的经济生活和防御外来侵犯的需要,为了部落联盟内部的凝聚力,部落联盟的首领或酋长部落联盟内的成员拥有绝对的权力和权威。在部落联盟中,势力占优势或在战争中获胜的部落总是以自己部落的名称来对部落联盟进行命名。

在阿拉伯人征服之前,除了少部分柏柏尔人因被征服或传教等原因信仰犹太教、基督教和祆教外(犹太教先后被腓尼基人和迁徙的犹太人传入,基督教的传入是和马格里布的罗马政权有密切关系,信仰袄教可以从非斯一些地区设有火房得到证明),绝大多数柏柏尔人没有宗教信仰,主要还停留于原始的图腾崇拜,如对太阳、月亮和偶像的顶礼膜拜,或者信奉巫术和邪道。在瓦丹的一些部族里,小山丘上竖着石头偶像,称为"卡尔扎",人们借此和亲睦族,除灾去病,为他们的财产祈福。在阿格马特和苏斯之间的山里,有一个柏柏尔部族,还崇拜羝羊。关于巫术和邪道,可以从伊本·伊扎里的著作记述的奥雷斯山女王卡西娜的故事中窥豹一斑。该记述讲到当卡西娜有神附体,或在受天启示的时候,她披头散发,捶打胸脯,嘴里念念有词,说出对事件未来的预测。从 7 世纪开始,随着阿拉伯人逐步对马格里布地区的征服,柏柏尔人绝大部分被伊斯兰化了,伊斯兰教就成为了他们主要的宗教信仰。①

　　阿拉伯世界游牧文明和城市文明两种文明形态,马格里布地区柏柏尔人的生产生活方式、生存环境、居住方式、性格特点、宗教信仰、风俗习惯等文明的存续状态,为伊本·赫勒敦认识和了解农牧文明和城市文明的方方面面提供了丰富的素材,伊本·赫勒敦正是以马格里布地区柏柏尔人为蓝本,并结合阿拉伯文明的存在形态来构建其文明形态史观的。这可以从伊本·赫勒敦在《历史绪论》的一些表述中得到证明,他说:在这部著作中,我论证了王朝和文明起源的原因和方式。我将我的著作建立在两个民族的历史上,包括这个时代马格里布人口的构成,以及那里人们变化的地区和城市,他们的居住规则,包括居住时间的长短、过去的统治者及其同盟。这两个民族是阿拉伯人和柏柏尔人。②人类依附于沙漠这一广阔的生存环境中,生活资料主要靠自然方式获取。一些人靠农业维持生存,种植蔬菜与谷

---

①马格里布地区的相关内容参阅了〔埃及〕萨阿德·扎格卢勒:《阿拉伯马格里布史》第一卷(上册),上海外国语学院《阿拉伯马格里布史》翻译组译,上海人民出版社,1975 年;〔法〕马塞尔·佩鲁东:《马格里布通史》,上海师范大学《马格里布通史》翻译组译,上海人民出版社,1974 年。

②Ibn Khaldun, An Introduction to History, Translated and introduced by Franz Rosenthal, Abridged and edited by N.J.Dawood, Princeton: Princeton University press, 2005, p.7 ~ 8.

物。另一些人从事动物饲养业,他们养殖绵羊、山羊、牛、蜜蜂和蚕,利
用养殖所获得的产品为生。他们没有豪华的设施和各种奢侈品,使用
动物的毛发、树木或者土石建造居所,仅仅为了躲避风寒和日晒,甚
至有些人还居住在洞穴里,食物略微加工或者根本不加工。农牧文明
的创造者包括贝杜因人、柏柏尔人、突厥人、土库曼人、斯拉夫人、宰
那泰人、库尔迪人、土库曼人等。他们当中,有的靠农业为生;有的逐
水草而居,靠养牛羊为生;有的深入到沙漠中去,靠骆驼养殖为生。①
同时,马格里布地区居住的犹太人、黑人、罗马人以及法兰克人也为
伊本·赫勒敦认识他们的文明提供了方便。

三、"文化科学"理论的创建过程

伊本·赫勒敦"文化科学"理论的创建是在对以往史学研究批判
的基础上进行的。在伊本·赫勒敦"文化科学"理论创建之前,无论是
西方,还是伊斯兰世界,史学研究主要停留于被伊本·赫勒敦所称的
"外在史学"的研究上,即对过去各个王朝、各种事件、各种优美格言
等事件和信息的记载,对不同时代人类发生的各种事件和信息的呈
现,对一定王朝曾经在世界上如何占有广泛的空间、定居在地球上的
人类如何活动的展示。②

(一)伊本·赫勒敦之前西方和伊斯兰世界史学研究概况

在西方,虽然古希腊的哲学高度繁荣,哲学的触角几乎渗透到了
人类生活的方方面面,但哲学却没有很好的渗透到历史研究中去,当
时的历史研究似乎对哲学的存在视而不见,历史和哲学处于道不同
不相为谋的状态。历史研究更多地侧重于对公民领袖和风云人物的
事迹、城邦重大政治事件以及重要战役的记述等被伊本·赫勒敦所称
的"外在史学"的研究上。因此,亚里士多德对历史持极端鄙视的态

---

① Ibn Khaldun, An Introduction to History, Translated and introduced by Franz Rosenthal,
Abridged and edited by N.J.Dawood, Princeton: Princeton University press, 2005, p.91、92.

② Ibid, p.5.

度,认为其不具备科学的性质,在亚里士多德看来,一门科学得以形成的前提是需要对某一研究对象的性质和原因进行解读,古希腊的历史研究不具备这个前提,历史研究缺乏哲学的根基,因而历史不是一门科学。中世纪,基督教在西方文化中占统治地位,作为一种宗教,基督教不可避免的要对"人从何处来","要到何处去"(即最终归宿)等问题作出自己的解答,因此历史也就自然而然地成为了基督教为其合理合法性论证的注脚。如奥古斯丁在历史分期上就持这样一种观点:认为世界的历史包括六个时代,这六个时代以上帝与人的往来为标志。第一个时代从人类的始祖即从亚当开始,一直持续到诺亚;第二个阶段从诺亚(大洪水)一直持续到亚伯拉罕;第三个时代从亚伯拉罕一直持续到大卫;第四个时代从大卫王到犹太人的巴比伦之囚;第五个时代从巴比伦之囚到耶稣基督的降临;第六个时代从基督的降临直到世界末日;从世界末日起,世界进入第七个时代,即人类永享安息的时代。这个时代没有穷尽,不属于尘世,因此不属于通常意义上的历史。①

在伊斯兰世界,由于伊斯兰教鼓励穆斯林从事历史研究,如《古兰经》云:"难道他们没有在大地上旅行以观察前人的结局是怎样的吗?"(40:21)"难道他们没有在大地上旅行,因而有心可以了解,或者有耳可以听闻吗?"(22:46)因此,在伊本·赫勒敦之前的伊斯兰世界就涌现出了许多著名的历史学家,如伊本·希沙姆(828年卒)、瓦基迪(747~822年)、泰伯里(838~923年)、塔巴里(839~922年)、雅各比(925年卒)、麦斯欧迪(959年卒)、米斯凯韦(1030年卒)、伊本·艾西尔(1160~1233年)等。这些历史学家有的被伊本·赫勒敦认可,在《历史绪论》中,伊本·赫勒敦认可的著名的史学家有:著名的穆罕默德传记的作者伊本·易司哈格(约卒于767年)、著名的史学家泰伯里、阿拉伯宗谱学大师海谢姆·凯勒比(卒于819年或820年)、阿拉伯历史

①刘林海:《早期基督教的历史分期理论及其特点》,《史学史研究》,2011年第2期,第9~10页。

学家瓦基迪、历史学家麦斯欧迪。[1]他们的著作有的是纪传体,有的是编年体,有的是地方志,还有的属于谱系学,但无论采用何种体例,主要停留于传述者的传述、传述者权威性的考证等方式,对先知的事迹、伊斯兰帝国的内政外交、历代哈里发的统治、阿拉伯帝国的对外征服等内容的记述,而对从哲学入手研究历史的重视程度不够。如被誉为阿拉伯编年体史书鼻祖的泰伯里就认为:如果一个人不是过去各个民族的各种事件或现在发生的事件的同时代人,或没有观察过这些事件,那么除非通过史学家的记载和传述者的传述,他不可能获得关于这些事件的知识,这些(史学家,传述者)不应该应用理性的推理和理智的取舍。现在如果恰巧在我这本书里,有某一条过去的某个权威传述给我的记载遭到一位读者的反对,或者为一位听众所厌恶,因为他不明白这条记载怎么可能是真实的,或者正确的,那么请他注意,这条记载不是我发明的,而是来自我的传述者之一,我作的全部工作只是原封不动的传述它而已。[2]再如伊本·艾西尔就在其《历史大全》中对伊斯兰教的兴起、先知穆罕默德的生平事迹、伊斯兰教早期的传播、四大哈里发时代的历史、伍麦叶王朝、阿拔斯王朝以及马格里布和安达卢西亚等地区伊斯兰教的历史进行了详细的记述。对此,希提有过精辟的分析,希提认为:历史著作最初的题材,是伊斯兰教出现以前口耳相传的传奇和轶事,以及环绕着先知穆罕默德的姓名和生平事业的各种宗教传说。现在(引者注:阿拔斯王朝)时机已经成熟,可以根据这些传奇、传说、传记、谱系和记载编纂正规的历史著作了。但是叙述的方式,仍然是伊斯兰教传说的老一套方式。每一事件都是用目击者或当代人的语言加以叙述,而通过一系列的居间者,传到最后的传述者,即著者。应用这种方法,是为了保证记载的精确性;把每一事件发生的年、月、日都记载下来,也是为了达到这一目的。通

---

①Ibn Khaldun, An Introduction to History, Translated and introduced by Franz Rosenthal, Abridged and edited by N. J. Dawood, Princeton: Princeton University press, 2005, p.6.

②转引自马小鹤:《伊本·赫勒敦》,台北东大图书股份有限公司,1993年,第46页。

常,如果线索是连续的,而且每一传述者的品格都是可以相信的,则所叙事实,就算真实,对于事实本身,并不加以批判性的研究。历史学家除了应用个人的判断,对于不同的若干组资料加以抉择,对于论据加以组织之外,很少致力于史料的分析、批判、比较或推断。①

也就是说,在伊本·赫勒敦"文化科学"理论创建之前,无论是西方还是伊斯兰世界,史学研究主要停留于"外在史学"的研究上,而运用哲学的方法对史学的性质、目的、方法以及必然性等内容的研究总体缺乏。在西方,虽然教父哲学的集大成者奥古斯丁对历史进步的因素进行过探讨,但奥古斯丁对历史进步因素的探讨是以上帝的救世计划为基础的,缺乏科学性。在《上帝之城》一书里,奥古斯丁将整个历史视为代表善的"上帝之城"与代表恶的"世上之城"之间的斗争,历史的进步是以"上帝之城"的胜利和"世上之城"的失败为标志的。在伊斯兰世界,虽然一些史学家如泰伯里、米斯凯韦、麦斯欧迪、伊本·艾西尔、比鲁尼等人,或受穆尔太齐赖派强调要用理性去理解史料等思想的影响,或受哲学的影响,开始对传统伊斯兰史学所依靠的许多史料来源提出了疑问,尝试着在其史学著作中以简短的导言的形式对诸如史学的宗教性作用、科学性作用和实际作用,对史学的学科性质、目的与方法等内容进行思考,如被誉为阿拉伯世界"希罗多德"的麦斯欧迪在其著作《黄金草原和珠玑宝藏》中开始对自然环境与人类历史的关系,植物与动物生命的周而复始与人类制度的周而复始之间的类似性等问题进行思考。这种思考也得到了伊本·赫勒敦的赞赏,伊本·赫勒敦说:其作品中被普遍认可的所包含的信息、采用的方法以及对材料的介绍被认为是著名的,眼观敏锐的批评家是其自身发现和判断那个材料值得怀疑,并给予可信的答案。②这种思考虽然有从历史周期等问题入手研究历史的意向,但总体上是粗枝大叶,未成体系的。

①〔美〕希提:《阿拉伯通史》(上),马坚译,商务印书馆,1995年,第457~459页。

②Ibn Khaldun, An Introduction to History, Translated and introduced by Franz Rosenthal, Abridged and edited by N.J.Dawood, Princeton: Princeton University press, 2005, p.6.

（二）伊本·赫勒敦对以往史学研究的批判

在《历史绪论》中，伊本·赫勒敦对以往史学研究主要停留于"外在史学"的研究方法进行了批判。一是对其缺乏批判精神而造成史料的真实性受到质疑进行了批判。伊本·赫勒敦说：杰出的穆斯林史学工作者竭尽全力收集历史事件并以著作的形式呈现出来。但是，人类无权利用自己的历史作品来介绍自身杜撰的各种流言蜚语，也就是说，他们伪装或美化的各种错误的、不可信的报道。他们的中的许多继任者跟随他们的脚步，并将他们听到的信息传递给我们。他们没有调查，或者没有意识到历史事件和环境的原因，他们也没有消除或拒斥荒谬的故事。众所周知的、值得信赖的专家麦斯欧迪和瓦基迪等作品在某些方面令人怀疑和反感，传闻和历史材料应该受到审视。在获得真理的路上没有尽最大努力。一般来说，批判的眼光不够锋利。在历史信息中，错误的和无事实根据的假说成为通晓和同源的要素。对传统的盲目信任是人类固有的特点。部分缺乏真正学术见地的学术和学科广泛传播。受污染的牧场是不利于健康的①。二是对一些史学工作者在史学研究范围上不能合理地把握一个度的情况进行了批判。伊本·赫勒敦说：许多史学家研究范围覆盖面太广，其研究的时空范围波及了早期伊斯兰的两个王朝（倭马亚王朝和阿拔斯王朝），同时材料涉及面太广，包括其所需和不需的材料。一些史学家，如麦斯欧迪以及与其同一类型的史学家，总体上穷尽了前伊斯兰王朝和国家的历史，以及其他历史事件。相反，一些后来的史学工作者，表现出特别收敛的意向，对这种普遍的和综合性的研究表现得很犹豫。他们汇集和穷尽了自身所处时代和世界历史信息。他们将自身的研究范围仅限于自身所处王朝和城市的历史，如西班牙政治史学家伊本·哈彦（987/988～1076年）等。②三是对一些史学家受制于传统，忽视以发

---

①Ibn Khaldun, An Introduction to History, Translated and introduced by Franz Rosenthal, Abridged and edited by N.J Dawood, Princeton: Princeton University press, 2005, p.5.

②Ibid, p.6.

展的眼光看问题，重视史学形式而忽视其原因和实质的探讨等问题进行了批判。伊本·赫勒敦说：一些史学家受制于传统，他们仅仅复制前辈并以前辈为榜样。他们忽视了因为时间的流逝而带来的民族和国家的生存环境的变化。于是，他们在对早期王朝和历史事件信息的呈现上，仅仅停留于形式而非实质，就像没有剑口的剑鞘，从知识的角度而言，这是一种无知的表现，因为没有搞清什么是无关的，什么是真正的知识。只关涉到发生的实践，而对其起源却一无所知。只关心了种，而对属却没有考虑，对其显著的不同也没有证实。他们在对历史材料的对待上忽视了年代变化的重要性，因为没人对他们进行过解释。当他们转向对一个特定王朝进行描述时，他们像鹦鹉学舌一样撰写历史，只关心对传递给他们的历史信息的保存，而没有关心传递给其的历史信息是想象的还是真实的。他们没有转向王朝的起始。他们也没有阐明旗帜是如何展开的，也没有突出其象征符号，也没有阐明王朝周期结束的原因。①四是对一些史学家将历史视为君主任期历史的研究方法进行了批判。伊本·赫勒敦说：一些史学家，对历史的介绍过于简单。他们极端的满足于国王的名字，没有任何宗谱的或历史的信息，只有数不清的君主统治任期的标示。持这种作法的有伊本·拉士奇（1000~1064 年），还有这些跟随其方法的迷失的绵羊。没有证据能够证明他们在说什么。他们本人不值得信赖，他们传递的材料也没有价值，因为被史学家考察过了的一些有价值的材料被他们遗失掉了，他们还破坏了公认的研究方法和公认的习俗。②

（三）伊本·赫勒敦"文化科学"理论的创建及基本内容

1."文化科学"理论的创建

破的目的在于立，通过对以往史学家史学著作的考察以及史学研究方法进行批判后，伊本·赫勒敦发现以往史学家的史学研究重视

---

①Ibn Khaldun, An Introduction to History, Translated and introduced by Franz Rosenthal, Abridged and edited by N.J.Dawood, Princeton: Princeton University press,2005,p.6~7

②Ibid,p.7.

历史的形式而忽视了历史的内在本质,对历史的原因、性质、目的、方法等方面缺乏系统思考,对人类文明的共性缺乏系统梳理,缺乏批判精神等。为此,伊本·赫勒敦认为自己需要创建一门科学,并将其称之为"新科学"——"文化科学"。伊本·赫勒敦之所以将其称为"新科学"的原因在于,他认为至今没有人对其讨论或虽有讨论但没有系统研究过。伊本·赫勒敦说:从某种意义上讲,文化科学是一门原创性的学科。至今还没发现有任何人讨论过这门学科。可能是人们没有认识到它的重要性,也可能学术界已经讨论了很多,但我没有发现他们的著作。不同民族,有很多学科,也有很多智者,很多知识我们都没有接受到。因为波斯人、迦勒底人、叙利亚人、巴比伦人和科卜特人的学科都没有传给我们。只有希腊人的各门学科传给了我们,这得益于阿拔斯王朝的哈里发麦蒙赞助的宏伟的翻译活动,在希腊的各门学科中没有发现文化科学。或许是希腊人重视理性和本质的研究,而将文化科学仅仅视为史料的鉴定,因此,希腊学者不重视这门学科的研究;教义学和教律学研究的部分内容,在研究对象和研究方法上与文化科学研究的某些问题有些相似。教义学者谈到,人类为了生存,必须相互合作,因此需要有人充当他们的仲裁者,对他们的权力进行制约。而教律学者在研究语言的必要性时提到,表达自身的愿望是人类的本性,而相互合作和社会组织为人类愿望的表达提供了方便之门。教律学者在研究教法存在的原因和必要性时提到,社会的不公正会对文明造成毁坏,并且带来不可避免的后果,即人类的灭绝;杜而突什的《帝王明灯》分章的一些问题很接近《历史绪论》,但是没有达到预期目标。他没有对问题进行详尽的论述和清楚的论证。他以专章论述专门的问题,但是只是论述了许多与这个专题有关的故事与传闻,引用了波斯和印度智者们分散的言论以及一些伟人传述的资料。这部著作只是一些资料汇编。杜而突什有一个正确的设想,但是他没有达到预期目标;类似的与文化科学理论相似的观点在包括亚里士多德的《政治学》在内的许多学者都提到,但是他们都没有进行详细的阐述。而文化科学试图从不同角度和不同方面对文明及其相关内容进行详尽的解释和阐释,并且对其特性进行详细的说明。①

2."文化科学"的基本内容

伊本·赫勒敦的"文化科学"将史学分为"外在史学"和"内在史学",并通过12个例子②来说明史学研究仅停留于"外在史学"研究的弊端,史学研究应该由"外在史学"转入"内在史学"的研究。

确立了史学研究的方法,一是认为史学研究应该采用评判性研究。伊本·赫勒敦说:只有对历史信息进行评判性的研究,才能揭示文明的本质。评判性研究有两种方法:一种是事件的可能性评判。一种是传述者权威性评判。事件的可能性评判比传述者权威性评判更优越和重要。事件的可能性评判能够揭示历史信息的真伪。在没有确定一个事件是否发生之前,没有必要使用传述者权威性评判。如果一个事件根本不可能发生,即使传述者很有权威性,也不可相信。③二是认为史学研究应该采用辩证的和发展的观点。伊本·赫勒敦说:史学研究的陷阱在于漠视民族和种族形成和存在的条件,漠视其时代的变化。这种陷阱深深的隐藏着,需要很长时期的研究才能意识到,且只有少数史学工作者才能意识到。世界各民族、教派以及风俗习惯存在的条件并非完全相同,也非以永恒的方式存在。随着时间的推移,会从一种条件转向另一种条件。波斯民族、那巴提安人、以色列人、科普特人,在历史上曾经存在。他们各自有各自的王朝、领土、政治、技艺、语言、学术术语,以及各自的文化和治理方式。所有这一切,后来被波斯人、拜占庭人和阿拉伯人传承。古老的制度和风俗习惯因此发生了变化,一些风俗习惯和制度很相似,而还有一些却有明显的不同。随

---

①Ibn Khaldun, An Introduction to History, Translated and introduced by Franz Rosenthal, Abridged and edited by N.J.Dawood,Princeton: Princeton University press,2005,p.39.

②具体内容参见 Ibn Khaldun, An Introduction to History, Translated and introduced by Franz Rosenthal, Abridged and edited by N.J.Dawood,Princeton: Princeton University press,2005, p.11～23.

③Ibid,p.38.

着伊斯兰教的兴起,所有这一切,再次经历了一些变化。后来,随着阿拉伯帝国统治的结束,阿拉伯帝国失去了昔日的辉煌。其权力被东方的土耳其人、西方的柏柏尔人和北方的欧洲基督教徒等非阿拉伯人所瓜分。随着阿拉伯帝国统治的结束以及权力被非阿拉伯人的瓜分,各种制度和风俗习惯也相应地发生了一些变化。当一些有野心的政治家战胜了统治王朝,掌握了王朝的统治权后,他们不可避免地要吸收前任者的部分风俗习惯,同时也不会忽视自身的风俗习惯,这就会导致新王朝和旧民族的风俗习惯的差异。以此类推,随着王朝的不断变化,这种差异会一直持续,只要不同种族的人掌握统治权,风俗习惯的变化就会不断持续。一些史学工作者,学了很多历史知识,不顾历史条件和环境的变化,毫不犹豫地将自己所学的历史知识运用到现实中来。事实上,历史知识和现实情况有很大的差异。结果,其跌入了错误的深渊而不能自拔。①三是主张从哲学入手研究历史。伊本·赫勒敦说:历史深深地根植于哲学之中,历史是哲学的一个分支②。四是主张从文明入手研究历史。伊本·赫勒敦说:历史实际上是关于人类社会组织及世界文明的记载。③

明确了"文化科学"的研究对象,伊本·赫勒敦说:文化科学是一门独立的学科,这门学科有自己特定的研究对象——人类文明和社会组织。他也有自己特定的课题,就是持续的解释与文明本质相关的各种社会现象。④对文明本质产生影响的一些要素,如野蛮性和交际性、群体凝聚力、一个群体优越性获取的方式。王权、王朝的产生、存在以及变化方式。各类有报酬的职业及其谋生方式,人类从事的科学和技艺,人类文明的各种制度。⑤

①Ibn Khaldun,An Introduction to History,Translated and introduced by Franz Rosenthal,Abridged and edited by N.J.Dawood,Princeton: Princeton University press,2005,p.25～26.

②Ibid,p 5.

③Ibid,p 35.

④Ibid,p 38~39.

⑤Ibid,p 35.

　　将"文化科学"与修辞学和政治学进行了区分。伊本·赫勒敦说：文化科学是一门全新的和非常有用的学科。文化科学不同于修辞学，修辞学是逻辑学的分支，以亚里士多德的《工具论》为代表。修辞学以说服力的言辞为研究对象，以有说服力的言辞来劝说大众来接受或反对某种特定的观点。文化科学不同于政治学，政治学关涉的是根据伦理和哲学的要求，对家庭和城市进行管理，目的是指导大众的行为，使人类生存得到保障并持续发展。①

---

①Ibn Khaldun, An Introduction to History, Translated and introduced by Franz Rosenthal, Abridged and edited by N.J.Dawood, Princeton: Princeton University press, 2005, p.39.

第三章　伊本·赫勒敦的史学方法论

伊本·赫勒敦在其历史学巨著《殷鉴》的第一编《历史绪论》中，将史学划分为"外在史学"（用经验研究法对历史事件、活动、过程和事务的个别性进行研究）和"内在史学"（用先验研究法对历史的本质、规律以及历史理解的性质等普遍性进行研究）两大基本形态，并对其相关内容及其研究方法进行了阐述。同时，对伊斯兰史学的早期研究形态圣训学的研究方法也进行了论及。伊本·赫勒敦的史学方法论提出的许多观点，不仅在伊斯兰史学研究史上具有独创性，而且在世界史学研究史上也具有开拓性。

一、经验研究法与"外在史学"

众所周知，人类有感知、记忆以及使用语言符号的能力，人类利用自身的这种优势，将历史和现实中发生的各种事件和信息从不同层面进行了记述，试图客观真实的对其进行呈现，从而使其不至于因岁月的流逝而被人们淡忘，为此人类便有了历史。希罗多德在其著作《历史》中，正是因为对希波战争的记述，才获得了"历史之父"的地位。自希罗多德开始至历史哲学创建之前，史学研究工作者对历史上发生的各种事件和信息的记述，主要采用了经验研究法。所谓经验研究法是指以历史事件为中心，对感觉、知觉、记忆以及传述者的传述和权威史学家的撰述中获得的历史事件、活动、过程和事务等内容运用语言符号将其记述下来的一种研究方法。经验研究法的研究对象多数是史学工作者本身经历过的事件,运用的材料多出于史学工作者的耳闻目睹。英国著名史学家柯林武德称其为"剪刀加糨糊"的研究方法,通过经验研究法获得的历史事件和史料的知识被逻辑经验主义者罗素称为"亲知的知识"和"描述的知识"①。黑格尔将运用该研究方法建构的史学形态称为"原始的历史",柯林武德称其为"常识的历史学"。在《历史绪论》中,伊本·赫勒敦将经验研究法所关涉的史学形态称为"外在史学",即对过去各个王朝、各种事件、各种优美格言等事件和信息的记载,对不同时代人类发生的各种事件和信息的呈现,对一定王朝曾经在世界上如何占有广泛的空间、定居在地球上的人类如何活动的展示。②

经验研究法所关涉的"外在史学"作为史学研究的一个阶段,不仅有其产生和存在的必然性,而且也有自身的一些优点。希罗多德认为其"为保存人类的功业,使之不致由于年深日久而被人遗忘"③等方面起过重要作用,黑格尔认为其可以为后世留下"最清楚的影像或者栩栩如生的描绘"④。但是,由于经验本身的私人性和表象性,依靠经验研究方法对"外在史学"的研究,有其自身不可避免的局限性:其一,无法避免研究者主观因素的影响,而使历史记载的真实性和客观性受到质疑。这些主观因素包括研究者的好恶和偏见以及盲目接受传述者或以往史学家传递下来的历史信息。对此,西方历史哲学的奠

①"亲知的知识"(knowledge by acquaintance)是通过感知觉与记忆等获取的各种历史事件。"描述的知识"(knowledge by description)是历史事件的获得者通过他人能够理解的语句对获得的历史事件的陈述。参见〔英〕罗素:《哲学问题》,何兆武译,商务印书馆,2007年,第35~46页。

②Ibn Khaldun,An Introduction to History,Translated and introduced by Franz Rosenthal,Abridged and edited by N.J.Dawood,Princeton: Princeton University press,2005,p.5.

③〔古希腊〕希罗多德:《历史: 希腊波斯战争史》(上册),王以铸译,商务印书馆,1959年,第1页。

④〔德〕黑格尔:《历史哲学》,王造时译,三联书店,1956年,第39页。

基人维科有过精辟的论述,他认为:由于人类心灵的不确定性,每逢堕在无知的场合,人就把他自己当作权衡一切事物的标准。[1]人类心灵还有另一个特点:人对辽远的未知的事物,都根据已熟悉的近在手边的事物去进行判断。[2]其二,仅停留于历史的表面现象,而无法深入到历史的深层结构。黑格尔认为其"简单地把他们周围的种种演变,移到了精神观念的领域里"[3],缺乏必要的反思。因此,随着史学的深入研究,以经验研究方法对"外在史学"研究的易误性和局限性也就日益显露出来,并且受到了历史哲学家的批判。作为历史哲学的奠基人——伊本·赫勒敦在《历史绪论》的导言和第一章的前言中对以往伊斯兰史学家运用经验研究法对"外在史学"研究的易误性和局限性进行了批判。

首先,以经验研究法对"外在史学"的研究,由于受研究者主观因素的影响,无法保障史学研究的真实性和客观性,其间不可避免地要加入一些史学家的想象和虚构。这些主观因素包括:第一,过分偏爱某种观点或忠于某个宗派。伊本·赫勒敦认为,如果人类灵魂受某种特定观点或宗派的影响,那么他会毫不犹豫地接受他们的观点。偏见和宗派情绪影响了学者批判性的才能以及对批判性研究的排斥,结果虚假的信息被接受和传递。[4]第二,过分相信传述者传递的历史信息,对传述者传述的某些历史信息,没有根据的轻易接受。[5]伊本·赫勒敦指出,一些史学工作者,竭尽全力收集历史事件并以著作的形式呈现出来。他们没有调查历史事件,也没有消除或拒斥一些荒谬的传述。他们中的许多继任者跟随他们的脚步,并将他们听到的信息传递

---

①〔意〕维柯:《新科学》,朱光潜译,人民文学出版社,2008 年,第 81 页。

②〔意〕维柯:《新科学》,朱光潜译,人民文学出版社,2008 年,第 82 页。

③〔德〕黑格尔:《历史哲学》,王造时译,三联书店,1956 年,第 39 页。

④Ibn Khaldun, An Introduction to History, Translated and introduced by Franz Rosenthal, Abridged and edited by N.J.Dawood,Princeton: Princeton University press,2005,p. 35.

⑤Ibid.

给我们。①如麦斯欧迪和其他的史学家都记载,摩西在沙漠中计算以色列军队的人数 600000 人以上（这 600000 人主要是能够拿起武器的 20 岁以上的成年男子）。伊本·赫勒敦认为这个数字不可信。因为当时的埃及和叙利亚无法养活这么多士兵。如此大规模的军队不可能按照一个单元行军或作战，因为这个编队超出了人视野的两倍到三倍或更多的倍数，当两军交战，或者一个战争编队处于有利地位时，侧翼编队无法了解另一个编队的状况。一个特定王朝所辖行政单元应该与保护这个王朝军队的规模是相匹配的。当时波斯统治的区域要比以色列统治的区域大得多，仅波斯地区的两个省就比以色列统治的区域还要大。即便这样，波斯军队在阿尔—卡迪西亚一次最大的集结，也不过 120000 人。另外，根据当时人口结构的状况，一个人的后代不可能在四代繁殖出那么多人口。②第三，为了赢得权势者的欢心，会刻意地进行杜撰。③据麦斯欧迪记载，在亚历山大港建造的过程中，由于海怪的阻挠，工程无法顺利进行，于是亚历山大大帝钻入了一个玻璃盒子，潜入海底，绘制出邪恶海怪的肖像，并据此肖像铸成铜像，吓走了海怪，亚历山大港得以建成。伊本·赫勒敦认为，这个记载纯属杜撰，因为统治者用不着自己冒险去做这样的事情，他可以寻找别人去代替；海怪没有特定的肖像，他会千变万化，亚历山大大帝不可能绘制出海怪的肖像来；人潜入海底，即使在一只盒子里，也会因为缺少氧气窒息而死。④伊本·赫勒敦指出，人类无权利用自己的历史作品来介绍自身杜撰的各种流言蜚语和他们伪装或美化的各种错误以及不可信的报道。⑤第四，对历史事件的真实意义不了解，把自己想象的意义人为的附着上

---

①Ibn Khaldun, An Introduction to History, Translated and introduced by Franz Rosenthal, Abridged and edited by N.J.Dawood, Princeton: Princeton University press, 2005, p.5.

②Ibid, p.11 ~ 13.

③Ibid, p.36.

④Ibid, p.36 ~ 37.

⑤Ibid, p.5.

去。①如白克里记载了一个"万门之城",该城的周长超过了30天的旅程。伊本·赫勒敦认为,这么一个巨大的城市,无法管理,也无法提供安全保障,不符合城市规划的常识。再如麦斯欧迪记载,某年一个特定的日子,鸥掠鸟聚集在罗马的一个雕像旁边,给罗马的居民带来了橄榄油。伊本·赫勒敦认为,这不符合生产橄榄油的程序。麦斯欧迪还记载,北非的西吉勒马赛的沙漠中有一座铜城,完全是用铜建成的。该城的大门始终紧闭,因为城墙壁光滑,任何人都无法爬上铜城。伊本·赫勒敦认为,这个传述一定是说书人杜撰的,因为根本不可能有足够的铜来建造一座城市。②第五,没有从历史事件出现的真实背景上去理解历史事件,就盲目地进行历史研究。③伊本·赫勒敦认为,史学研究的陷阱在于漠视民族和种族形成和存在的条件,漠视其时代的变化。④世界各民族、教派以及风俗习惯存在的条件并非完全相同,也非以永恒的方式存在。随着时间的推移,会从一种条件转向另一种条件。如古代的波斯民族、那巴提安人、以色列人、科普特人,在历史上曾经存在。他们各自有各自的王朝、领土、政治、技艺、语言、学术术语,以及各自的文化和治理方式。所有这一切,后来被波斯人、拜占庭人和阿拉伯人传承,古老的制度和风俗习惯因此会发生一些变化。只要王朝的统治权不断的发生变化,制度和风俗习惯的变化就会不断持续。一些史学工作者,不顾历史条件和环境的变化,盲目地将自己所学的历史知识运用到现实中来,结果就会跌入错误的深渊而不能自拔。⑤

其次,以经验研究法研究"外在史学",仅停留于历史的表面现象,而无法深入到历史的深层结构。主要表现为:只关心已经发生的

---

①Ibn Khaldun, An Introduction to History, Translated and introduced by Franz Rosenthal, Abridged and edited by N.J.Dawood,Princeton: Princeton University press,2005,p.35.

②Ibid,p.36~37.

③Ibid,p.35.

④Ibid,p.24.

⑤Ibid,p.25~26.

历史事件,而对历史事件的起源却一无所知;不重视时代背景对历史研究的重要性;像鹦鹉学舌一样,只关心历史信息的保存,而没有对其进行批判性探究;只满足于君主的名录和任期,而不重视王朝的组织原则、运行过程和发展周期,对王朝风云变幻的原因也不进行解释[①];忽视对不同文明本质的研究,不同文明由于其生存和发展的环境不同,拥有自身特殊的本质。如果研究者能够明白不同文明的本质,那么在对历史信息的批判性调查研究中就能够辨别真伪。[②]

可见,史学研究如果单纯地停留于运用经验研究法对"外在史学"的研究,并且无视文化模式的性质,不采用批判性的研究方法,就无法保证史学研究的真实性和客观性,也无法深入揭示史学的内在本质。伊本·赫勒敦指出,对传统的盲目信任是人类固有的弱点,一些史学研究所记载的历史信息中,错误的和无事实根据的历史信息占有相当份额,部分缺乏真正学术见地的学术著作广泛传播。[③]就连众所周知的史学家麦斯欧迪和瓦基迪的作品在某些方面也令人怀疑和反感。因此,对史学研究中遇到的传闻和历史材料应该受到审视。[④]因为不良的学术风气的存在不利于学术的健康发展。然而,没人能够挑战真理的权威,邪恶的谎言终将被理性的智慧战胜。需要用批判的眼光去找寻隐藏的真理,以真实可信的知识来揭露真相,从而使批判性眼光得到合理运用。[⑤]因此,为了保证史学研究的科学性,史学研究应该另辟蹊径。伊本·赫勒敦对运用经验研究法对"外在史学"的否定性判决,成为"外在史学"向"内在史学"跳跃的一个动力。伊本·赫勒敦正是以此为基点,将史学研究由"外在史学"向"内在史学"转变。

①Ibn Khaldun, An Introduction to History, Translated and introduced by Franz Rosenthal, Abridged and edited by N.J.Dawood,Princeton: Princeton University pressp,2005,p.6～7.

②Ibid,p.36.

③Ibid,p.5.

④Ibid,p.6.

⑤Ibid,p.5.

二、先验研究法与"内在史学"

历史的客体是人类创造性活动的产物，各个民族的历史都是由追求不同目的的人创造的，历史的普遍性和真实性也是在追求不同目的人的创造活动中形成的，正因为如此，历史对于人类来说才是可以认识的。但人类对自身历史的认识不能仅停留于原子式的个人和单纯的历史事件之中，因为这种认识受人类偏见的影响无法保证历史的真实性，同时也无法揭示整个人类历史的普遍性和内在机理。由于历史是各民族自己创造的，历史研究就应该从各民族以及各民族发展的不同历史时期中寻找一种"永恒的历史图案"，这个"永恒的历史图案"就是历史的普遍性和内在机理。正如恩格斯所言：在社会历史领域内进行活动的，全是具有意识的、经过思虑或凭激情行动的、追求某种目的的人；任何事情的发生都不是没有自觉的意图，没有预期的目的。但是，不管这个差别对历史研究，尤其是对个别时代和个别事变的历史研究如何重要，它丝毫不能改变这样一个事实：历史进程是受内在的一般规律支配的。[①]而各民族的历史又都存在于各民族所创造的社会组织和文化模式中，因此，史学研究应该从各民族所创造的社会组织和文化模式中揭示历史的普遍性和内在机理。

伊本·赫勒敦把从各民族所创造的社会组织和文化模式中揭示历史普遍性和内在机理的史学形态称为"内在史学"。伊本·赫勒敦认为，人类区别于其他生物的特性有四点：一是人类有思维能力，并且由此而产生了科学和技艺；二是人类需要生存，离不开权力的制约和强大的权威；三是人类的生存和发展离不开各种谋生的能力和谋生的方法；四是文明，人类为了生存和享乐的需要而共同居住在城市和村镇，形成了农牧文明和城市文明。[②]正因为如此，史学研究不能仅停

①《马克思恩格斯选集》，人民出版社，1976 年，第 243 页。

②Ibn Khaldun, An Introduction to History, Translated and introduced by Franz Rosenthal, Abridged and edited by N J.Dawood, Princeton: Princeton University press, 2005, p.42～43.

本事实,文明的本质,制约人类社会组织的种种条件,不通过比较晚近或当代的材料来评估遥远或古代的资料,他就不可避免地陷入错误而不能自拔。史学家、信息传递的主导者,他们报道的历史故事和历史事件经常出错。他们盲目接受传递下来的历史信息,没有评估其价值。他们没有使用史学研究的规则来审视历史信息,也没有与相似的材料进行对比。他们没有使用哲学的尺度去探求,也没有借助于事物本质的知识。他们没有运用思辨和洞察力来检验史料。因此,他们偏离了真理的道路,在无根据的假说和错误的沙漠中迷失了自己。①

由"外在史学"转入"内在史学"研究,并将历史视为哲学的一个分支,是伊本·赫勒敦史学研究方法的一大创新。伊本·赫勒敦在扬弃传统叙述历史的基础上,在历史之中探究历史的本质和规律,将历史提高到了普遍性和哲学的层次,从而实现了史学研究史上的"哥白尼式革命",伊本·赫勒敦因此而成为历史哲学的奠基人和历史哲学研究方面承前启后的重要人物。在伊本·赫勒敦之前的史学研究史上,无论是西方世界还是伊斯兰世界,史学研究主要停留于"外在史学"。

西方古典史学,自古希腊的"历史之父"希罗多德创建历史学科以来,希腊人的史学研究更多的是关注对其所处时代社会现实的记述,正如汤普森所言:希腊人总是极其关心他们的当代史,而对于较久远的历史很快就变得漠不关心了。②因此,希腊史学家不可能从历史的个别性中抽象出历史的普遍性,无法找到不同历史事件和历史现象之间的内在联系,也就很难挖掘出史学研究的哲学规则。古罗马时期的奥古斯丁,虽然在其名著《上帝之城》中提出了历史发展的动力是善与恶、上帝与魔鬼之间斗争的观点,但是奥古斯丁所宣扬的历史观还未摆脱神学的窠臼,仍然强调上帝主宰人类的命运、支配着人

---

①Ibn Khaldun, An Introduction to History, Translated and introduced by Franz Rosenthal, Abridged and edited by N.J.Dawood, Princeton: Princeton University press, 2005, p.11.

②〔美〕J.W.汤普森:《历史著作史》(上卷),谢德风译,商务印书馆,1988年,第27页。

留于依靠感知和记忆而流传下来的各种事件和史料的"外在史学"，应该由"外在史学"转向"内在史学"，即将人类文明作为其研究对象。具体研究内容包括：对文明本质产生影响的各种要素，如人类由野蛮向文明的转变、人类的相互交往、群体凝聚力、群体优越性的获取方式；王权和王朝的产生、存在以及变化方式；各类有报酬的职业及其谋生方式；人类从事的科学和技艺；人类文明的各种制度。①"内在史学"的评判标准不再纠缠于传述的材料和事件是否真实可靠上来，而是将与文明的精髓相关联、与文明的本质不可分割的事物作为评判标准，而对文明来说带有偶然性的以及在某种文明中根本不可能发生的事物不能作为评判标准。②

既然"内在史学"以人类文明作为其研究对象，对"内在史学"的研究就不能采用经验研究法，而应该采用先验研究法，即将史学作为哲学的一个分支，运用理性的权威来来寻求史学的普遍性与内在机理，思考史学研究中的哲学原则，对历史进行形而上的解释。伊本·赫勒敦说：历史的内在本质，包含了思辨以及试图获得真理的努力，包含了对历史事件产生原因的详尽阐释、对历史起源进行探究式的认识、对历史的运行方式进行深刻的揭示。因此，历史深深地根植于哲学之中，历史是哲学的一个分支。③

伊本·赫勒敦认为，运用先验研究法从哲学入手研究历史，对史学工作者是一种挑战，而且对其学术素养也提出了更高的要求。史学工作者在史学研究中不仅要具备渊博的知识以及掌握丰富的史料，更重要的是要求史学工作者具有思辨的心灵和刨根问底的精神，从而引导史学家坚持真理，避免陷入谬误。如果史学工作者盲目相信传递下来的所有历史信息，不清楚风俗习惯的各种规则，政治活动的基

①Ibn Khaldun,An Introduction to History,Translated and introduced by Franz Rosenthal, Abridged and edited by N.J.Dawood,Princeton: Princeton University press,2005,p.35.

②Ibid,p.38.

③Ibid,p.5.

类的历史，其历史观在很大程度上只是关于上帝天意之类的神学解释，还不具备真正意义上的历史哲学。正因为如此，亚里士多德对史学持极端鄙视的态度，认为他不具备科学的普遍性质。中世纪以来，自伊本·赫勒敦创建历史哲学之前，西方占主导地位的历史观仍然是神学的历史观，缺乏历史哲学产生的土壤。

伊斯兰史学成为一门独立学科大约始于 8 世纪后期，但从 8 世纪后期至伊本·赫勒敦之前，伊斯兰史学研究还主要停留于以叙述方式为主的"外在史学"上。正如希提所言：叙述的方式，仍然是伊斯兰教传说的老一套方式。每一事件都是用目击者或者当代人的语言加以叙述，而通过一系列的居间者，传到最后的传述者，即著者。应用这种方法，是为了保证记载的精确性；把每一事件发生的年、月、日都记载下来，也是为了达到这一目的。通常，如果线索是连续的，而且每一传述者的品格都是可以相信的，则所叙述事实，就算真实，对于事实本身，并不加以批判性的研究。历史学家除了应用个人的判断，对于不同的若干组资料加以抉择，对于论据加以组织之外，很少致力于史料的分析、批判、比较或推断。[①]期间，虽然一些史学家因为受当时哲学、教义学和政治思想的影响，其史学研究中有"内在史学"研究的萌芽，哲学因子也开始在其史学研究中有零星点缀，但都缺乏系统性。如米斯凯韦(？~1030 年)在其巨著《各民族的经验》中，开始强调如何理性的运用史学为伦理和政治的目的服务；伊本·哈彦（987~1076 年)在其著作中，开始分析穆斯林西班牙衰落的原因；比鲁尼(973~1050 年)在其著作《印度考》中，开始将自己关于哲学的知识带进史学，并且开始关注社会结构的研究；被誉为"阿拉伯世界的希罗多德"的麦斯欧迪被伊本·赫勒敦认为是伊斯兰史学研究中带有一定哲学倾向的代表人物，但对古代东方各国和古代阿拉伯国家历史的记述仍然是其名著《黄金草原和珠玑宝藏》的主旋律。

---

① 〔美〕希提：《阿拉伯通史》(上)，马坚译，商务印书馆，1995 年，第 459 页。

总体来讲，在伊本·赫勒敦之前的西方和伊斯兰史学研究史上，史学关注的是历史的个别性和独特性，哲学重视的是普遍有效性。哲学排斥历史事实，史学对哲学在史学研究中的应有地位也漠不关心。史学与哲学还处于各自为政、相互对立的状态，真正的历史哲学尚未产生。从伊本·赫勒敦开始，史学与哲学相互隔绝的状态被打破，史学从传统的羁绊中被解放了出来，史学与哲学本来存在相互联系的学科开始走向融合，从而为用哲学反思历史，历史支撑哲学开辟了新的学术视野，实现了哲学的普遍性与历史个别性之间的统一。虽然伊本·赫勒敦没有提出历史哲学一词(历史哲学一词由伏尔泰提出)，但其史学理论中蕴含着丰富的和较为系统的历史哲学思想，如果说维科是西方历史哲学的奠基人，那么伊本·赫勒敦则是历史哲学的开拓者。

三、传述者权威性评判法与圣训学

伊斯兰史学是阿拉伯帝国各族穆斯林及学者为适应帝国政治、经济、文化和宗教发展的需要，在吸收、借鉴古代东西方历史学遗产的基础上，以伊斯兰教创传和发展的历史为中心，通过长期史料搜集、整理、考证、研究和著述，而凝结集体智慧所创立的综合性的历史学科。[①]在伊斯兰史学中，圣训学是伊斯兰史学的一个重要组成部分。在伊斯兰史学发展初期，史学还未成为一门独立学科，伊斯兰史学与宗教学科交互发展，此时的伊斯兰史学还主要为《古兰经》的注释和圣训学的研究提供历史依据，如对《古兰经》经文降示的背景和原因进行考察，对"圣训"的真伪进行考证等，因此，可以说伊斯兰初期史学的发展过程实际上就是圣训学的研究过程。

"圣训"是伊斯兰教先知穆罕默德传教、立教的言行记录。穆罕默德弟子谈论宗教、经训和实践教理的重要言行，凡经穆罕默德认可和

---

①宛耀宾:《中国伊斯兰百科全书》，四川辞书出版社，1996年，第684页。

赞许的也被列为"圣训"的范围。①圣训学的产生与伪造"圣训"现象密切相关。656 年 6 月,第三任哈里发奥斯曼(577～656 年)在其住宅被害后,为应该由谁继任哈里发的问题,各派展开激烈的争斗,各派为了自己的利益和主张,开始伪造"圣训",伪造"圣训"造成了穆斯林内部的混乱。在此背景下,一批伊斯兰学者开始对"圣训"的真伪进行甄别,他们经过长期的搜集和整理,在认真分析和辨别的基础上,对"圣训"进行辑录和定本,目的是为了维护"圣训"的经典地位,圣训学随之产生。

圣训学是研究"圣训"传述系统和"圣训"正文、辨别"圣训"真伪和等级、正确了解"圣训"内涵的一门学科。②圣训学有"圣训"传述学和"圣训"正文学两大分支。圣训传述学是专门研究"圣训"传述情况的学科。通过这一学科能辨别"圣训"的真伪,分清"圣训"的不同等级,并对各种历史资料做出鉴别。圣训正文学是专门研究"圣训"正文及其种类、传述人情况的学问,并根据阿拉伯语言规范和教法规则,对"圣训"词汇做出符合先知状况和身份的解释,通过这一学问可以对"圣训"的性质做出评价,辨别"圣训"的不同级别。③

圣训传述学和圣训正文学的出现,目的都是为了考证"圣训"的可信度。而为了保证"圣训"的可信度,传述人的权威和品格就显得尤为重要。关于传述人的品格和权威,祁学义教授归纳为以下几条:传述人须为虔诚的穆斯林;传述人须为伊斯兰教义务被责成的对象,须为理智健全的成年人;传述人必须具备高尚的人格魅力,即对真主的高度敬畏、对教门的认真负责、自律甚严;传述人传述须谨严、准确,无论是记在心里的还是记录在册页里的"圣训"都必须准确无误。④

正因为传述人的品格和权威在圣训学研究中具有如此重要的地

<hr>

① 宛耀宾:《中国伊斯兰百科全书》,四川辞书出版社,1996 年,第 502 页。
② 祁学义:《圣训研究》,宗教文化出版社,2010 年,第 117 页。
③ 祁学义:《圣训研究》,宗教文化出版社,2010 年,第 117～118 页。
④ 祁学义:《圣训研究》,宗教文化出版社,2010 年,第 122~123 页。

位，伊本·赫勒敦认为对圣训学的研究应该采用传述者权威性评判法。在《历史绪论》中，伊本·赫勒敦将评判性研究划分为两种，即事件可能性评判法与传述者权威性评判法。伊本·赫勒敦认为，对历史信息真伪的揭示应该使用事件可能性评判法，此时，事件的可能性评判比传述者权威性评判更优越和重要。因为在没有确定一个事件是否发生之前，没有必要使用传述者权威性评判，如果一个事件根本不可能发生，即使传述者很有权威性，也不可相信。而对于圣训学等事关穆斯林的宗教信息的有效性时，只要使用传述者权威性评判就可以了，因为这种宗教信息主要是先知穆罕默德指导穆斯林行为的教法，确定这些教法是否出自先知的办法就是确认传述者是否为人正直，传述内容是否准确。①

四、评价与思考

伊本·赫勒敦的史学方法论，不仅对伊斯兰史学研究起着承前启后的关键作用，而且对后来西方史学的研究也具有潜在的影响力。虽然没有直接证据证明伊本·赫勒敦的史学研究方法对西方史学研究直接产生过重要影响，但其中的许多观点与西方史学家提出的许多观点具有惊人的相似。如伊本·赫勒敦的许多观点与黑格尔的许多观点有契合之处。伊本·赫勒敦认为，史学研究仅停留于"外在史学"，由于受研究者主观因素的影响而容易使史学研究失真。黑格尔在《历史哲学》中对其所谓"原始的历史"的批判中也谈到："他编著历史，就会把他自己的目的，作为历史的目的来处理。"②伊本·赫勒敦认为史学研究不能仅停留于"外在史学"上，应该由"外在史学"向"内在史学"转变。黑格尔也认为："一部历史如果要想涉猎久长的时期，或者包括整个的世界，那么，著史的人必须真正地放弃对于事实的个别描写，

---

① Ibn Khaldun, An Introduction to History, Translated and introduced by Franz Rosenthal, Abridged and edited by N.J.Dawood,Princeton: Princeton University press,2005,p.38.

② 〔德〕黑格尔：《历史哲学》，王造时译，三联书店，1956年，第42页。

他必须用抽象的观念来缩短他的叙述。"①伊本·赫勒敦关于"外在史学"与"内在史学"的划分与美国基督教现实主义的奠基人雷茵霍尔德·尼布尔(1892～1971年)关于两种不同性质历史的划分具有极大的相似性,尼布尔也将历史划分为"外在的历史"(external history,可观察的历史)与"内在的历史"(internal history,从内部理解的那种历史)。伊本·赫勒敦关于"历史是哲学的一个分支"的观点与西方历史哲学的奠基人维柯(1668～1744年)的相关观点如出一辙,维柯也主张用哲学反思历史,用历史来确证哲学。伊本·赫勒敦关于历史应该以人类文明作为研究对象,与汤因比(1889～1975年)的相关观点有不谋而合之处,汤因比也主张将文明作为历史研究的单位。

中世纪、近代和现代的一些史学家虽然年代相隔久远,国籍也并不相同,但其中有关史学研究的相关观点却有惊人的相似,这些惊人的相似并非历史的巧合,而是说明人类历史发展进程中虽然各民族在时空上相隔甚远,在风俗习惯、语言文字、社会制度、宗教信仰等方面纷纭万象,但是各民族的差异并不排斥人类在本性上的一致,不排斥人类历史在某些方面的共通性。正如维柯所言:起源于互不相识的各民族之间的一致观念必有一个共同的真理基础②。史学家正是在不同民族历史的差异中揭示出其共时性结构,各民族的相互了解和交往才成为了可能。

---

① 〔德〕黑格尔:《历史哲学》,王造时译,三联书店,1956年,第43页。
② 〔意〕维柯:《新科学》,朱光潜译,商务印书馆,1989年,第104页。

第四章　伊本·赫勒敦的社会发展动力论

在社会发展动力的研究上，伊本·赫勒敦并未停留于真主是人类文明的创造者和社会秩序的安排者的神学观念上，而是对世俗的农牧社会和城市社会两种社会形态各种现象的细节考察中，抽象出社会发展的两大动力：需要和群体凝聚力，其中需要是推动文明进步和社会发展的物质动力，群体凝聚力是推动社会发展的精神动力，社会的发展和文明的进步主要是这两大因素交互作用的结果。由于时代的局限性，伊本·赫勒敦没有明确提出社会发展的动力是生产力与生产关系、经济基础与上层建筑的交互作用，但伊本·赫勒敦从人类社会的物质和精神这两大基本实体中的根本元素来解释社会发展动力，无疑也具有很强的解释力和说服力。人类对社会发展动力的探讨，不管是自然动力论还是神学动力论，无论是人性动力论也还是理性动力论，无论是从尘世上升到天国还是从天国拉回到尘世，虽然探讨的角度和方法千差万别，得出的结论可能也大相径庭，但始终离不开物质和精神两大实体。伊本·赫勒敦对社会发展动力探讨的高明之处在于，他没有单纯地强调需要和群体凝聚力在推动社会发展中哪一个更为根本，哪一个单纯地起决定作用，而是认为社会的发展是需要和群体凝聚力交互作用的结果。

一、需要是推动社会发展的物质动力

伊本·赫勒敦认为，需要是推动社会发展的原初动因和根本动力，是人类的需要催生了合作与分工的展开，由于人的需要的多面性和个人才能的片面性，为了协调这一对矛盾，离不开合作与分工。在合作与分工中，每一个人都可以发挥自己的特长，从事自己最适合的工作，相互提供服务，满足人类多层次的需要，从而出现了农业、手工业以及商业等行业，各种技艺也因此出现。分工与合作导致生产的发展，剩余财富的不断增加，随之而来的是人的需要和欲望的不断增长，因此出现了人与人之间的争斗甚至战争。为了制止冲突和战争，需要制约权力的出现，王权应运而生。伊本·赫勒敦说：人类最基本的需要是对食物的需求，而食物的生产是一个系统工程，期间离不开播种、收割、脱粒、研磨、捏制、烘烤等技艺，离不开生产工具的发明和创造，所有这一切单靠个人的力量难以完成，人类需要相互合作才能完成。而各种技艺的出现、生产工具的发明和创造，又催生了诸如铁匠、木匠和瓦工等手工业者的出现。[1]由此出现了社会分工和行业分化，人类合作与分工的不断深化，造成了剩余产品的出现，人类为了争夺剩余产品，会发生各种冲突。伊本·赫勒敦说：原始凝聚力导致生产的增长、对剩余财富的争夺、群体内部的纷争以及不同群体之间的战争。[2]为了将冲突限制在最小的范围内，人类需要有一个限制冲突的力量，王权应运而生。伊本·赫勒敦说：为了防止人类的相互攻击，需要有至高权力的出现，王权作为人类的政治本性，对人类来说是绝对必要的。[3]王权的出现，表明人类由氏族、部落的治理模式向王朝的治

①Ibn Khaldun, An Introduction to History, Translated and introduced by Franz Rosenthal, Abridged and edited by N.J.Dawood, Princeton: Princeton University Press, 2005, p.45.

②Ibn Khaldun, The Muqaddimah: An Introduction to History, Translated from the Arabic by F.Rosenthal.Princeton: Princeton university press, 1967, vol.1, p.284.

③Ibid, p.47.

理模式转变,人类文明由此向前迈进了一大步。

需要不但推动了生产的发展、财富的增加以及王权的出现,而且推动了农牧社会向城市社会的转变。在农牧社会向城市社会转变的过程中,人类的享受需要发挥了重要作用。伊本·赫勒敦说:以享受为标志的城市社会是农牧社会创造者所要追求的目标。当一个农牧部落建立起王朝以后,他们迫切需要建立或夺取城市,因为只有城市才能提供沙漠环境中所不能提供的舒适、安逸和安全的生活。[1]而在城市社会中,正是人类的享受需要推动了社会分工的进一步细化,产品种类的进一步丰富, 人口的数量不断增加, 人类的生活水平不断提高,城市规模不断扩大,城市文明持续地走向繁荣。

二、群体凝聚力是推动社会发展的精神动力

群体凝聚力是伊本·赫勒敦"文化科学"理论的一个核心范畴,哈佛大学的马小鹤教授认为,伊本·赫勒敦把群体凝聚力这个概念作为对农牧社会和城市社会进行历史性解释的核心。[2]

（一）"Asabīyah"一词的翻译

"Asabīyah"一词来自阿拉伯语词根"asab"(连接),是从词源学的具体形式中抽象出来的一个范畴[3], 由于伊本·赫勒敦本人没有给该词一个明确的定义,且在现当代阿拉伯文献中很少使用该词,这就给学术界的翻译带来了一定的困难,学术界根据自身的研究需要,从各自的理解出发,给予该词不同的翻译和表述。从现有的研究来看,包括部落意识(tribal consciousness)、血缘关系(blood relationship)、部落精神(tribal spirit)、部落忠诚(tribal loyalty)、群体凝聚力(feeling of u-nity)、群体结合力(group adhesion)、聚合感(sense of solidarity)、群体心

①Ibn Khaldun,The Muqaddimah: An Introduction to History,Translated from the Arabic by F.Rosenthal.Princeton: Princeton university press,1967,vol.1,p.93、264.

②马小鹤:《伊本·赫勒敦》,台北东大图书股份有限公司,1993年,第89页。

③F.Rosenthal,'Introduction'to Ibn Khaldun,The Muqaddimah:An Introduction to History, Princeton: Princeton University Press,1967,p.lxxviii—lxxix.

理(group mind)、集体意识(collective consciousness)、群体感(group feeling)、群体凝聚力(group solidarity)、凝聚感(feeling of solidarity)、社会凝聚力(social solidarity)等 19 种表述方式。[1]对于现有的翻译,学术界也有很多争论,如西蒙认为 solidarity 与 Asabīyah 两个词并不具有一致性,因为 solidarity 比 Asabīyah 更为抽象,事实上 Asabīyah 反映了一种具体的群体内聚力,并不具有普遍性的抽象意义。因此,西蒙建议保留阿拉伯词语不进行翻译,因为无法给予其一个恰如其分的表述。[2]不知是出于巧合,还是出于观点的一致性,齐美尔在对《历史绪论》片段的翻译中,也保留了该词的阿拉伯词汇,没有进行翻译。[3]笔者认为,如果仅为了保留原著作者文本的真实意图而不对其一些难以理解的词汇进行翻译和解释,就无法使不同语境的研究者全面理解文本,也不利于不同语境下文化的相互交流,其文本应有的价值也很难体现出来。因此,笔者认为,对 Asabīyah 一词,应该从原著作者文本的整体出发,结合研究者和读者本身的"前见",给予其恰当的翻译和解释。

为了符合《历史绪论》原著文本的整体风貌,也为了便于国人的认识和理解,本文认为将 Asabīyah 翻译为群体凝聚力比较恰当,原因在于:伊本·赫勒敦《历史绪论》最突出的贡献在于其对以往伊斯兰史学研究传统批判的基础上创建了一门新科学——"文化科学",其"文化科学"研究了文明的基本理论、文明的基本形态、王朝与王权、国家与城市、经济生活等内容,不管是哪一方面内容的研究,文明始终是贯穿于其中的一条主线,而文明的存续离不开不同文明形态下不同群体内聚力的聚合,这是其一。其二,中华民族几千年文明发展的历程证明,中华民族强大的民族凝聚力始终是中华民族经久不衰

①Baali,F,Society,State,and Urbanism:Ibn khaldun´s Sociological Thought,Albany: State University of New York Press,1988,p.43~44.

②Ibid,p.44.

③Ibid.

的精神动力,国人对民族凝聚力的体认最为深刻。

(二)群体凝聚力的内涵

伊本·赫勒敦的群体凝聚力是以现实生活中的部落意识为原型,并对其内涵和外延加以拓展而成。伊本·赫勒敦生活的马格里布地区,部落众多,部落组织结构和部落生活方式的长期实施,在部落成员中积淀出了根深蒂固的部落意识。伊本·赫勒敦深知部落意识对部落成员之间的团结、群体认同以及部落治理等方面所起的作用。在伊本·赫勒敦看来,群体凝聚力最初起源于同一血缘成员之间的爱与保护意识。伊本·赫勒敦说:血缘关系是人的自然属性,尊重血缘亲情,使其不受伤害是人特有的自然本能。当一个人的亲属受到不公正待遇或者受到攻击时,羞辱感驱使其毫不犹豫地对受害人进行保护。同一血缘的群体因此从其内部萌发出了群体凝聚力,并浸透于每一个团体成员的灵魂深处。这种因血缘关系引发的爱与保护意识最初存在于沙漠中的贝杜因人。贝都因人在沙漠艰苦的环境中的长期生存锤炼出其特有的适应沙漠环境的生存能力和坚强的意志力,别的群体没有适应沙漠环境的能力,也没有到沙漠生存的意愿,因此,贝都因人保持了血统的纯粹性,血统的纯粹性引发了他们坚不可摧的群体凝聚力。[1]但群体凝聚力又不限于同一血缘,在同一血缘和非同一血缘混杂的群体中,同样因合作的需要会产生爱与保护意识。伊本·赫勒敦说:血统的纯粹性并不是一个恒久不变的常数,期间会因为一个群体的强大而吸附其他血统的群体、一个群体内部出现的被保护人和奴隶以及在其他群体犯罪而逃到本群体的成员等原因,会使血统的纯粹性遭到破坏,不同血统的人混杂起来。这些混杂在本群体中的其他血统的成员生活在本群体中,适应了本群体成员的生存方式,享受着本群体成员的权利,履行着本群体成员应尽的义务,遵守着本群体的各项规则,他们与本群体成员联系的紧密程度如同具有共同

---

[1]Ibn Khaldun,An Introduction to History,Translated and introduced by Franz Rosenthal, Abridged and edited by N.J.Dawood,Princeton: Princeton University press,2005,p.98~99.

祖先的血缘亲情,对本群体成员的爱与保护意识也就是题中之义。[①]

但伊本·赫勒敦的群体凝聚力并未局限于家庭、部落等组织中,而是在对群体凝聚力内涵和外延进一步拓展的基础上,将其置于王朝、宗教等更大范围的社会组织中。在伊本·赫勒敦看来,群体凝聚力在任何社会组织、任何族群中都会发挥作用。他说:群体凝聚力在农牧民族或部落中要比在市民中强,但不限于农牧民族或部落中,不是只有阿拉伯人当中才有群体凝聚力,在波斯人、犹太人、亚述人、希腊人、罗马人、突厥人和柏柏尔人中也有群体凝聚力。[②]伊本·赫勒敦认为,宗教的兴起和发展离不开群体凝聚力,没有群体凝聚力,宗教活动就无法开展。当阿拉伯的部落意识被合理运用到宗教中时,阿拉伯人对伊斯兰教表现出了极大的忠诚。[③]

总体上讲,伊本·赫勒敦的群体凝聚力是指人类为了生存和发展的需要,在相互结合的群体中产生的爱与保护意识,后随着群体互动的进一步加强,这种爱与保护意识在群体中具有了共识性和普遍性,成为一个社会组织成员所共同认同的信仰、情感和价值观体系,社会组织所共同认同的信仰、情感和价值观体系是人类社会得以正常运转的强大精神动力。

(三)群体凝聚力的功能

在伊本·赫勒敦看来,群体凝聚力功能的发挥主要体现在通过对社会成员的精神凝聚来对社会的发展起推动作用。群体凝聚力的这种凝聚功能在王朝的治理、战争的获胜以及经济的发展中都会发生作用。

关于群体凝聚力在王朝兴起与战争获胜中的作用,伊本·赫勒敦认为,王朝的兴起和君主统治地位的获得离不开群体凝聚力,正是依

---

①Ibn Khaldun, An Introduction to History, Translated and introduced by Franz Rosenthal, Abridged and edited by N.J.Dawood, Princeton: Princeton University press, 2005, p.98、100.

②Ibn Khaldun, The Muqaddimah: An Introduction to History, Translated from the Arabic by F.Rosenthal. Princeton: Princeton university press, 1967, vol.1, p.295.

③Ibid, p.324～327、419、93.

靠群体凝聚力取得了战争的胜利,赢得了民众的支持,王朝才得以建立。伊本·赫勒敦指出:王朝的创建者都是依靠群体凝聚力克服无数困难,奠定自己基业的。①原始凝聚力导致生产的增长,对剩余财富的争夺,群体内部的纷争以及不同群体之间的战争。在此之前,凝聚力意味着群体成员之间的和平的合作。而在战争状态下,群体凝聚力的另一面凸显出来了,即一个群体生死与共,同仇敌忾,防御其他群体的侵略,进而征服其他群体。在制止本群体内部斗争时,再征服其他群体,从而在一个更大范围内制止人们自相残杀,建立一个和平的秩序时,人类需要有一个人来行使制衡的力量,这个人必须是凝聚的核心。在历史的演进过程中,这种人物往往从酋长演变成君主。酋长也得到人们的服从,但那是自愿的服从。王权则意味着用暴力进行统治的权利。群体凝聚力的发展和扩大是一个复杂的进程,与征服有关,但不等于简单的征服。在两个群体争夺优势时,如果各自的内部凝聚力基本相当,则双方势均力敌。如果一方的凝聚力超过另一方,往往能把它吸引过来,合为一股,变成更为强大的凝聚力。这股强大的凝聚力能够以这种方式继续不断地吸引其他凝聚力,像滚雪球一样越滚越大,最后建立起一个强大的王朝来。②关于群体凝聚力在王位竞争中的作用,伊本·赫勒敦指出:王位是高贵的、令人神往的地位,身为王者,具有至高无上的权威,有享用不尽的荣华富贵。因此,对王位的竞争就很激烈,很少有人愿意将王位自动交给对手,总会有人希望把王位从别人手中抢夺过来。这就必然引起战争,而要在战争中获胜离不开群体凝聚力。③

关于群体凝聚力在王朝治理中的作用,主要表现在以下几方面:一是王朝版图扩张的多少和王朝延续年代的久远与否,都离不开群

---

①Ibn Khaldun,The Muqaddimah: An Introduction to History,Translated from the Arabic by F.Rosenthal.Princeton: Princeton university press,1967,vol.1,p.319.

②Ibid,p.284~285.

③Ibn Khaldun,An Introduction to History,Translated and introduced by Franz Rosenthal, Abridged and edited by N.J.Dawood,Princeton: Princeton University press,2005, p.123.

体凝聚力作用的发挥。伊本·赫勒敦说:如果凝聚力强大,王朝版图的扩展范围也就越大,王朝延续的年代也就比较久远。[1]二是统治者优秀品质,可以增强王朝的凝聚力,从而有利于王朝的统治。伊本·赫勒敦说:统治者统治力的存续离不开其优秀品质,统治者优秀品质的获得可以增强其群体凝聚力,这样王朝成员才会自觉自愿地接受其统治。拥有优秀品质的统治者总是慷慨大方、体恤弱者、殷勤好客、扶危济困、胜而不骄、败而不馁、忠于义务、恪守教律、敬重学者、虚心纳谏、公平待人、严格履行宗教义务,避免养成狡猾、狡诈以及逃避义务等恶劣品质。[2]三是最具优势的群体凝聚力通过对其他群体凝聚力的吸附和整合有利于实现王朝的稳固统治。伊本·赫勒敦认为,一个王朝并非由单一部落构成,而是多个部落的聚合,如果各部落之间只认同本部落的群体凝聚力,没有统一的群体凝聚力将部落各自的群体凝聚力进行整合,就会不断地发生冲突和战争,不利于王朝的统治与稳定。伊本·赫勒敦说:一个王朝很难在很多部落的地区建立起自己稳固的统治。因为不同的部落有不同的目标和想法,有不同的群体凝聚力,容易发生叛乱。虽然统治王朝有自己的群体凝聚力,但是各部落不予承认,他们认为自己有能力自治。比如,伊斯兰表面上征服了马格里布,但是长期以来并未建立起稳定的统治。因为那里有无数柏柏尔人的部落。他们持续发生叛乱并不时地放弃伊斯兰的信仰,坚守自己的信仰。当一个部落被征服,就会有另一个部落取而代之,继续发生叛乱。相反在没有部落群体凝聚力的地区极少发生叛乱,容易进行统治,如当时的埃及和叙利亚。[3]因此,一个王朝为了实现稳固统治,就需要有一个最强的群体,其群体凝聚力超过王朝中其他任何群

---

[1]Ibn Khaldun,The Muqaddimah: An Introduction to History,Translated from the Arabic by F.Rosenthal.Princeton: Princeton university press,1967,vol.1,p.319.

[2]Ibn Khaldun,An Introduction to History,Translated and introduced by Franz Rosenthal,Abridged and edited by N.J.Dawood,Princeton: Princeton University press,2005,p.101、112.

[3]Ibnp.130～131.

体的群体凝聚力，并且能够将其他群体的群体凝聚力整合在自己的麾下，这样有利于王朝的统治。伊本·赫勒敦说：这个依靠强大群体凝聚力吸附其他群体而形成的社会组织能够保护本组织的成员、防御外敌入侵，能够使本组织成员的意愿表达畅通。[①]

群体凝聚力对经济发展的推动作用主要体现在分工与协作上。伊本·赫勒敦强调合群而居是人类基本的生存法则，人类要战胜野兽离不开合群而居，人类要获取生存、发展和享受资料，同样也离不开合群而居。伊本·赫勒敦说：人类最基本的生存需求是对食物的需求，而食物的生产是一个系统工程，离不开播种、收割、脱粒、研磨、捏制、烘烤等技艺，离不开生产工具的发明和创造，所有这一切单靠个人的力量难以完成，人类需要相互合作才能完成。各种技艺的出现、生产工具的发明和创造，又催生了诸如铁匠、木匠和瓦工等手工业者的出现，由此出现了社会分工和行业的分化。同时，真主创造的诸如狮子、大象等野兽的力量远远大于人的力量，单靠个人的力量无法抵御。单个人的力量也不足以发明和利用防御的武器。人类的相互合作是必要的，没有合作，人类就不可能获取食物和保护自己，人类将走向灭亡。[②]合群而居的生存法则使得分工与协作成为了人类最基本的生存之道。分工与合作的发展使同一群体的成员形成了共同的情感、信仰和价值观体系，即群体凝聚力。具体表现为：通过分工与合作获取的各种利益使人类充分认识到了群体的力量远比个人的力量更为丰富和持久，也使人类认识到了要利己必须以利他为前提，从而使个人产生了依附于群体的感情，增加了社会容量（即社会团结的数量）和社会密度（个体之间形成了更加紧密的联系），加强了人类相互之间的团结感；分工与合作在人与人之间建立起了一个能够把人们永久联系起来的权利和义务体系；分工与合作使得同一群体内部孕育出了

---

①Ibn Khaldun, An Introduction to History, Translated and introduced by Franz Rosenthal, Abridged and edited by N.J.Dawood,Princeton: Princeton University press,2005, p.284～258、289

②Ibid,p.45、46.

群体成员共同遵守的诸如诚实守信、公平交易、忠于职守等共同的道德原则,产生了诸如利他主义、责任感和信任感等道德情感。分工与合作在群体中形成的群体凝聚力对经济的推动作用主要表现为:推动了产品数量和种类的增加,推动了行业的分化,推动了产品生产的专业化,从而为人类提供了更加丰富的可供选择的产品和服务。伊本·赫勒敦说:单靠个人的力量无法获得生活必需品,文明的发展要求人类必然要相互合作,相互合作获得的产品数量要远远高于单个人。通过合理的分工与合作就会生产出更多的剩余产品,通过交换可以获得更多的消费品,居民的财富也因此增加。①

除此之外,在王朝产生的前后以及王朝发展的不同时期,群体凝聚力作用的发挥会有不同的表现。伊本·赫勒敦认为,在王权产生之前的部落中和王权产生之后的王朝中,群体凝聚力是有差别的。在部落获得王权之前,他们是相互紧密联系的典型。唯一的区别是共同血缘亲情和准血缘亲情的区别,但是准血缘亲情与共同血缘亲情之间联系的紧密程度如同具有共同血缘的亲属。然而,王权产生之后,君主和曾经帮助自己建立王朝的血缘亲情和准血缘亲情成员的地位发生了变化,他们成为了被保护人,同时除了君主之外的血缘亲情和准血缘亲情的成员由于职位的差别也发生了变化,他们之间的群体凝聚力是作为职业纽带建立起来的一种新的联系方式。由于地位的差别和利益的争夺,君主与曾经帮助其建立王朝的血缘亲情和准血缘亲情的成员联系程度减弱,君主以外的血缘亲情和准血缘亲情成员之间的相互合作也相对减少。因此,王权产生之前的群体凝聚力要强于王权产生之后。②而且,王朝建立之初和王朝实现稳固统治之后,群体凝聚力作用的发挥程度也会有差别。王朝建立之初,统治者与民众共同分享群体凝聚力。因为王朝建立之初统治者如果没有优秀品质,

---

①Ibn Khaldun, An Introduction to History, Translated and introduced by Franz Rosenthal, Abridged and edited by N.J.Dawood, Princeton: Princeton University press, 2005, p.273～274.

②Ibn, p.147～148.

民众很难接受其统治。但是一旦统治者牢牢地将统治权掌握在自己手中，并且在自己家族中一代代地继承下去时，民众的陌生感消失了，他们习惯于接受统治者的统治模式，此时，统治者不需要更多的群体凝聚力就能进行统治。①

三、评价与思考

在社会发展动力上，伊本·赫勒敦既没有从宗教的玄虚中寻找社会发展的动力，也没有从抽象的理性中探寻社会发展的动力，而是从需要和利益这一基本的社会事实出发论述社会发展的动力。在伊本·赫勒敦看来，正是人类的需要和利益推动了合作与分工的展开，人类在合作与分工中形成了群体凝聚力这一精神动力。社会的发展就是需要、合作与分工以及群体凝聚力交互作用的结果。伊本·赫勒敦的社会发展动力论从人类需要和利益这一基本社会事实出发，突破了神学的藩篱，将人的需要和利益作为社会发展的中心，为人类探寻社会发展动力开了一剂良药，在社会发展动力论上具有重要的启蒙意义。伊本·赫勒敦的社会发展动力论不仅在伊斯兰世界具有开拓地位，而且对西方自"文艺复兴"以来对社会发展动力的探讨也具有潜在的影响力，伊本·赫勒敦的许多观点与西方思想家的相关观点都有相通之处。

伊本·赫勒敦与维柯、黑格尔以及马克思都从人类的利益和需要出发，探讨社会发展的动力。西方历史哲学的奠基人维柯就是以人类在利益上的矛盾为现实基础探讨社会发展的动力，认识到了人类的各种政治斗争和法律斗争无非是为了经济和财富的利益而展开的斗争。维柯指出：贵族政体把财富都归贵族阶层内部独占，因为财富可以加强贵族阶层的权力②，并且认为宗教和法律无非是贵族保护自己

①Ibn Khaldun, An Introduction to History, Translated and introduced by Franz Rosenthal, Abridged and edited by N.J.Dawood,Princeton: Princeton University press,2005, p.124.

②〔意〕维柯：《新科学》，朱光潜译，人民文学出版社，1997 年，第 117 页。

的经济私利和统治平民的武器。维柯指出：在贵族政体下，贵族们要使法律成为本阶层的独占品，以便他们可凭自己的意志，用君主的铁腕来处理法律。①进而指出，阶级斗争是人类社会发展的原动力。在社会发展动力上，辩证法大师黑格尔认为是精神和人类热情交织成为世界历史的经纬线。黑格尔指出：我们简直可以断然声称，假如没有热情，世界上一切伟大的事业都不会成功。因此有两个因素就成为我们考察的对象：一是那个"观念"，二是人类的热情，这两者交织成为世界历史的经纬线。②也就是说，虽然黑格尔强调自由的精神是社会发展的实体性动力，但也没有忽视由自私心所产生的人类需要、欲望和热情在社会发展中的作用。黑格尔指出：我们对历史最初的一瞥，便使我们深信人类的行动都发生于他们的需要、他们的热情、他们的兴趣、他们的个性和才能。当然，这类需要、热情和兴趣，便是一切行动的唯一源泉——在这种活动的场面上主要有力的因素。③也就是说，黑格尔也认为由私欲所产生的热情、欲望和需要是社会发展的直接动力；在将需要和利益作为社会发展的动力的论述上，伊本·赫勒敦与唯物史观的创建者马克思的观点更为接近。在马克思的相关著作中，马克思将人界定为受肉体组织制约而具有各种自然需要的人、是为了满足生存需要而进行各种活动的人、是受着各种社会关系制约又不断根据自己的需要而改变这些社会关系的人。在马克思看来，人是一种受需要和利益支配的现实的人，正是人类的需要和利益推动了分工与合作的展开，推动了生活资料的生产，推动了工具的发明和应用，推动了生产关系的不断调整，推动了人类交往的广度和深度的不断拓展。一句话，是人类的需要推动了社会的发展和人自身的发展，不管是个人的需要还是社会的需要，不管是物质的需要还是精神的需要，不管是个别的需要还是整体的需要，不管是功利的需

---

① 〔意〕维柯：《新科学》，朱光潜译，人民文学出版社，1997年，第119页。
② 〔德〕黑格尔：《历史哲学》，王造时译，上海书店出版社，2001年，第23页。
③ 〔德〕黑格尔：《历史哲学》，王造时译，上海书店出版社，2001年，第20页。

要还是超功利的需要,皆有此功能。马克思指出:在任何情况下,个人总是"从自己出发的",但由于从他们彼此不需要发生任何联系这个意义上来说,他们不是唯一的,由于他们的需要即他们的本性,以及他们求得满足的方式,把他们联系起来(两性关系、交换、分工),所以他们必然要发生相互关系。①任何个人如果不是同时为了自己的某种需要和为了需要的器官而做事,他就什么也不能做。②

伊本·赫勒敦和马克思都认识到了在一个社会组织中,占主导地位的价值观和信仰是占支配地位的阶级或集团所倡导的价值观和信仰,占支配地位的阶级或集团通过对本群体成员心理结构的影响,来为本群体成员的行为编制精神程序,使群体成员形成一致的价值观和信仰,并用此来调整群体成员的行为,从而实现社会秩序的整合。马克思说:那些没有精神生产资料的人的思想,一般都是受统治阶级支配的……占统治地位的将是愈来愈抽象的思想,即愈来愈具有普遍性形式的思想。事情是这样的,每一个企图代替旧统治阶级的地位的新阶级,就是为了达到自己的目的而不得不把自己的利益说成是社会全体成员的共同利益,抽象地讲,就是赋予自己的思想以普遍性的形式,把它们描绘成唯一合理的、有普遍意义的思想。③

在伊本·赫勒敦视域中的群体凝聚力类似于迪尔凯姆的集体意识,二者都是合群而居和社会分工的产物。迪尔凯姆说:只有在社会整体中,集体的表现、情绪、倾向才能确定。④分工不仅能够展现出我们所确定的道德特征,也可以逐渐成为社会团结的本质条件。分工不仅变成了社会团结的主要源泉,同时也变成了道德秩序的基础。⑤二

①《马克思恩格斯全集》(第3卷),人民出版社,1960年,第514页。
②《马克思恩格斯全集》(第3卷),人民出版社,1960年,第286页。
③《马克思恩格斯全集》(第3卷),人民出版社,1960年,第52~54页。
④〔法〕埃米尔·迪尔凯姆:《社会学方法的规则》,胡伟译,华夏出版社,1998年,第86页。
⑤〔法〕埃米尔·迪尔凯姆:《社会分工》,渠东译,三联书店,2000年,第358~359页。

者都是社会组织成员在社会互动中凝结出来的共同信仰和情感的总和。迪尔凯姆说:必须确认互助双方之间的团结感,确认精神和道德之间的同质性,这正是职业相同的人们最容易做到的。①换言之,如果我们缺少了共同的情感和观念,也就不再是一个人了。②二者都能够为本群体成员提供保护、防御外敌的入侵,都有利于组织成员意愿的表达,同时对违反群体凝聚力的行为进行惩罚。二者都是一种非物质的社会事实,且弥漫于社会组织的方方面面,是社会互动和社会秩序整合的精神力量。二者都既在不发达的社会发挥作用,也在发达的社会发挥作用,且都认为在不发达的社会中个体意识几乎完全服从于集体精神,而在发达的社会,由于分工的高度发展,需要凸显个体意识,但个体意识能动性的发挥仍然离不开集体精神,仍然受集体精神的制约,只不过此时的集体意识是分工高度发达的产物。

在社会发展动力论上,伊本·赫勒敦并未停留在需要或群体凝聚力哪一个因素的单纯决定论上,而是认为社会的发展是社会各种要素交互作用的结果。关于这一点,伊本·赫勒敦与恩格斯的"合力论"具有接近的地方。恩格斯虽然认为经济是社会发展的基础,但是经济并非社会发展的唯一决定因素,社会的发展是社会各种要素交互作用推动的结果。恩格斯说:根据唯物史观,历史过程中的决定性因素归根到底是现实生活的生产和再生产。无论马克思或我都从来没有肯定过比这更多的东西。如果有人在这里加以歪曲,说经济因素是唯一决定性的因素,那么他就是把这个命题变成毫无内容的、抽象的、荒诞无稽的空话。经济状况是基础,但是对历史斗争和进程发生影响并且在许多情况下主要是决定着这一斗争的形式的,还有上层建筑的各种因素;阶级斗争的各种政治形式和这个斗争的成果——由胜利了的阶级在获胜以后建立的宪法等,各种法权形式以及所有这些

①〔法〕埃米尔·迪尔凯姆:《社会分工》,渠东译,三联书店,2000年,第38页。
②〔法〕埃米尔·迪尔凯姆:《社会分工》,渠东译,三联书店,2000年,第359页。

实际斗争在参加者头脑中的反映，政治的、法律的、哲学的理论，宗教的观点以及他们向教义体系的进一步发展。这里表现出这一切因素间的交互作用。①

---

①《马克思恩格斯选集》(第4卷)，人民出版社，1972年，第477页。

第五章　伊本·赫勒敦的文明形态史观

伊本·赫勒敦的文明形态史观既研究了人类文明的发展周期，也研究了地理环境对文明的影响，同时通过对农牧文明和城市文明的对比阐述了人类文明的基本形态。其文明形态史观对文明的研究并非停留于各个民族文明的各自真实上，而是从人类文明的大视野出发，从不同民族文明的各自真实中探究人类文明的共时性结构。

一、文明的发展周期

伊本·赫勒敦认为，文明就像植物、动物等生命有机体一样会经历起源、成长和衰落三个发展阶段。[①]

（一）文明的起源

伊本·赫勒敦认为，文明起源于人的生存需要和好斗的本性。人的生存需要推动了合作与分工的展开，推动了生产工具和武器的发明。伊本·赫勒敦说：人类最基本的生存需求是对食物的需求，而食物的生产是一个系统工程，离不开播种、收割、脱粒、研磨、捏制、烘烤等技艺，离不开生产工具的发明和创造，所有这一切单靠个人的力量难以完成，人类需要相互合作才能完成。各种技艺的出现、生产工具的

---

① Ibn Khaldun, An Introduction to History, Translated and introduced by Franz Rosenthal, Abridged and edited by N.J.Dawood, Princeton: Princeton University press, 2005, p.105.

发明和创造,又催生了诸如铁匠、木匠和瓦工等手工业者的出现,由此出现了社会分工和行业的分化。同时,真主创造的诸如狮子、大象等野兽的力量远远大于人的力量,单靠个人的力量无法抵御。单个人的力量也不足以发明和利用防御的武器。人类的相互合作是必要的,没有合作,人类就不可能获取食物和保护自己,人类将走向灭亡。①

同时,伊本·赫勒敦认为,好斗是人类的本性,为了防止人类相互攻击,需要社会组织和王权的控制和调节。伊本·赫勒敦说:当文明逐步形成时,社会组织对人类是绝对必要的,没有社会组织,人类的存在将是不完整的。真主创造了人类,并使人类成为真主在人间的代治者,并不仅仅局限于物质化的生产。而社会组织又需要有王权的控制和引导,社会组织才能正常运行,因为好斗和不公正是人类的动物本性。人类发明的用来抵御动物侵袭的武器不足以抵御人的侵袭,因为所有的人都有拥有武器的能力。为了防止人类的相互攻击,需要具有至高权力和无上权威的人士的出现,王权作为人类的政治本性,对人类来说是绝对必要的。②

(二)文明的成长

伊本·赫勒敦认为,当文明逐步形成以后,文明并非停滞不前,而是处于不断的成长中。文明成长的标志在于王朝政权的建立与巩固以及城市的繁荣与发展,而王朝政权的建立与巩固是群体凝聚力推动的必然结果,城市的繁荣与发展与人类的享受需要密切相关。

伊本·赫勒敦认为,王朝政权的建立过程就是群体凝聚力强弱的相互博弈过程。他说:王位是高贵的,并且使人的身心都能够得到快乐的地位。因此,对王权的竞争非常激烈。很少有人自愿将王权让给对手,而是希望将王权从别人手中争夺过来,这就必然引起战争。而要在战争中获得优势,离不开群体凝聚力的力量。当敌对双方在战争

---

①Ibn Khaldun, An Introduction to History, Translated and introduced by Franz Rosenthal, Abridged and edited by N.J.Dawood, Princeton: Princeton University press, 2005, p.45、46.

②Ibid, p.46~47.

中争夺优势时,如果双方的群体凝聚力基本相当,则双方处于势均力敌的状态,他们在各自的领域中享有统治权。如果一方的群体凝聚力超过了另一方,则群体凝聚力具有优势的一方会使对方屈从于自己,双方合为一股,增强了自身的群体凝聚力,在战争中就掌握了更多的主动权。群体凝聚力具有优势的一方,通过这种方式,不断地吸引其他群体的加入,最后建立起一个强大的王朝来。①除此之外,王朝政权的巩固也离不开统治者通过践行仁义的方式来增强民众的群体凝聚力,进而巩固王朝的统治。正如《论语》所言:"上好礼,则民莫敢不敬;上好义,则民莫敢不服;上好信,则民莫敢不用情。夫如是,则四方之民襁负其子而至矣。"(《论语·子路》)一个统治王朝政权的巩固,关键是来自于统治者的优秀品质,具备优秀品质的统治者可以增强其群体凝聚力,这样四方百姓才会心悦诚服地接受其统治。伊本·赫勒敦说:统治者统治力的存续离不开其优秀品质,统治者优秀品质的获得可以增强其群体凝聚力,且统治者的群体凝聚力要强于王朝其他成员的群体凝聚力,这样王朝成员才会自觉自愿地接受其统治。拥有优秀品质的统治者总是慷慨大方、体恤弱者、殷勤好客、扶危济困、胜而不骄、败而不馁、忠于义务、恪守教律、敬重学者、虚心纳谏、公平待人、严格履行宗教义务,避免养成狡猾、狡诈以及逃避义务等恶劣品质。②

关于城市的繁荣与发展,伊本·赫勒敦认为,是人类的享受需要推动了农牧文明向城市文明的转换。他说:以享受为标志的城市文明是农牧文明创造者所要追求的目标。当一个农牧部落建立起王朝以后,他们迫切需要建立或夺取城市。因为只有城市才能提供沙漠环境中所不能提供的舒适、安逸和安全的生活。③城市的选址与规划也是为城市居民的享受需要服务的,城市一般都选在能够为居民享受需

---

①Ibn Khaldun, An Introduction to History, Translated and introduced by Franz Rosenthal, Abridged and edited by N.J.Dawood, Princeton: Princeton University press,2005,p.123、108.

②Ibid,p.101、112.

③Ibid,p.93、264.

要提供方便的地方。①正因为城市是能够为人类提供享受需要的地方，在享受需要的推动下，城市的人口数量不断增加，城市规模不断扩大，在生产与消费的良性互动下，城市会持续地走向繁荣与发展。②

（三）文明的衰落

伊本·赫勒敦认为，文明衰落的主要原因在于统治者的专制腐化以及市民的穷奢极欲。统治者的专制腐化会导致群体凝聚力的逐步丧失，王朝会逐渐走向衰落，主要表现为：统治者处于养尊处优的地位，养成了自傲和自私的不良品质，拒绝与别人分享荣耀与权力，并将大权独揽在一个人手中。并且统治者严厉地对待民众，私吞财产，民众失去了追求荣耀的动力。民众的群体凝聚力失去了活力，王朝的群体凝聚力因此受到了削弱，王朝最终会走向衰落。王朝的衰落可能发生在第一代君主的身上，也可能发生在第二代或第三代君主的身上，但是这是不可避免的历史进程，发生的迟早关键看其他部落群体凝聚力的力量和制约情况。统治者奢侈之风的持续增长，会使民众的收入不能满足他们奢侈的需要，此时统治者需要增加收入攻克难关。在财政税收固定不变的情况下，统治者收入的增加势必会减少军队的收入，这就使得很少有人愿意从军。部队的规模就会减小，防御能力降低，临近的王朝或部落就会趁机袭击，王朝的势力会被削弱。③

关于市民的穷奢极欲会导致王朝的衰落，伊本·赫勒敦认为，当一个王朝牢牢地掌握了统治权，并且王朝处于繁荣和发展的阶段时，民众开始习惯于从简朴的生活转向安逸享乐的生活。他们效仿前辈的奢侈习惯，民众沉浸在对衣食、家居以及日用品的享乐之中。他们建造城堡和园林，安装供水系统。他们以美味佳肴、华丽的服饰和漂亮的坐骑为荣，并在这方面与其他王朝竞争。新生代希望在享乐方面

---

①Ibn Khaldun, An Introduction to History, Translated and introduced by Franz Rosenthal, Abridged and edited by N.J.Dawood, Princeton: Princeton University press, 2005, p.267.

②Ibid, p.263、267、273、274、275.

③Ibid, p. 132～136

继续超过前辈,并且随着王朝统治领域的不断扩大,人们的奢侈之风就愈强烈。奢侈会使道德腐化,民众的灵魂深处浸染了各种恶的习俗,民众在农牧文明中所具有的优良品质丧失。当民众习惯于穷奢极欲的生活时,在沙漠中的劫掠和征服的活力丧失,部队的战斗力削弱,王朝的衰落也就近在咫尺。①

二、地理环境对文明的影响

关于地理环境对人类文明的影响,早在古希腊的希波格拉底和亚里士多德等人就开始有所论述,但他们的论述主要停留于地理环境对人的体质、行为和性格的影响上。伊本·赫勒敦不但研究了地理环境对人的体质、行为和性格的影响,而且还对地理环境对经济和宗教发展水平的影响进行了探讨。

伊本·赫勒敦认为,地球是一个圆形的球体,大约一半是海洋,一半是陆地,陆地环海而居。陆地上有文明的区域主要集中在北部,约占陆地面积的1/4。北部从赤道以北共划分为7个地带。②赤道附近以及北半球的最北部代表了最热和最冷的两极,而向中心逐步呈递减趋势,气候逐步温和。第四地带是气候最为温和的地带,第三与第五地带次之,第二与第六又次之,第一与第七地带最不温和。7个地带由于地理环境的差异,文明程度也截然不同。其中第三、第四、第五三个地带,由于温度适宜,适宜文明的生长(其中第四个地带是文明最适宜生长的地带),这里的文明程度相对较高,居民的体质、肤色和性格等都符合中庸之道。而在第一、第二、第六、第七四个地带中,第一、第二两个地带过于炎热,第六、第七两个地带过于寒冷,文明程度相对较低,这里的居民大部分还处于蒙昧状态。③7个地带由于地

---

①Ibn Khaldun, An Introduction to History, Translated and introduced by Franz Rosenthal, Abridged and edited by N.J.Dawood, Princeton: Princeton University press,2005,p.133～136.

②Ibid,p.49.

③Ibid,p.58、59.

理环境和气候的差异,在经济发展水平、居民的外在形象和性格、宗教的发展程度等文明的具体表现形式上也有重大差别。

从经济发展水平来看,第三、第四、第五三个地带的经济发展水平高。科学、工艺、建筑、服饰、食品、种植业和养殖业等行业都集中在这三个地带,这里的城市、园林鳞次栉比,衣食住行用等各方面的条件优越。住宅用石头建造并且有精雕细琢的装饰。居住在这里的手工业者相互竞争生产出高质量的生产工具和其他用具。在这些地带还发现了天然矿物,如金、银、铁、铜、铅、锡等。在商业交换中,以贵金属金银作为交换媒介。典型的国家和地区有马格里布、叙利亚、伊拉克、西印度、中国、西班牙和基督教徒居住的地区以及附近的国家和地区。而居住在第一、二、六、七地带的居民,经济发展水平相对较低,他们以土坯和秸秆建造房屋,以高粱和草本植物作为食物,以树叶和兽皮为衣,很多人还赤身裸体。据说在第一地带的许多黑人还居住在洞穴或灌木丛中,各自为政,以草本植物为食,有的黑人甚至还吃人。在商业交换中,没有使用金银贵金属作为交换媒介,而是将铜、铁、兽皮作为交换媒介。①

从居民的外在形象来看,居住在第三、第四、第五三个地带的居民,由于温度适宜,他们的体格、肤色等都符合中庸之道。处于第一、第二地带的地区,由于太阳直射时间长,常年处于炎热的夏天,因此居住在那里的黑人皮肤黝黑。而居住在第六、第七地带的居民皮肤嫩白,是由于那里阳光经常平射,终年寒冷所致。处于这些地带的居民除了皮肤嫩白以外,寒冷的气候致使其拥有金发碧眼,嫩白的皮肤上还点缀着一些小小的雀斑。除此之外,伊本·赫勒敦还驳斥了有些系谱学者关于黑人肤色的谬论,从气候的角度对黑人的肤色进行了解释。一些系谱学者认为,诺亚诅咒其子含,说含的后裔要作他兄弟的

---

① Ibn Khaldun, An Introduction to History, Translated and introduced by Franz Rosenthal, Abridged and edited by N.J.Dawood, Princeton: Princeton University press, 2005, p.58、59、61.

后代的最卑贱的仆人，黑人是含的后裔，因受诺亚的诅咒而皮肤黝黑。伊本·赫勒敦认为这纯粹是无稽之谈，黑人皮肤黝黑是气候的原因引起的。黑人如果居住到第四地带或第七地带皮肤会有白的倾向，他们的后代经过长时期气候的影响就会逐渐变白。相反，如果居住在第四地带或第七地带的居民其后代出生在第一、第二地带皮肤也会变黑。①

从居民的性格来看，居住在热带地区的黑人等居民，他们性格轻浮、容易兴奋、听到音乐就手舞足蹈，且对未来漠不关心。一些哲学家认为，这是由于人的动物性因子膨胀的原因。伊本·赫勒敦则认为这是由于气候等地理环境因素的影响，是这些地区气温过高导致体内热量过度扩散所致。就像一个醉酒的人由于酒精在体内的不断挥发，其会表现出令人难以形容的兴奋和激动。同样，洗热水澡的人也会有同样的感受。与此相反，位于温带地区马格里布的法斯，四面环山，居民的悲观情绪和危机意识强，即使储藏有充足的食物，甚至储藏的食物可以享用好几年，他们也要很早到市场上采购，担心储藏的食物被消耗殆尽。②

除此之外，由于地理环境导致食物的丰歉程度不同，从而也会影响人的外在形象和内在气质。地理环境优越地区的居民，由于营养过剩，有害物质会不断地侵蚀其肌体，结果会导致面色苍白、形象欠佳、思维迟钝、粗心大意，且放荡不羁。相反，食物相对缺乏地区的居民，他们面色清秀、外形端庄、性格温和、思维敏捷，且感知力强。③

从宗教发展水平来看，居住在第一、第二、第六、第七地带的居民，除了少部分靠近也门、马格里布等温度适宜地区的居民信仰基督教或伊斯兰教外，大部分居民对先知、宗教教律等方面一无所知，而且宗教学者普遍匮乏。而居住在第三、第四、第五三个地带的居民，宗

①Ibn Khaldun, An Introduction to History, Translated and introduced by Franz Rosenthal, Abridged and edited by N.J.Dawood, Princeton: Princeton University press, 2005, p.58、59、60.

②Ibid, p.63 ~ 64.

③Ibid, p.65.

教发展水平相对较高,他们有先知、宗教组织和教法。①

三、文明的基本形态

英国历史学家汤因比认为,文明是指特定时代存在的一种特定文化或特定文化阶段。②这种特定文化或特定文化阶段的形成,在伊本·赫勒敦看来,是人类在不同生存环境下谋生方式不同的必然结果。③伊本·赫勒敦正是以此为依据将文明划分为农牧文明和城市文明两种基本形态。伊本·赫勒敦视域中的农牧文明,并非我们通常意义上所讲的在沙漠环境中逐水草而居的文明形式,而是指在沙漠环境中以满足生存需要为目的游牧文明和不发达农业文明的总称。伊本·赫勒敦说:农牧文明的创造者包括贝杜因人、柏柏尔人、突厥人、土库曼人、斯拉夫人、宰那泰人、库尔迪人、土库曼人等。他们当中,有的靠农业为生;有的逐水草而居,靠养牛羊为生;有的深入到沙漠中去,靠骆驼养殖为生。④伊本·赫勒敦视域中的城市文明是指居住在城市中,以手工业和商业为谋生手段,以满足享受需要为目的的文明形态。⑤农牧文明和城市文明作为文明的两种基本形态,在经济状况、道德水平、群体凝聚力等方面存在着巨大的差异,正是这种差异我们才能够很好地了解两种文明在各自领域中表现出不同文明的真实。

从经济状况来看,农牧文明的创造者,其经济状况比较落后,其所在的文明状态下的社会组织和合作程度只能给人类提供衣、食、住、行等生活必需品,不能提供任何剩余产品。伊本·赫勒敦说:人类依附于沙漠这一广阔的生存环境中,生活资料主要靠自然方式获取。

①Ibn Khaldun, An Introduction to History, Translated and introduced by Franz Rosenthal, Abridged and edited by N.J.Dawood, Princeton: Princeton University press, 2005 p.59、61.

②〔英〕阿诺德·汤因比:《历史研究》(修订插图本),刘北成、郭小凌译,上海人民出版社,2000 年,第 19 页。

③Ibn Khaldun, An Introduction to History, Translated and introduced by Franz Rosenthal, Abridged and edited by N.J.Dawood, Princeton: Princeton University press, 2005, p.91.

④Ibid, p.92.

⑤Ibid, p.92.

一些人靠农业维持生存，种植蔬菜与谷物。另一些人从事动物饲养业，他们养殖绵羊、山羊、牛、蜜蜂和蚕，利用养殖所获得的产品为生。他们没有豪华的设施和各种奢侈品，使用动物的毛发、树木或者土石建造居所，仅仅为了躲避风寒和日晒，甚至有些人还居住在洞穴里，食物略微加工或者根本不加工。①而城市文明的创造者，随着合作与分工的程度进一步加强，生产与生活资料的不断丰富，他们不再局限于满足生活必需品了，他们开始过上了舒适安逸甚至奢侈的生活。伊本·赫勒敦说：他们居住在城市里，一些人以手工业作为谋生之道，一些人靠商业发财致富。与他们的谋生方式相对应，他们积累的财富和享有的舒适度都大大地超越了农牧文明的创造者。他们建造高楼大厦以供居住，修筑城墙用来防卫，还修建了城堡、塔楼、宫室以及发达的供水系统为他们的生活提供各种便利。他们相互竞争，将居室精雕细琢以显豪华，他们享用美味佳肴、穿着绫罗绸缎，而且在衣、食、住、行、用等方面花样不断翻新，以凸显个性作为时尚。②另外，伊本·赫勒敦认为农牧文明和城市文明作为文明的两种形态，并不是截然对立的，也存在相互补益的方面。农牧文明的创造者缺乏木匠、裁缝、铁匠等手工业者来为他们的农牧业生产提供生产工具，城市文明的创造者缺乏农牧业产品来满足他们生存和享受的需要。他们通过相互交换来满足各自的需要。③

从道德状况来看，伊本·赫勒敦认为，人类的道德状况并非是先天的禀赋，深受其生存环境的影响。正是沙漠的生存环境，造就了农牧文明创造者刚毅和勇敢、仁爱与忠诚、劫掠和好战的道德特质。伊本·赫勒敦说：农牧文明的创造者，居住分散，各自为政，没有城墙和军队的保护，他们只能靠自我保护，随身携带武器，对周围发生的一切都很警觉。他们远离政府的法律、教育和各项指令，是无拘无束的

---

①Ibn Khaldun,An Introduction to History,Translated and introduced by Franz Rosenthal, Abridged and edited by N.J.Dawood,Princeton: Princeton University press,2005,p.91、92.

②Ibid,p.91、92.

③Ibid,p.122.

自由人。沙漠环境与生存方式铸就了其刚毅和勇猛的品质。①同时,天然的血缘纽带引发了其仁爱与忠诚的品性。伊本·赫勒敦说,血缘纽带是人的自然属性,因为每一个人爱自己的家庭和同一血缘的群体超过了任何其他的一切,从而引发了对血缘亲情的仁爱之心和对本群体的忠诚。这种爱与忠诚不仅表现在同一血缘成员之间的爱与忠诚,还表现为同一血缘的群体推选出来的有威信的首领对本血缘群体的爱与忠诚。这种爱与忠诚最大限度地保护着本群体的成员免受外来的伤害。当一个人的亲属受到攻击或不公正待遇时,屈辱感驱使其不顾任何危险对对手予以还击。血缘纽带的价值在于相互之间提供帮助、奉献爱心、建立紧密的联系。血缘纽带如果只存在于遥远的历史中,如果被抽象化为具体的科学知识,如果只存在于想象的空间,其应有的价值就会荡然无存。②另外,逐水草而居的生存方式造就了其劫掠和好战的心理。伊本·赫勒敦指出,农牧文明的创造者没有固定的草场用来放牧,也没有固定的家园以供居住,更没有固定的邻居,哪里有水草他们就到哪里去。逐水草而居的生存方式使得劫掠和好战成为其基本的生存法则,也成了其独特的生存优势,他们像蝗虫一样整群迁徙,所到之处都能留下征服其他群体的痕迹。③

而城市文明的创造者,由于所在生存环境的影响使其缺乏勇敢和刚毅的品质。具体表现为:一是城市文明的创造者世代沉浸在安逸享乐的生活中,他们再无需与野兽相互追逐和博弈,也不用佩戴武器,野兽的咆哮声惊扰不到他们。他们不用担心自己的生命与财产的安全保障,相信统治者和军队能够提供保护,相信城墙和各种防御工事能够发挥保护作用。这种安逸的生活方式,使其刚心勇气消耗钝舵,失去了农牧文明时代所具有的刚毅和勇敢的品质。二是统治者的

---

① Ibn Khaldun, An Introduction to History, Translated and introduced by Franz Rosenthal, Abridged and edited by N.J.Dawood, Princeton: Princeton University press, 2005, p.95、96.

② Ibid, p.97、98、99.

③ Ibid, p.114.

善治或暴政都会使其丧失勇敢和刚毅的品质。当统治者推行善治,市民乐于接受其各项权力的约束,自然没有反抗统治者的必要,其勇敢和刚毅的品质因此而逐步被削弱直至丧失。当统治者实施暴政,严刑峻法挫败了市民勇敢和刚毅的品质。三是法律、科学和宗教等各方面教育的开展,使得宗教领袖和教师成为了高贵的化身,市民从小耳濡目染,丧失了反抗意识,其勇敢和刚毅的品质也会因此而丧失。① 另外,在道德状况方面,伊本·赫勒敦还论述了两种文明孰为更优的问题。伊本·赫勒敦认为,人类灵魂天生就容易受善恶因子的浸染,当善的因子渗透到人类灵魂深处时,人类就会具有善的品性,反之亦然。城市文明的居民热衷于世俗的享乐和各种欲望的满足,他们的灵魂深处布满了各种恶的品性。当恶的品性浸染的越多,他们就越远离善的品性,最终丧失了所有的约束感,从而导致言行放荡不羁。农牧文明的创造者与城市文明的居民一样也关心世俗生活,但他们对世俗生活的关心仅限于生活的必需品,没有沉浸在享乐和各种欲望之中,即使他们之间的相互交易也是适度的。与城市文明的居民相比,他们恶的品性更少,他们的品性更接近人性的初始状态,他们比城市文明的居民更容易教化。因此,农牧文明在道德方面优于城市文明。②

从群体凝聚力来看,伊本·赫勒敦视域中的群体凝聚力是指源于同一血缘群体并向非同一血缘群体扩展的爱与保护意识而引发的群体向心力和凝聚力。伊本·赫勒敦说:血缘关系是人的自然属性,尊重血缘亲情,使其不受伤害是人特有的自然本能。当一个人的亲属受到不公正待遇或者受到攻击时,羞辱感驱使其毫不犹豫地对受害人进行保护。同一血缘的群体因此从其内部萌发出了群体凝聚力,并浸透于每一个群体成员的灵魂深处。但是,血统的纯粹性并不是一个恒久不变的常数,期间会因为一个群体的强大而吸附其他血统的群体、一

---

①Ibn Khaldun, An Introduction to History, Translated and introduced by Franz Rosenthal, Abridged and edited by N.J.Dawood,Princeton: Princeton University press,2005,p.95、96.

②Ibid,p.94.

个群体内部出现的被保护人和奴隶以及在其他群体犯罪而逃到本群体的成员等原因,会使血统的纯粹性遭到破坏,不同血统的人混杂起来。这些混杂在本群体中的其他血统的成员生活在本群体中,适应了本群体成员的生存方式,享受着本群体成员的权利,履行着本群体成员应尽的义务,遵守着本群体的各项规则,他们与本群体成员联系的紧密程度如同具有共同祖先的血缘亲情,对本群体成员的爱与保护意识也就在题中之义。^①在伊本·赫勒敦看来,农牧民和市民之间由于对内对外受保护程度和方式的不同,使得农牧民的群体凝聚力要强于市民。他说:农牧民对内要靠有威信的长老或部落酋长来协调他们之间的矛盾和利益关系,对外则依靠部落中有勇气的青年组成的部落武装来防御外敌的入侵。不管是有威信的长老或部落酋长地位的赢得,还是部落武装的强有力的战斗力的获得,都离不开群体凝聚力,依靠群体凝聚力将他们紧密地联系在一起共同战胜复杂沙漠环境面临的各种挑战。而市民对内靠政府权威来协调市民之间的矛盾和利益关系,对外则有政府的常备军和城墙来保护他们的安全。^②也就是说,市民没有较强的群体凝聚力照样能够在城市中生活,而农牧民离开群体凝聚力将很难在沙漠环境中生存,因此农牧民的群体凝聚力要强于市民。

在伊本·赫勒敦看来,农牧文明和城市文明虽然是文明的两种基本形态,也都有自身的发展特点,但他们并非互不相干,而是一个前后相继的发展过程。伊本·赫勒敦说:农牧文明是城市文明的基础,先有农牧文明,后有城市文明。因为,人类先要满足生存需要,当生存需要满足后,人类开始有了享受的需要。因此,以享受为标志的城市文明是农牧文明创造者所要追求的目标,经过他们的努力,当享受所需的条件满足后,他们会毫不犹豫地享受一种安逸舒适的生

①Ibn Khaldur., An Introduction to History, Translated and introduced by Franz Rosenthal, Abridged and edited by N.J.Dawood,Princeton: Princeton University press,2005,p.98、100.

②Ibid,p.97、98.

活。①也就是说,由农牧文明发展到城市文明,是文明发展的自然历史进程。农牧文明向城市文明转变的一个重要标志就是由部落统治向王朝统治的转变, 这种转变为农牧文明向城市文明的转变提供了难得的机遇。伊本·赫勒敦说:当王朝的建立和王朝政权巩固之后,为农牧文明向城市文明的转变提供了机会。因为城市文明为了享受的需要,需要掌握制作服饰、住宅、家居、器皿以及其他日用品的各项技能。当一个王朝征服了城市文明的地区以后,他们就会模仿和学习城市文明的生活方式。如当阿拉伯人征服了波斯和拜占庭之后,将他们的子女变为仆人,并从他们当中选取了一些掌握各种技艺的熟练工,并把他们的技艺传授给阿拉伯人。阿拉伯人掌握了食物、饮料、服装、建筑、武器等制作工艺, 并学会了在婚礼等重大节日举办宴会的生活。他们开始由满足生存需要转入了满足享受需要,向城市文明转变。②

四、评价与思考

哲学诠释学大师狄尔泰认为:一切被了解的东西,都会带有来自这种共通性之"熟悉的标记"③。这种共通性之"熟悉的标记",在伽达默尔看来就是表现一个集团、民族、国家或整个人类的共同性的具体普遍性。④在对人类历史的认识和理解上,不管是伊斯兰世界的思想家还是西方的思想家总会从异彩纷呈的人类历史中找寻到一种共通性之"熟悉的标记",都会从中找到人类历史的一些共同性的具体普遍性。因此,在对人类历史的研究上,伊本·赫勒敦的文明形态史观与马克思、恩格斯、孟德斯鸠、黑格尔、汤因比、迪尔凯姆等西方思想家的

---

①Ibn Khaldun, An Introduction to History, Translated and introduced by Franz Rosenthal, Abridged and edited by N.J.Dawood,Princeton: Princeton University press,2005,p.91、93.

②Ibid,p.138~140.

③张旺山:《狄尔泰》,台北东大图书股份有限公司,1986年,第241页。

④〔德〕伽达默尔:《真理与方法》(上卷),洪汉鼎译,上海译文出版社,1999年,第25页。

相关观点能够表现出一些异曲同工之妙。

伊本·赫勒敦与马克思、恩格斯都认识到了文明起源于人类的生存需要。在《德意志意识形态》中，马克思和恩格斯指出：人们为了能够"创造历史"，必须能够生活。但是为了生活，首先就需要衣、食、住以及其他东西。因此第一个历史活动就是生产满足这些需要的资料，即生产物质生活本身。[①]伊本·赫勒敦与恩格斯都认识到了分工与合作在促进文明发展中所起的重要作用。在《家庭、私有制和国家的起源》中，恩格斯指出：住得日益稠密的居民，对内和对外都不得不更紧密地团结起来……这样，我们就走到了文明时代的门槛了。它是由分工方面的一个新的进步开始的。[②]二者都认识到了公共权力是人类矛盾和冲突的必然产物。恩格斯认为，国家是表示：这个社会陷入了不可解决的自我矛盾……为了使这些对立面……不致在无谓的斗争中把自己和社会消灭，就需要有一种表面上凌驾于社会之上的力量，这种力量应当缓和冲突，把冲突保持在"秩序"的范围以内。[③]

伊本·赫勒敦与孟德斯鸠、黑格尔都认识到了地理环境对人类性格和心态方面所产生的重要影响。孟德斯鸠认为：人们在寒冷气候下，便有较充沛的精力。炎热国家的人民，就像老头子一样怯懦。[④]土地贫瘠，使人勤奋、俭朴、耐劳、勇敢和适宜于战争……土地膏腴使人因生活宽裕而柔弱、怠惰、贪生怕死。[⑤]黑格尔也强调：助成民族精神产生的那种自然的联系，就是地理的基础……我们所注重的，并不是要把各民族所占据的土地当作是一种外界的土地，而是要知道这地方的自然类型和生长在这土地上的人民的类型和性格有着密切的联系。[⑥]

①《马克思恩格斯选集》(第1卷)，人民出版社，1995年，第79页。
②《马克思恩格斯选集》(第4卷)，人民出版社，1976年，第160～161页。
③《马克思恩格斯选集》(第4卷)，人民出版社，1976年，第166页。
④[法]孟德斯鸠：《论法的精神》(上册)，张雁深译，商务印书馆，1963年，第270～271页。
⑤[法]孟德斯鸠：《论法的精神》(上册)，张雁深译，商务印书馆，1963年，第336～337页。
⑥[德]黑格尔：《历史哲学》，王造时译，上海书店出版社，2001年，第82页。

　　伊本·赫勒敦与汤因比都主张将文明作为历史研究的基本单位。伊本·赫勒敦说:历史是关于人类社会及世界文明的记载。[1]汤因比也认为:历史研究对象的可以说明问题的"单位",不是民族(国家),也不是时代,而是"社会",用"社会"这个名称不如用"文明"。[2]二者都认识到了人类文明发展的背后肯定有一种内在动力在支配,汤因比认为这个内在动力是"挑战与应战",正是挑战与应战的交互作用支配着文明的起源、成长、衰落与解体。而伊本·赫勒敦认为,文明发展的内在动力是人类的群体凝聚力与享受需要,是人类的群体凝聚力与享受需要推动着文明的起源、成长,文明的衰落与解体也与群体凝聚力和享受需要相关。

　　伊本·赫勒敦将文明划分为农牧文明和城市文明两种基本的文明形态的两分法与迪尔凯姆关于社会团结类型的划分有许多相似之处。迪尔凯姆将社会划分为机械性团结的社会和有机性团结的社会。其中,迪尔凯姆的机械性团结的社会与伊本·赫勒敦的农牧文明类似。二者都是在不发达的社会结构中产生,几乎没有出现社会分化,社会成员在道德、生活习俗方面与不发达的社会结构相匹配,并且具有高度的相似性。社会成员在对内对外方面能够保持高度的一致性,对内能够共同惩罚违反道德习俗的言行,对外能够团结起来从外部获取生存资料并且能够同仇敌忾地反对外来侵略对本群体的任何伤害。迪尔凯姆的有机性团结的社会与伊本·赫勒敦的城市文明比较接近。二者都诞生于发达的社会结构,由于复杂的社会分工和高度的专业化使得社会分化明显,社会成员共同认可的道德标准减少,能够将社会成员凝聚起来的群体凝聚力大大削弱。[3]

　　可见,伊本·赫勒敦不仅是伊斯兰文明形态史观的创建者,而且

---

　　①Ibn Khaldun, An Introduction to History, Translated and introduced by Franz Rosenthal, Abridged and edited by N.J.Dawood, Princeton: Princeton University press, 2005, p.35.

　　②〔英〕汤因比:《历史研究》(上),曹未风等译,上海人民出版社,1997年,第307、308页。

　　③关于迪尔凯姆的相关观点参见:Durkheim, The Division of Labor in Society, Translated by Greorge Simpson, New York: The Free Press, 1933, p.22、23、79、106、131、133、226.

也是人类文明形态史观的重要奠基者。伊本·赫勒敦主张从人类整体的文明入手研究历史，并将文明划分为农牧文明和城市文明两种基本形态，改变了以往伊斯兰史学研究中将侧重点放在对历史事件、活动、过程和事务等内容记述的"外在史学"的形式上，在伊斯兰史学研究史上开创了从文明形态入手研究历史的先河。伊本·赫勒敦科学地认识到了人的生存需要、客观物质环境等客观存在在文明的生成变化中所起的重要作用，打破了以往伊斯兰史学研究中将研究重点放在了传述者权威性的考证、"圣训"的编纂、各种教义教规的汇编、史学的宗教作用等体现真主意志内容的窠臼，为伊斯兰史学研究开辟了新的研究范式。伊本·赫勒敦的文明形态史观充分认识到了人类履行真主代治使命中人的主观能动性的发挥对文明所做的贡献，为人类在文明创造中的应有地位争取了合理的生存空间。伊本·赫勒敦文明形态史观中的许多真知灼见比西方一些思想家相关观点的提出要早几个世纪。伊本·赫勒敦关于文明起源于人类的生存需要的观点比马克思和恩格斯的相关观点的提出要早 5 个世纪。伊本·赫勒敦比孟德斯鸠早 4 个世纪就认识到了地理环境对人性格的影响。在比汤因比早近 6 个世纪之前，伊本·赫勒敦就主张将文明作为历史研究的基本单位。伊本·赫勒敦文明形态史观的提出，比西方文明形态史观的开创者斯宾格勒的文明形态史观要早 5 个多世纪。由于中国历史上既有游牧民族创造的游牧文明，也有农耕民族创造出的高度发达的城市文明，因此，伊本·赫勒敦对于农牧文明和城市文明两种文明形态所表现出的各自文明特质及其相互交融的研究，对于理解中国历史上游牧文明和城市文明在不同历史时期的交相辉映也有很大的借鉴意义。

第六章 伊本·赫勒敦的政治理论

在政治理论上,伊本·赫勒敦承袭了亚里士多德关于"人类自然是趋向于城邦生活的动物"[1]的观点,认为"人类天生是政治性的动物"(此处的"政治性"是指"城邦",或者后人所讲的社会组织),人类的生存和发展离不开相互合作,人在本性上要过集体的和社会生活。[2]只有在社会组织中,人的本性才能够实现。但是,伊本·赫勒敦的政治理论并未停留于古希腊的亚里士多德和中世纪伊斯兰世界的法拉比等人通过对社会组织的抽象诠释来寻求一种"至善"的理念上,也未停留于对"神圣原型"的追求上,而是通过对具体王朝的兴衰来探讨王朝的运行机制。伊本·赫勒敦对王朝运行机制的探讨,主要集中在以群体凝聚力为核心来分析王朝的兴衰更替、发展周期和运行机制,同时对伊斯兰世界特殊的政权形式哈里发政权也有所论及。

一、王权理论

(一)王权的起源和本质

伊本·赫勒敦认为,从本质上讲,王权是人类的一种自然权利,是凌驾于社会之上的一种公共权力,除了王权以外的任何组织的权

---

[1] 〔古希腊〕亚里士多德:《政治学》,吴寿彭译,商务印书馆,1981年,第7页。

[2] Ibn Khaldun, An Introduction to History, Translated and introduced by Franz Rosenthal, Abridged and edited by N.J.Dawood, Princeton: Princeton University Press, 2005, p.336.

力都不能超越或强于王权,王权以下的各级权力都要接受王权的统领。王权这种公共权力主要包括统治权、征税权、军权、边界保护权等。①

王权的出现与人从本性上要满足集体和社会的生活需要密切相关。人类要自卫离不开集体和社会,同样,人类要获取生存和发展资料也离不开群体和社会。伊本·赫勒敦说:真主创造的诸如狮子、大象等野兽的力量远远大于人的力量,单靠个人的力量无法抵御。单个人的力量也不足以发明和利用防御的武器。人类的相互合作是必要的,没有合作,人类就不可能获取食物和保护自己,人类将走向灭亡。②人类在过集体和社会的生活中由于对利益的争夺,不可避免地要发生矛盾和冲突,为了调节矛盾和冲突,为了将矛盾和冲突限制在秩序的范围内,就需要有强大的制约权力的出现。伊本·赫勒敦说:人类为了获取食物和其他生存品离不开社会组织和合作。当人类获得了生存品以后,他们就会相互争夺来满足自身的生存需要。因为不公正和好斗是人类的动物性本性,每一个人都试图独自获得生存品来满足他们自身的生存需要。而当一个人的自身财产受到威胁时,出于愤怒、怨恨等人类本能的反应会试图阻止这种行为。这就必然会导致纠纷和敌意,最终出现流血事件,甚至丧失生命或一个种族的灭绝。人类不可能长期生活在无政府和无统治者的状态,为了防止人类的相互攻击,需要有制约的权力出现。因此,王权作为人类的政治本性,对人类来说是绝对必要的。③

(二)群体凝聚力是王权产生的精神动力

拿破仑曾经说过:我发现牧师比我更有权力,因为他统治思想,而我只统治着肉体。一种群体成员共同认可的信仰和价值观是群体

---

①Ibn Khaldun, An Introduction to History, Translated and introduced by Franz Rosenthal, Abridged and edited by N J.Dawood,Princeton: Princeton University Press,2005,p.152.

②Ibid,p.45、46.

③Ibid,p.46、47～152.

生存和发展的精神力量,这种精神力量能够凝聚人心,增强团体成员的归属感和奉献精神。这种精神力量在伊本·赫勒敦看来就是群体凝聚力。在伊本·赫勒敦看来,群体凝聚力对王权的产生作用的发挥主要是通过群体中最强的群体凝聚力对其他群体凝聚力吸附和融合的结果。伊本·赫勒敦说:王权从本质上讲,是荣耀、享乐、安逸和和平的象征。王权的获得离不开群体凝聚力,王权的群体凝聚力是部落群体凝聚力中最强的一支,是通过自身的吸引力融合其他部落群体凝聚力的结果。当各个部落群体凝聚力相当,则融合不会发生。如果其中一个部落的群体凝聚力占优势,则融合就会发生。通过融合,其他部落的群体凝聚力被占优势的部落群体凝聚力整合在一起。①占优势的群体凝聚力通过王权的获得,组建王朝,实现政治统治。

王权的产生离不开群体凝聚力,王权产生后对王位的争夺也离不开群体凝聚力。伊本·赫勒敦说:王位是高贵的、令人身心愉悦的地位。因此,对王位的竞争就很激烈,很少有人愿意将王位自动交给对手。矛盾就会随之而来,这将会引起战争,而要在战争中获胜离不开群体凝聚力。②

同时,王权中军权的有效实施也离不开群体凝聚力。伊本·赫勒敦说:侵略和防御只有在群体凝聚力的帮助下才能获得成功。③

(三)宗教是神圣王权扩张的精神力量

宗教以其巨大的感召力加强王朝成员的凝聚力和忠诚度,这种感召力能够超越世俗界限,将某种仪式或精神内化为王朝成员的自觉行动,增强王朝成员的崇拜感和归属感。因而能够为神圣王权的扩张提供精神力量,王朝成员会为王权的扩张视死如归,这种精神力量是世俗王权扩张所不具备的。伊本·赫勒敦说:神圣王权的扩张建立

---

①Ibn Khaldun, An Introduction to History, Translated and introduced by Franz Rosenthal, Abridged and edited by N.J.Dawood, Princeton: Princeton University Press, 2005, p.132.

②Ibid, p.123.

③Ibid, p.152.

在宗教先知的宗教教义的宣传上。这是因为王权来自于统治者权威的树立，而统治者权威的树立离不开群体凝聚力。通过真主的启示的宗教能够凝聚人心，消除存在于成员内心深处的不良欲望和嫉妒心，共同遵守宗教教义，相互支持与合作，会使王权的势力范围不断扩大。宗教信仰会消除人们的嫉妒心，增强成员的群体凝聚力，团体成员的愿望和目标相一致，团体成员为了自己的目标会视死如归。但是，世俗王权由于没有宗教的引导，他们会被神圣王权征服。①

二、战争理论

关于战争的起源，思想家们从各自不同的角度进行了论述，有的认为是人的生存和欲望引起的，有的认为是文明冲突的必然结果，还有的认为是不同阶层的矛盾和冲突引起的，不管哪种原因，其背后都有一个终极原因，这个终极原因就是人类对利益的争夺。伊本·赫勒敦虽然没有直接论述战争的根源，但却论述了战争的类型。

关于战争的类型，伊本·赫勒敦从伦理的角度上将其分为正义的战争和非正义的战争两种类型，并且认为判断战争正义与否的道德标准在于道德上的合法性以及开战的原因和目的是否正当。伊本·赫勒敦认为，由于嫉妒或敌意引起的战争是非正义的战争。伊本·赫勒敦说：由嫉妒引起的战争通常发生在相邻部落或互相竞争的家族之间；由敌意引起的战争，常见于沙漠中的野蛮民族，目的在于劫掠。这两类战争是非正义的。②而为了宗教或王权的热忱而发动的战争则是神圣的和正义的。伊本·赫勒敦说：由对真主的热忱而引发的战争，以及由建立王权的热忱而引发的对那些拒绝服从的人进行的战争，这两类

①Ibn Khaldun, An Introduction to History, Translated and introduced by Franz Rosenthal, Abridged and edited by N.J.Dawood, Princeton: Princeton University Press, 2005, p.125～126.

②Ibn Khaldun, The Muqaddimah: An Introduction to History, Translated from the Arabic by F.Rosenthal, Princeton: Princeton university press, 1967, vol.2, p.85.

战争是神圣的和正义的。①

关于战争的胜负,伊本·赫勒敦认为战争的胜负是多重因素共同作用的结果,有将士的数量、武器的精良程度、兵法的合理运用、战时的地形以及群体凝聚力等。②其中群体凝聚力是决定战争胜负的一个关键因素,群体凝聚力除了影响战争中人心的向背、将士的勇猛程度外,战争双方的群体凝聚力是否单一也是影响战争胜负的一个重要因素。伊本·赫勒敦说:在战争中,如果参战双方的人数相当,一方有单一的群体凝聚力,另一方则有多个群体凝聚力,具有单一群体凝聚力的一方会优于另一方,因为拥有多个群体凝聚力的一方在战争中可能会为各自的利益考虑而互相猜忌、相互背信弃义。③

三、"仁政"思想

孟子曰:"以力服人者,非心服也,力不赡也;以德服人者,中心悦而诚服也。"(《孟子·公孙丑上》)为政者单纯地运用法制、政令以及刑罚等外在的强制性规范治民,只能对民众的外在行为暂时发挥作用。一旦法制政令运用过度,出现严刑峻法的时候还会激起民众的反抗,影响王朝的长治久安。伊本·赫勒敦说:如果统治者在权力的运用上,乐于对民众实施严刑峻法,并且对民众吹毛求疵,民众就会变得恐惧和沮丧,并且通过撒谎、欺骗等手段来保护自己,对付君主。另外,在君主的高压政策下,会迫使民众的优秀品质丧失。在战场上,民众往往会背信弃义,不愿意支持君主的防御事业。民众对君主的忠诚度丧失也就意味着军队的战斗力丧失。民众还常常密谋杀害自己的君主。结果,君主的群体凝聚力丧失,王朝走向衰落也就近在咫尺。④

①Ibn Khaldun,The Muqaddimah: An Introduction to History,Translated from the Arabic by F.Rosenthal.Princeton: Princeton university press,1967,vol.2,p.85.

②Ibid,p.85～86.

③Ibid,p.86～87.

④Ibn Khaldun,An Introduction to History,Translated and introduced by Franz Rosenthal,Abridged and edited by N.J.Dawood,Princeton: Princeton University Press,2005,p.152～153.

　　为政者如果用其德性、人格魅力以及德行对待民众,就会激发民众的爱君心理和对君主的信任感,增强民众的群体凝聚力。同时,民众还会自觉自愿地效法为政者的价值选择和行为方式,愿意为君主和王朝的事业倾情奉献。另外,还可以激发民众为仁向善的心志,可以将为政者倡导的德性和德行内化为民众的一种道德自觉,从而有利于为政者对民众的治理和王朝的长治久安。伊本·赫勒敦说:一个好的统治者总是对民众友好和善,并且设身处地地为民众的利益着想,这对统治者赢得民众的爱心是非常重要的。如果统治者对民众和善友好,民众就会信任君主,并且想方设法来保护君主。他们从内心热爱自己的君主,在战争中也就愿意为君主赴汤蹈火。王朝就会井然有序地发展。①在伊本·赫勒敦看来,为政者的德性、人格魅力以及德行具体表现为:慷慨大方、体恤弱者、殷勤好客、扶危济困、胜而不骄、败而不馁、忠于义务、恪守教律、敬重学者、虚心纳谏、公平待人、严格履行宗教义务,避免养成狡猾、狡诈以及逃避义务等恶劣品质。②为政者以其良好的德性、人格魅力以及德行实施统治,就会增强自身的凝聚力和向心力,四方百姓会心悦诚服地接受其统治。

　　为政者"仁政"措施的推行和善治理念的运用,会给予民众以极大的激励和鼓舞,并且调动其生产的积极性,激发文明的活力,使王朝的发展处于良性状态。当然,这种良性状态是一个渐进发展的过程,在王朝的第一代和第二代表现得更为明显,王朝在前两代因为"仁政"措施的推行和善治理念的运用,文明的丰富和发展程度处于顶峰期。③

　　①Ibn Khaldun,An Introduction to History,Translated and introduced by Franz Rosenthal,Abridged and edited by N J.Dawood,Princeton: Princeton University Press,2005,p.152~153.

　　②Ibid,p.101、102、112.

　　③Ibid,p.255.

四、王朝类型论

(一)王朝的基本类型

如果从政治联合体的角度理解王朝，王朝一词实际上与西方的 state(国家)范畴相近。本文之所以使用王朝一词而没有使用国家，原因在于国家是西方语境中的一个范畴。关于国家类型的划分最早应该起源于亚里士多德，亚里士多德以统治者以自身利益为重还是以城邦的公共利益为重为基础将政治制度(政体)的类型划分为正宗政体和变态政体两种类型。其中正宗政体分别由一个人、少数人和多数人掌握最高权力，但都以城邦公共利益为重，包括君主政体、贵族政体和共和政体三类。变态政体也分别由一个人、少数人和多数人掌握最高权力，但是掌权者只谋取自身利益，包括僭主政体、寡头政体和平民政体。中世纪的托马斯·阿奎那承袭了亚里士多德的思想，将政体分为正义的和非正义的两类，其中正义政体包括君主政体、贵族政体和平民政体。非正义政体包括暴君政体、寡头政体和民主政体。近代以来，康德有两种划分国家类型的方式，一种是按照最高权力的人数将政体划分为君主制、贵族制和民主制，另一种是按照统治者运用最高权力治理国家的方式将政体划分为专制和共和两种形式。

在王朝类型的划分上，伊本·赫勒敦秉持的基本理念是："理想国"或"乌托邦"都是哲学家的一种设想，人类从本性上要过政治生活，社会组织对人类而言是必要的。社会组织的正常运行离不开权力的实施和规则的制定来约束人类的不良行为。而权力的实施和规则的制定，有的是建立在天启宗教教律的基础上，权力的实施者和规则的制定者以及规则的遵守者相信来世的奖惩；有的是建立在政治理性的基础上，权力的实施者和规则的制定者以及规则的遵守者相信规则的遵守能够保障其正当权益。[1]正是基于这样的理念，伊本·赫勒

---

[1]Ibn Khaldun, An Introduction to History, Translated and introduced by Franz Rosenthal, Abridged and edited by N.J.Dawood, Princeton: Princeton University Press, 2005, p.256~257.

敦将王朝划分为部落王朝、理性王朝和神授王朝三种类型。其中部落王朝是王朝发展的最初形态,是以感性为基础建立起的王朝,即以血缘纽带、亲缘关系和家庭集团为基础建立起的王朝,王朝中王位的继承采用世系相传的方式。部落王朝缺乏统一的政治和法律规则,通过共同的血统传承将部落成员紧密地联系在一起,以部落凝聚力来实现对王朝的控制。在部落王朝中,由于各部落的首领都希望将王朝作为实现自身部落意图的工具,因此在部落王朝中没有一个部落共同认可的权威,常常发生冲突和流血事件。理性王朝是王朝的通常类型,以波斯王朝为典型。理性王朝以统一的政治和法律规则实现对王朝的控制,王朝的统治者在政治和法律规则的范围内实现对王朝的治理。神授王朝是以神权和教律为基础建立起的王朝,以哈里发制度为典型。哈里发制度建立的原因是,人类不能仅仅停留在对世俗事务的追求上,现实是短暂的和虚幻的,人类的终极目标是追求来世的幸福和永恒。以神权和教律为基础建立起的王朝能够引导人类走向真主的正道,使人类的一切活动都能够在真主启示的教律范围内进行。[1]

(二)哈里发制度

在王朝的各种类型中,伊本·赫勒敦重点论述了神授王朝中的哈里发制度。哈里发制度是伊斯兰教的基本政治制度,历史上政教合一的哈里发制度是伊斯兰教确认的唯一合法的国家体制。哈里发兼有宗教领袖和政治领袖的地位,他执政的国家必须弘扬伊斯兰精神,执行伊斯兰教教法,为民众谋利益。[2]希提根据逊尼派的主张将哈里发的职责归纳为:保卫伊斯兰教的信仰和领土(特别是麦加和麦地那两大圣地);必要时宣布战争;任命国家官员;征收赋税,管理公共基金;讨伐叛逆;执行法律。[3]

---

[1]Ibn Khaldun,An Introduction to History,Translated and introduced by Franz Rosenthal,Abridged and edited by N.J.Dawood,Princeton: Princeton University Press,2005,p.154~155.

[2]秦惠彬:《伊斯兰文明》,中国社会科学出版社,1999年,第166~167页。

[3]〔美〕希提:《阿拉伯通史》(上册),马坚译,商务印书馆,1995年,第217页。

1.哈里发制度的产生

哈里发制度产生的最初动因是围绕继承人问题展开的，先知穆罕默德生前没有指定继承人，也没有以遗嘱的方式确定如何产生继承人，因此在继承人问题上展开了争论。麦地那的贵族主张由麦地那人做继承人，而以穆罕默德的女婿阿里为首的穆罕默德家族认为只有"先知的苗裔"才有做"先知继承人"的资格，经过激烈的斗争，最后同意由穆罕默德的老朋友、岳父艾布·伯克尔继承穆罕默德，做了阿拉伯人的领袖。最初的四个继承人被称为"四大哈里发"，也被认为是四个"正统哈里发"。他们是：艾布·伯克尔、欧麦尔、奥斯曼和阿里。[①]正因为如此，伊本·赫勒敦将哈里发解释为继承穆罕默德的事业，行使政治领导权者。哈里发行使权力的机构被称为哈里发政权，政权的掌管者称为哈里发或伊玛目。[②]

2.哈里发的资格

希提认为，哈里发应该具有精细规定的资格、特权和职务，都是后来的宗教法律学家制定的。希提从一些宗教法律学家对哈里发资格的论述中，将哈里发的资格总结为以下几方面的内容：古莱氏族；男性的成年人；身心健全者；有勇气、魄力及保卫领土所必需的其他性格特点；为公众所拥戴，而且举行了臣服的仪式。[③]希提所说的后来的宗教法律学家就包括伊本·赫勒敦。伊本·赫勒敦对哈里发的资格进行了如下界定：哈里发必须具备必要的知识。因为哈里发实施教法的先决条件是他必须要掌握教法知识，如果其不了解教法，他就不会恰当地运用。他的知识掌握的程度在于他能够独立做出判定。哈里发要求有完美的品质，为人要正直。因为哈里发政权需要履行监督职能，这就要求哈里发需要具备这样的品质。哈里发必须具备胜任力，

①纳忠：《阿拉伯通史》（上卷），商务印书馆，1997 年，第 178～179 页。

②Ibn Khaldun,An Introduction to History,Translated and introduced by Franz Rosenthal, Abridged and edited by N.J.Dawood,Princeton: Princeton University Press,2005,p.155.

③〔美〕希提：《阿拉伯通史》（上册），马坚译，商务印书馆，1995 年，第 216 页。

能够履行教法中规定的惩罚规则和战争义务。哈里发要敢于面对战争,并且在战争中主动承担责任。哈里发对群体凝聚力的作用要有足够的认识,能够履行外交职能。哈里发要有足够的能力去关心政治事务。所有这一切的目的是保证他能够履行保护宗教的职责,领导圣战抗击敌人,坚守教法,管理公众事务;哈里发不能在感官、肢体以及精神等方面存在缺陷,因为这会影响各项使命的完成。[①]

3.哈里发制度的演变

哈里发制度的演变经历了两大发展阶段,第一阶段为四大哈里发时期(632～661年),第二阶段为倭马亚王朝时期至土耳其的哈里发帝国时期(661～1924年)。

从632年至661年,为四大哈里发时期,即艾布·伯克尔、欧麦尔、奥斯曼和阿里执政时期。四大哈里发时期,哈里发的产生是从德高望重、正义公道的虔诚穆斯林中推选产生,哈里发在执政时期总体上奉行了先知穆罕默德的协商原则。如艾布·伯克尔对经训无明确规定的事务通过著名弟子及穆民中的主事人协商解决和裁断。欧麦尔将协商原则制度化,组织成立了"主事人会议机构"。[②]

四大哈里发时期,真正意义上的王朝尚未产生,倭马亚王朝开始了真正意义上的王朝统治时期。原因在于倭马亚王朝时期的哈里发不再以选举产生,而是实行世系制度,此后世代相沿直至1924年哈里发的废除。关于这一点,希提有过详细解释,希提说:倭马亚人的哈里发帝国是伊斯兰教的第一个王朝。选举的虚礼,还保存在"拜伊耳"("出卖")中,在这个典礼中,民族领袖们真正地或象征性地握住新任的哈里发的手,表示臣服之意。第二个哈里发帝国的奠基人倭马亚族穆阿威叶,曾提名他的儿子叶齐德做他的继任者,这样就变成了一个王朝的开基创业者。世袭原则,从此被引入哈里发的继任制度中,以

---

①Ibn Khaldun,An Introduction to History,Translated and introduced by Franz Rosenthal,Abridged and edited by N.J.Dawood,Princeton: Princeton University Press,2005,p.158～159.

②秦惠彬:《伊斯兰文明》,中国社会科学出版社,1999年,第167页。

后世代相沿,从来没有被完全取消过。倭马亚王朝哈里发帝国(661～750年)奠都于大马士革,取而代之的是奠都于巴格达的阿拔斯王朝哈里发帝国(750～1258年),奠都于开罗的法蒂玛王朝哈里发帝国(909～1171年)是什叶派唯一重要的帝国。另一个倭马亚王朝哈里发帝国,奠都于西班牙的科尔多瓦,从929年继续到1031年。伊斯兰教最后的哈里发大帝国,是非阿拉伯人建立的,即奥斯曼土耳其人的奠都于君士坦丁堡的土耳其哈里发帝国(约1517～1924年)。1922年11月安哥拉大国民议会宣布土耳其为共和国,废除素丹兼哈里发穆罕默德六世,推选他的堂弟阿卜杜勒·麦吉德为哈里发,否认他的君主权。1924年3月,连哈里发的职位也被废除了。①

对于哈里发制度的演变,伊本·赫勒敦没有单纯地采用历时性视角进行解释,而是从历时性与共时性相结合的角度来解释哈里发制度的演变。伊本·赫勒敦从是否拥有王权以及哈里发是名义上的还是实质上的角度将哈里发制度划分为三个演变阶段:第一阶段是正统的哈里发政权时代,指艾布·伯克尔、欧麦尔、奥斯曼和阿里时代,这一时代对王权皆持否定态度,其所在的政权中没有王权的成分;第二阶段为哈里发政权与王权并存的时代,这个时代主要是指倭马亚王朝和阿拔斯王朝的中前期,此一阶段君主虽然保持了哈里发的名义,但实际上已经是一种王权;第三阶段是纯粹王权阶段。这一阶段主要是指阿拔斯王朝后期的东西方诸王朝,此一阶段,阿拉伯人的群体凝聚力完全丧失,阿拉伯人的政权落入非阿拉伯人手中,在形式上接受一位阿拉伯人出身的哈里发,实际上王权独立存在,哈里发分享不到王权。②

对于哈里发制度中存在的王权、群体凝聚力以及享乐等现象,伊本·赫勒敦借用先知穆罕默德对这些现象的辩证态度进行解释。伊

①〔美〕希提:《阿拉伯通史》(上册),马坚译,商务印书馆,1995年,第214～215页。

②Ibn Khaldun, An Introduction to History, Translated and introduced by Franz Rosenthal, Abridged and edited by N.J.Dawood,Princeton: Princeton University Press,2005,p.161～166.

本·赫勒敦认为,王权和宗教的兴起都离不开群体凝聚力。王权来源于群体凝聚力,是群体凝聚力发展的目标。群体凝聚力对穆斯林社区的建立和发展也是必要的, 群体凝聚力的存在有助于穆斯林社区成员履行真主在人间的代治使命。伊本·赫勒敦认为:对于群体凝聚力、王权以及享乐等现象,先知穆罕默德并未采用一刀切的办法,而是持辩证的观点。虽然穆罕默德谴责群体凝聚力和王权,但他谴责的是群体凝聚力和王权的负面作用, 如沉浸于现世的享乐之中而偏离真主的正道,引起穆斯林之间的纷争,破坏穆斯林的团结等,而对群体凝聚力和王权的积极作用并未否定。根据穆罕默德的观点,现世是走向来世的工具,离开了现世的工具也无法走向来世。现世的群体凝聚力和王权的合理使用,可以为民众获得正当的权益;穆罕默德虽然谴责享乐和人类的不满情绪,但他并未将其彻底根除,而是将其引导到正当和合理的范围内。因为如果人类的不满情绪彻底被根除,人类就失去了获取真理的一个助手,也就不可能有圣战的存在。穆罕默德谴责不满情绪是应受谴责的不满情绪,而对维护伊斯兰使命的不满情绪是表示赞赏的; 穆罕默德谴责人类欲望, 但是他并未根除人类的欲望,而是将欲望限制在可允许的范围内,限制在为公众利益服务的范围内, 目的是引导穆斯林成为真主的仆人, 愿意服从真主神圣的引导; 穆罕默德对群体凝聚力的谴责是对前伊斯兰时代对群体凝聚力的滥用, 而对将群体凝聚力运用到对伊斯兰神圣使命的追求上是表示肯定的;穆罕默德谴责王权,是谴责将王权运用到谋取个人利益和满足个人欲望上,而对将王权运用到为主道而战、运用到对真主的信仰上、运用到公众利益上的行为是表示肯定的。①

五、王朝发展周期论

在对文明结构的探讨上, 伊本·赫勒敦不仅探讨了文明的本质、

---

① Ibn Khaldun, An Introduction to History, Translated and introduced by Franz Rosenthal, Abridged and edited by N J.Dawood,Princeton: Princeton University Press,2005,p.161～166.

文明的基本形态以及文明发展的动力等文明的共时性结构，而且还研究了文明发展的历时性结构。伊本·赫勒敦对文明的历时性结构的研究主要集中在王朝的兴衰更替和历史发展周期上。

（一）王朝的发展周期

伊本·赫勒敦认为，每一个有生命的个人都有自身的生命发展周期。根据内科医生和占卜家的观点，个人的生命周期最多不超过120年。而根据研究者的研究，不同时代的人的生命周期是有差别的。总体来看，人的生命周期大部分在50、70、80年，在一些特殊情况下，会延续100年，生命周期在120年的是个别的情况。王朝的生命周期就像人的生命周期一样，会有自身的发展周期。王朝的生命周期的延续不超过三代，每代40年。①

第一代保持了农牧民族勇敢、刚毅和善于劫掠的品质，成员共享贫穷和荣耀，保持着良好的群体凝聚力。第二代由农牧文明转向定居文明，从满足生存需要转向了满足享受需要，从全体成员共享荣耀转变为一人独享荣耀，从桀骜不驯转向了俯首帖耳。群体凝聚力的活力在某种程度受到了冲击，民众习惯于唯命是从的生活。但是农牧文明的许多优秀品质仍然保持，因为第一代勇敢、刚毅和为荣耀而战的品质对第二代还或多或少地产生影响，他们不可能在短时间内将这些品质全部丧失。第三代，完全忘记了沙漠的艰苦生活和农牧民的优秀品质，好像这些从来没有发生过一样。因为王权的暴力统治，他们失去了获取荣耀的幸福感和群体凝聚力。生活奢侈到了极点，王朝成为了他们防御和安全的港湾，民众忘记了对自身的防御、保护和自我权力的争取，群体凝聚力完全丧失。他们表面上貌似繁荣，实际上已经处于外强中干的境地了。当临近的王朝向其提出不合理要求时，他们无力拒绝。统治者虽然也尽力挽回王朝衰亡的命运，但是已无力回

---

①Ibn Khaldun, An Introduction to History, Translated and introduced by Franz Rosenthal, Abridged and edited by N.J.Dawood, Princeton: Princeton University Press, 2005, p.136.

天。①旧王朝只能寿终正寝,让位于新的王朝。

新王朝代替旧王朝有两种途径:一个途径是地方统治者在中央王朝失去了对某一遥远区域的控制权的地区建立起自己的统治。新的小王朝的建立是以自己的家族和被保护人为基础,并由其子女或被保护人继承王位。随着其逐步走向繁荣和势力的不断扩大,会与统治王朝或其他小王朝相互争夺统治权,势力最强的小王朝最终会脱颖而出,接管统治王朝或其他小王朝,成为唯一的统治者。二是统治王朝的周边的民族或部落以反叛的方式代替原有王朝。周边民族或部落通过自身的努力,已经建立起强大的政权,拥有强有力的群体凝聚力,确信自身的实力已经优于走向衰败的和即将被代替的王朝,确信在其民众的帮助下,通过持久的战争,最终能够击败对方,从而继承对方的权力,取代对方。②当然,伊本·赫勒敦认为,新王朝取代旧王朝,并非一蹴而就,需要长期充分的准备和持久的战争,直至新王朝具备了取代旧王朝的足够的实力和群体凝聚力,并确定有一定胜算的把握才有可能。原因在于:一是消除民众对旧王朝的依赖心理和对新王朝的认可是一个长期和艰难的过程。因为旧王朝长期的统治,其施政策略和施政理念已经深深根植于民众的心里,在旧王朝的长期治理下,民众已经习惯于旧王朝的统治,他们推翻旧王朝的热忱低,社会变革的欲望不够强烈。这就为新王朝的建立带来了巨大障碍。因此,新王朝很难在短时期内在旧王朝的统治地区建立起自己的统治,需要有耐心和毅力,直至旧王朝衰落的迹象变得越来越明显,民众失去了对旧王朝的信任和信心,建立新王朝的热情高涨,此时才会有新王朝代替旧王朝的希望。二是由于旧王朝在民众中早已树立起自身的权威,有丰富的消费品供民众享用,通过税收等方式获得了稳定的财政收入来源,而且武器装备精良,显示出了皇家的气势。而新王朝

---

①Ibn Khaldun, An Introduction to History, Translated and introduced by Franz Rosenthal, Abridged and edited by N.J.Dawood, Princeton: Princeton University Press, 2005, p.136~138.

②Ibid, p.252~253.

的获取者缺乏这一切，他们拥有的只是沙漠的贫穷和游牧民族的品质,旧王朝良好的存在状态让他们有一种紧迫感和忧虑。所有这一切都给新王朝的建立带来巨大的威慑。因此,新王朝的获取者只能耐心等待时机,一旦旧王朝的财政陷入困境,群体凝聚力丧失,被衰弱的征兆紧紧缠绕的时候,新王朝的创建者会及时抓住这一时机,对旧王朝发动持续的攻击。最终,旧王朝寿终正寝,被新王朝所取代。①

伊本·赫勒敦认为,新王朝在新的环境下会经历五个独特的发展阶段:第一阶段是成功的阶段,所有反对者都被征服,王朝的开支主要来自于旧王朝。在这一阶段,受群体凝聚力的影响,统治者与民众共享荣誉、税收和财富,并提供军事保护。第二阶段是统治者完全控制民众的阶段。王权成为统治者的专利,排除异己,拒绝与别人分享。这一阶段统治者从其同一血统中赢得支持者,挫败与之不相关的其他人分享群体凝聚力和进入本团体,最后所有的权力都集中在其家族的手中,王室中的家族成员共享荣耀。由于追名逐利是人类的本性,因此到了第三阶段就属于享受王权阶段。新王朝的统治者征集和使用税收、调节收支、计划各项开支、建造高大的建筑物和巍峨的纪念碑并使城市变得宽阔、向外国使馆和部落的权贵赠送礼物、给自己的民众分配奖金,满足其追随者和侍从对于金钱和地位的合理需求,视察部队,并每月按时给士兵发放军饷,在检阅日,部队穿着统一的制服、配备优良的装备和铠甲以显君威。统治者以部队为后盾,对友好王朝以礼相遇,对敌对者用武力威慑。这一阶段是王朝权威巩固的最后阶段。第四阶段是和平和满足阶段。这一阶段的统治者意识到丢弃传统就是对自己权力最大的破坏,他更知道如何保护他们获得的荣耀。统治者满足于其前任建造的功业,统治者与王室成员生活在和平环境中,继承前任的传统,紧跟前任的步伐,仔细地模仿前任的治理模式。第五阶段是挥霍浪费阶段。这一阶段,统治者开始大肆挥霍先辈

①Ibn Khaldun, An Introduction to History, Translated and introduced by Franz Rosenthal, Abridged and edited by N.J.Dawood,Princeton: Princeton University Press,2005,p.253~254.

和自身积累下来的各种财富,启用了无能专横的幕僚掌管朝政,将以前的幕僚踢出朝政。前任幕僚对君主产生了敌意,拒绝支持其工作。统治者将军费用于自己的享乐上,失去了部队的支持。于是,祖先和自己建造的基业彻底被毁。这一阶段王朝得了难以治愈的痼疾,最终走向衰落。①

(二)王朝衰落的原因

在伊本·赫勒敦看来,王朝就像生命有机体一样,遵循自身的发展规律,王朝的衰落是不可避免的历史进程,根本无法治愈。②王朝的衰落是多重因素影响的结果,其中君主的专制统治、王朝的奢侈腐化以及群体凝聚力的丧失是导致王朝衰落的关键因素。

1.君主的专制统治是王朝衰落的政治原因

伊本·赫勒敦认为,君主是在最具优势群体凝聚力的部落中产生,正因为其处于养尊处优的地位,养成了其自傲和自私的不良品质,拒绝与别人分享荣耀与权力,并将大权独揽在一个人手中。在专制统治下,其他群体凝聚力的部落分享权力的愿望被削弱了,在此背景下民众变得驯服了,他们不再像以前一样分享君主的权力。如果君主的荣耀与民众共享时,民众因能够与君主分享荣耀而会竭尽全力保护君主。当君主实施专制将荣耀据为己有,严厉地对待民众,私吞财产时,民众就失去了追求荣耀的动力,他们也不愿意再保护自己的君主,民众的群体凝聚力失去了活力,王朝的群体凝聚力受到了削弱。这种现象可能发生在第一代君主的身上,也可能发生在第二代或第三代君主的身上,但是这是不可避免的历史进程,发生的迟早关键看其他部落群体凝聚力的力量和制约情况。③君主的专制统治具体表现为:独揽财政大权、严刑峻法、任用外人、大权旁落等,所有这一切

---

①Ibn Khaldun, An Introduction to History, Translated and introduced by Franz Rosenthal, Abridged and edited by N.J.Dawood,Princeton: Princeton University Press,2005,p.141~142.

②Ibid,p.242.

③Ibid,p.132、243.

都会破坏王朝统治的基础,民众生活在水深火热之中,长此以往王朝最终走向衰落。

关于君主独揽财政大权,伊本·赫勒敦指出,在王朝建立之初,君主为了增强其凝聚力和向心力会将王朝的财政收入与民众共享,君主拥有的财政收入只限于其急需的那一小部分。当君主的统治地位巩固后,君主就再也不愿意与民众共享财政收入了,民众分享财政收入的比例会大幅缩减,因为统治者认为他们对王朝的作用不如以前重要。随着王朝的逐步繁荣,王朝的财富增加,国库充盈,君主的权力也急剧膨胀,此时君主会独揽财政大权,他不再将财政收入的重点放在与民众共享上了,而是将其放在了王朝统治群体的分享以及一些重要工程项目的建设上。[1]君主对财政大权的独揽,并且将财政收入用于统治群体的共享以及大兴土木的结果就是失去民心,会引起民众的敌意和反抗,会动摇其统治基础。

关于严刑峻法,伊本·赫勒敦指出,君主的严刑峻法不利于王朝的统治,甚至会使王朝遭到毁坏。君主的取信于民不在于王朝拥有多庞大的官僚组织和暴力机构,也不在于君主英俊的外表、渊博的知识以及敏锐的思维等外在的东西,而在于如何协调与臣民之间的良好关系,如何给臣民带来实实在在的利益。君主如果与臣民之间关系融洽,并且想方设法满足臣民合理的利益诉求,这会有利于利于统治地位的巩固。反之,则会动摇王朝的统治地位。[2]

关于任用外人,伊本·赫勒敦指出,君主最初只有依靠血缘亲情和准血缘亲情的帮助才能获得统治权,君主最初也只有依靠他们才能对抗王朝的反叛者。原因在于血缘亲情会对君主统治权的获得给予鼎力相助,而陌生人或局外人却不能。当然,能够给予君主鼎力相助的除了血缘亲情外,被保护人、奴隶和同盟虽然没有共同血缘的形

①Ibn Khaldun, An Introduction to History, Translated and introduced by Franz Rosenthal, Abridged and edited by N.J.Dawood,Princeton: Princeton University Press,2005,p.235.

②Ibid,p.152.

式,却能够结出共同血缘的果实来,也能够履行共同血缘的功能。除此之外,长期友好交往的同伴和患难之交也会履行共同血缘的功能。君主正是依靠自然来源的血缘亲情和想象成分的血缘亲情建立起强大的凝聚力,才得以建立起王朝和获得统治权的。君主获得统治权后,任用血缘亲情和准血缘亲情的成员担任王朝的各种官职,参与王朝的各种重要事务,共同履行王朝的统治职能。这在王朝的第一阶段表现尤为突出。①但是到了王朝发展的第二阶段,君主曾经任用的血缘亲情和准血缘亲情的成员以君主的亲信自居,养成了专横跋扈和骄纵淫欲的不良品质,君主担心长此以往不利于王朝的统治,更担心曾经任用的人会篡夺自身的权力,于是君主想方设法将其踢出朝政。结果,曾经任用的血缘亲情和准血缘亲情的成员成为君主的敌人。为了防止他们夺权,君主就启用本群体以外的成员协助君主治理朝政。君主赋予他们高官厚禄,对他们倍加信任。这些外人也愿意为君主赴汤蹈火,愿意帮助君主阻止以前的亲信重新夺取权力。君主对外人的任用,使得君主曾经在血缘亲情和准血缘亲情的成员中建立起来的群体凝聚力消耗殆尽,他们对包括君主在内的统治群体产生了敌意,伺机推翻君主的统治。同时,君主任用的外人在感情和心理上也存在隔阂,他们表面上服从君主的统治,实际上也伺机觊觎王权。王朝因此处于风雨缥缈之中,没有重新挽救的希望,过去数代积累起来的失误最终颠覆了王朝的统治地位。②

　　关于大权旁落,伊本·赫勒敦指出,在一个王朝中,当王权被一个家族垄断,由家族成员轮流继承王位,特别是这个家族中年幼的孩子或无能的成员继承王位时,常常会出现大权落于其监护人或其父亲的宰相等人的手中,由这些人来操纵王权,即所谓的大权旁落现象。大权旁落之后,王权的操纵者会想方设法让君主沉浸在享乐之中而

---

　　①Ibn Khaldun,An Introduction to History,Translated and introduced by Franz Rosenthal,Abridged and edited by N. J. Dawood,Princeton: Princeton University Press,2005,p.146～147.

　　②Ibid,p.147～149.

不理朝政,君主没有实质性的权力,其能够拥有的只有虚位、陛下的称呼以及后宫的宫女和礼节性的外交。而实权掌握在其监护人或其父亲的宰相等人的手中,由他们来行使军权、财政权、边界防卫权等应该属于年幼君主行使的权力。大权旁落之后,年幼的拥有虚位的君主由于受制于人,没有实权,他们一般都会沉湎于享乐之中,忘记了男子汉的气概,习惯于被别人惯养和操纵而自身却不习惯于控制权力。这是大权旁落之后的一种普遍现象,很少能够脱离这个怪圈。而掌握实权的人却独断专行,滥用权力。伊本·赫勒敦认为,大权旁落是王朝的痼疾,很少能够治愈。①而大权旁落的结果往往会造成朝政的动荡,甚至战争的发生,最终将王朝推向灭亡的深渊。

2.王朝的奢侈腐化是王朝衰落的经济原因

伊本·赫勒敦认为,王朝最初还保持着农牧文明的品质,对下属和蔼可亲,有计划的消费,尊重民众的财产权,避免采用奸诈的手段向民众征收繁重的税收,此时还没有开始过奢侈的生活。②当一个王朝处于繁荣和发展的阶段时,民众开始习惯于从简朴的生活转向安逸享乐的生活。他们效仿其前辈们的奢侈习惯,沉浸在对衣食、家居以及日用品的享乐之中。他们建造城堡和园林,安装供水系统。他们以美味佳肴、华丽的服饰和漂亮的坐骑为荣,并在这方面与其他王朝竞争。新生代希望在享乐方面继续超过前辈。王朝统治的领域越大,人们的奢侈之风就愈强烈。③当一个王朝持续的沉浸在奢侈和享乐之中时,王朝会逐步走向衰落。原因在于,统治者奢侈之风的持续增长,会激发其横征暴敛、与民争利以及加重劳役的欲望并且付诸行动。民众奢侈欲望的不断增加,会使民众的道德滑坡,引发对王朝统治者的不满情绪。长此以往,会动摇王朝的统治基础,最终使王朝走向衰落。

①Ibn Khaldun, An Introduction to History, Translated and introduced by Franz Rosenthal, Abridged and edited by N.J.Dawood,Princeton: Princeton University Press,2005,p.149~150.

②Ibid,p.248.

③Ibid,p.133.

伊本·赫勒敦指出，王朝的财政收入的增加主要来自于税收，如果税收的征收采用公平原则，生产者和经营者的投资会因此而获益，生产者和经营者的积极性会被充分调动起来，王朝的税收收入才会增加。①相反，如果统治者为了满足其奢侈需要，破坏了税收征收的公平原则，想方设法增加税收的数量和品种，就会使民众的负担加重，损害经营者正常的经营活动，长此以往会败坏王朝统治的基础。伊本·赫勒敦指出，遵循伊斯兰教教法进行管理的王朝，王朝的税收在教法的合理范围内征收，税种主要有慈善税、土地税和人头税。当王朝处于农牧文明时期，保持了农牧民族节俭的品质，王朝成员的消费仅限于生活必需品，很少消费奢侈品，王朝的消费和各项开支的数目小，税收征收的数目小，种类少。此时，王朝的税收收入不但能够满足王朝消费的需要，而且还有大量结余。但是当王朝由农牧文明进入定居文明后，农牧文明的优秀品质丧失了，逐渐养成了奢侈的习惯，王朝成员沉浸在奢侈和享乐之中。奢侈习惯的养成使王朝的各项消费开支增加，以往税收的数目和品种不能完全满足王朝各项开支的需要，王朝陷入了财政困境，需要增加税收的数量以及发明新的税种，民众的税收负担因此而加重。特别是当王朝的税收负担增加到丧失公平、各类经营者的利润小于税收的数量时，经营者就会处于无利可图的境地，被迫放弃经营，文明遭到毁坏。如就商业税而言，由于王朝奢侈的需要，开始根据市场上商品的交易价格和进口货物的数量和种类征收商业税，而且随着王朝开支的不断增加，商业税的征税比例会越来越高，最终使商人的商业利润预期遭到了极大的破坏，商业因此走向衰微。同时，统治者的横征暴敛不但会激起纳税者的强烈反抗，也会造成税收征缴者之间为了利益的争夺而引发矛盾和冲突，还会造成统治者群体凝聚力的丧失。②所有这一切都会影响王朝的繁荣

---

①Ibn Khaldun, An Introduction to History, Translated and introduced by Franz Rosenthal, Abridged and edited by N.J.Dawood, Princeton: Princeton University Press, 2005, p.234.
②Ibid, p 248~249.

稳定和持续发展。

统治者奢侈之风的持续增长会导致统治者会以与民争利的方式满足其奢侈的需要,结果会使一些行业的正常发展遭到重创,影响王朝的持久繁荣。主要表现为:统治者会依靠其权势介入到农业和商业的经营活动中。统治者发现商人和农夫通过自身的投资获得了巨大的收益和财产。于是统治者购买牲畜、田地从事农业生产,根据市场价格的波动进行商业活动,希望能够借此获利,增加收入;统治者还会通过贱卖贵买的方式与民争利,他们依靠自身的权势以最低的价格获得农产品和其他商品,然后再强迫农夫和商人以高价买回。统治者与民争利,会使农夫和商人手中的流动资金逐步减少,向农业和商业的投资减少。如此反复,会迫使农民退出生产领域,商人退出商业经营,从而会使商业和农业的发展遭到重创,王朝的财政结构遭到破坏。由于王朝的财政收入有很大一部分来自于农夫和商人的税收,农夫和商人退出农业和商业领域,王朝从这些行业获得的税收减少。[①]由于文明的存续和商业的繁荣离不开生产者和经营者在利益和利润的趋势下从事的各种生产和经营活动,当生产者和经营者的生产和经营活动遇到了不公正的社会环境,致使其不能很好地满足生存和获利需要的时候,生产者和经营者的生产和经营活动就会失去动力,王朝会因此受到毁坏。[②]

随着统治者的奢侈之风的增长,为了满足其奢侈的需要,统治者还会通过加重劳役的方式满足其奢侈的需要。伊本·赫勒敦认为,统治者无偿的强迫民众服劳役是一种极大的不公正行为,会使文明遭到破坏。因为劳动力是一种资本,通过劳动能够获取巨大的财富和利润。如果强迫民众从事与其生产、生活以及利润不相关的劳动,民众劳动的动力就会丧失,同样会毁坏文明,动摇王朝的统治基础。[③]

①Ibn Khaldun, An Introduction to History, Translated and introduced by Franz Rosenthal, Abridged and edited by N.J.Dawood, Princeton: Princeton University Press, 2005, p.232～234.

②Ibid, p.238.

③Ibid, p.24.

除了统治者的奢侈腐化会腐蚀王朝的正常肌体外，民众的过度享乐也会败坏王朝的统治基础。原因在于：民众的过度享乐也会造成民众的入不敷出，造成民众无力支付税收和战争费用。当统治者用强迫手段征收各种税费时，就会造成官民关系的极度紧张。民众会因此将自己的贫困归咎于统治者身上，结果会削弱王朝的统治。同时，民众的过度享乐会使道德滑坡，农牧文明中所具有的优良品质丧失，在沙漠中的劫掠和征服活力丧失，部队的战斗力会因此削弱，还会使民众的灵魂深处浸染各种恶的习俗。而这一切都是王朝衰落的征兆。[①]

当然，伊本·赫勒敦并非对奢侈采用了全然否定的态度，而是采用了辩证的态度，除了对奢侈的负面作用进行论述外，对奢侈的积极作用也给予肯定。伊本·赫勒敦认为，奢侈起初会增强王朝的实力。当一个农牧部落获得王权并享受奢侈生活时，人口会迅速增长。人口增长来源于两方面，一方面是农牧部落会生很多孩子。另一方面，会有许多被保护人和随从加入。人口的增长会使王朝逐步走向繁荣。[②]

3.群体凝聚力的丧失是王朝衰落的精神因素

伊本·赫勒敦认为，王朝的建立离不开群体凝聚力，而且需要有一个占优势的群体凝聚力将其他群体凝聚力聚合在一起，这个占优势的群体凝聚力就是统治者自身的家族和部落群体凝聚力。当统治者依靠家族和部落的群体凝聚力将王朝建立起来以后，家族和部落的一部分成员成为了统治者的皇亲国戚，他们与统治者一道分享权力和王朝的荣华富贵。长此以往，统治者担心皇亲国戚会影响自己的统治地位。于是统治者运用自己手中的权力通过杀戮、剥夺财产等方式来削弱皇亲国戚的势力，统治者因此拥有的群体凝聚力就遭到了毁灭。取而代之的是被保护人和随从，但是这种新的群体凝聚力由于缺乏血缘关系而没有之前的群体凝聚力更具吸引力。加之被保护者

---

①Ibn Khaldun, An Introduction to History, Translated and introduced by Franz Rosenthal, Abridged and edited by N.J Dawood, Princeton: Princeton University Press, 2005, p.133～136.

②Ibid, p.140.

和随从进入王朝后继续沉浸于奢侈与享乐之中，并且运用手中的权力继续大肆杀戮皇亲国戚,结果统治者拥有的群体凝聚力彻底丧失。王朝只能求助于军队的保护,但是王朝拥有的军队数量有限,边远地区无暇顾及,所以边远地区的防御处于薄弱环节。于是,曾经遭到迫害的皇亲国戚在这些薄弱地区建立起自己的小王朝。结果统一的王朝被分裂为几个王朝。原有王朝的势力范围越来越小,加之内部的奢侈之风继续盛行,最终逃不脱灭亡的命运。①当然,统治者群体凝聚力的丧失不仅限于此,如前所述,统治者的专制统治和奢侈腐化同样会削弱其群体凝聚力,最终将王朝推向衰落的边缘。

综上所述,君主的专制统治、王朝的腐化堕落以及群体凝聚力的削弱甚至丧失是王朝走向衰落最主要的原因, 这些因素持续发酵的结果是君主的统治失去了民心、失去了精神动力,王朝的统治自然处于风雨缥缈之中,最终只有衰落的命运。王朝衰落后,王朝成员仍然沉浸于享乐、安逸和腐化糜烂的生活,游牧民族那种坚韧和勇敢的品质和反叛精神以及强烈的竞争意识丧失殆尽, 取而代之的是一味的唯唯诺诺和盲目的服从。王朝的军队也逃脱不了同样的命运,士兵失去了作战勇气,变得懦弱和不堪一击;曾经在王朝中被君主视为对其权力造成潜在威胁的部分皇室成员,因为担心自己的安全,躲藏在帝国边远的地区,不断积聚力量,势力范围不断扩大,并且建立起了能够与统治王朝分庭抗礼的几个小王朝, 统治王朝的势力范围因此而不断缩小;由于周边小王朝的纷纷建立,王朝统治者为了镇压和安抚周边小王朝耗费掉一大批财政收入, 周边小王朝独立后分割了统治王朝的一部分财政收入,以及王朝成员的大肆敛财等原因,使统治王朝的财政收入捉襟见肘,陷入财政危机;由于战乱使部分民众失去了赖以生存的土地, 由于统治者的横征暴敛以及与民争利使得民众变得愈发贫困,加之自然灾害的频发,粮食价格的逐年上涨,民众的生

---

①Ibn Khaldun, An Introduction to History, Translated and introduced by Franz Rosenthal, Abridged and edited by N.J.Dawood,Princeton: Princeton University Press,2005,p.246～247.

产状况逐年恶化,民众可以食用的粮食、水果以及牛奶等生活用品越来越少,结果饥馑在王朝开始大幅蔓延;由于不断的战乱、流血冲突以及饥馑的大幅蔓延,瘟疫开始到处肆虐。面对统治王朝奄奄一息的境地,周边的一个小王朝或几个小王朝联合起来趁机推翻统治统治王朝,至此,原有王朝寿终正寝。①

伊本·赫勒敦认为,王朝走向衰落并最终被新的王朝所取代是无法避免的历史进程。虽然旧王朝的统治者试图对其军队、财政以及统治体制等重新调整,希冀能够有一个合理的政策来平衡预算、给养军队、保护行政区域、合理分配税收,从而使王朝能够回到衰落前的状态,但收效甚微,除非有一个新的王朝和新的帝国的建立,以采用新的统治策略。②虽然许多有远见卓识的政治家意识到了王朝衰落的征兆,并且研究了王朝走向衰落的原因,认为这是前任王朝的失误和疏忽造成的,并且试图采取多项措施来修复和延缓王朝的衰落,但这一切都会无济于事。因为习惯就像人的第二重天性,统治群体一旦养成了穿金戴银等奢侈生活习惯时,很难让其返回到简朴的生活中去。同理,处于衰落境地的王朝也很难让其返老还童。虽然有时候王朝在衰落之前会出现某种力量,似乎能够使王朝东山再起,但实际上这只是回光返照,并不能改变王朝衰落的历史进程。③

六、评价与思考

伊本·赫勒敦的政治理论并未停留于一种抽象的"至善"理念上,也未停留于对"神圣原型"的追求上,而是通过对具体王朝的兴衰更替和发展周期中来探讨王朝的运行机制。伊本·赫勒敦比意大利的政治思想家马基雅维利早一个多世纪开始研究王权、王朝、统治者的品

---

①Ibn Khaldun, An Introduction to History, Translated and introduced by Franz Rosenthal, Abridged and edited by N J.Dawood,Princeton: Princeton University Press,2005,p.244～256.

②Ibid,p. 250～251.

③Ibid,p.245～246.

质等政治议题。伊本·赫勒敦的政治理论除了对其所处时代前后王朝运行机制和兴衰成败的合理总结，而且许多观点对当代社会的发展也有一定的启迪，如其关于王朝的专制统治、过度的奢侈腐化会造成王朝群体凝聚力的丧失以及王朝的衰落无疑对当代社会具有警示作用。

伊本·赫勒敦政治理论中的许多观点与中西思想家的相关观点都具有相通之处。如伊本·赫勒敦关于"人在本性上要过集体的和社会的的生活"的观点与恩格斯的相关观点具有相通之处，恩格斯在《家庭、私有制和国家的起源》中谈到："为了在发展过程中脱离动物状态，实现自然界的最伟大的进步，还需要一种因素：以群的联合力量和集体行动来弥补个体自卫能力的不足。"①伊本·赫勒敦关于统治者的群体凝聚力在社会组织运行中巨大作用的论述与马克思的相关观点具有相通之处，二者都认识到了在一个社会组织中，占主导地位的价值观和信仰是占支配地位的阶级或集团所倡导的价值观和信仰，占支配地位的阶级或集团通过对本群体成员心理结构的影响，来为本群体成员的行为编制精神程序，使群体成员形成一致的价值观和信仰，并用此来调整群体成员的行为，从而实现社会秩序的整合。马克思说："那些没有精神生产资料的人的思想，一般的是受统治阶级支配的。……占统治地位的将是愈来愈抽象的思想，即愈来愈具有普遍性形式的思想。事情是这样的，每一个企图代替旧统治阶级的地位的新阶级，就是为了达到自己的目的而不得不把自己的利益说成是社会全体成员的共同利益，抽象地讲，就是赋予自己的思想以普遍性的形式，把它们描绘成唯一合理的、有普遍意义的思想。"②伊本·赫勒敦将王朝划分为部落王朝、理性王朝和神授王朝的三分法与马克斯·韦伯关于国家类型的划分具有相近之处，马克斯·韦伯从权力的合法性角度将国家区分为传统的、神授的、理性的三种类型。伊本·赫

①《马克思恩格斯选集》（第4卷），人民出版社，1972年，第29页。
②《马克思恩格斯全集》（第3卷），人民出版社，1960年，第52～54页。

勒敦关于为政者推行"仁政",实施善治则有利于增强王朝的群体凝聚力,有利于王朝的治理的观点与《论语》的相关观点具有相通之处。《论语》曰:"上好礼,则民莫敢不敬;上好义,则民莫敢不服;上好信,则民莫敢不用情。夫如是,则四方之民襁负其子而至矣。"《论语·子路》)伊本·赫勒敦关于"王朝生命周期的延续不超过三代,每代40年,并且往复循环"的观点与《史记》中的相关观点具有相似性,《史记·高祖本纪》曰:"三王之道若循环,周而复始。"伊本·赫勒敦关于王朝的兴衰更替以及发展周期的许多论述与中国近代思想家黄炎培的许多论述也有一定的相近之处。伊本·赫勒敦关于"王朝初期为政者保持了农牧民族的优秀品质,而王权巩固后就逐渐的转入专制腐化,最终导致王朝的衰落而无法挽救"的观点与黄炎培的相关观点非常接近,黄炎培说:"大凡初时聚精会神,没有一事不用心,没有一人不卖力,也许那时艰难困苦,只有从万死中觅取一生。继而环境渐渐好转了,精神也就渐渐放下了。有的因为历时长久,自然地惰性发作,由少数演为多数,到风气养成,虽有大力,无法扭转,并且无法补救。"①伊本·赫勒敦关于"王朝就像生命有机体一样,遵循自身的发展规律,王朝的衰落是不可避免的历史进程,根本无法治愈"的观点与黄炎培关于"其兴也勃焉,其亡也忽焉,无法跳出周期律支配"②的观点具有相似之处。

---

①黄炎培:《八十年来》,文史资料出版社,1982年,第148页。
②黄炎培:《八十年来》,文史资料出版社,1982年,第148页。

第七章　伊本·赫勒敦的城市理论

　　城市是由氏族村落发展而来的，并且突破了氏族村落的生存状态和生活方式。正如当代美国著名的城市理论家刘易斯·芒福德所言："城市突破了乡村文化那种极度俭省的自给自足方式和睡意蒙眬的自我陶醉。城市在使边远地区的人们来到大河流域的同时，也向那些过去过游牧生活的民族提供了经久性的聚会地点，同时又向那些长期定居生活的人们以'外域'经验提出挑战。"①与氏族村落相比，城市具有氏族村落所不能够具备的强大权力、军事控制能力、圣祠、行政管理区、城墙、手工业区、市场、街道、文字等要素；与氏族村落相比，城市是一个聚合异质性要素的容器，城市能够使不同种族的世系、不同的文化、不同的技术传统、不同的语言等异质性要素聚集在一起，能够为这些异质性要素的相互交流融合提供场所，也能够为这些异质性要素在相互交流融合的基础上创新发展提供便利。正如刘易斯·芒福德所言："城市是一种贮存信息和传输信息的特殊容器。"②与氏族村落相比，城市具有氏族村落所不具有的各种创造力，并且能够创造出诸如金字塔、城墙、大型水利工程等各种物质性的建筑物和

---

　　①〔美〕刘易斯·芒福德：《城市发展史：起源、演变和前景》，宋俊岭等译，中国建筑工业出版社，2005 年，第 103 页。

　　②〔美〕刘易斯·芒福德：《城市发展史：起源、演变和前景》，宋俊岭等译，中国建筑工业出版社，2005 年，第 106 页。

巨大的物质财富,城市也能够创造出各种复杂的管理体制、文化等精神性要素。正如科特金所言:"城市表达和释放着人类的创造性欲望。"①总而言之,城市以其巨大的创造力不断的缔造和改造着人类自身,为人类的发展和享受需要提供各种便利。正如德国思想家斯宾格勒所言:"人类所有的伟大文化,都是由城市产生的。第二代优秀人类,是擅长建造城市的动物。这就是世界史的实际标准……世界史就是人类的城市时代史。国家、政府、政治、宗教等,无不是从人类生存的这一基本形式——城市——中发展起来并附着其上的。"②也就是说,城市是人类文明的综合体。正因为城市在人类文明发展中具有如此重要的地位,古今的学者都热衷于城市的研究,涌现出以滕尼斯、迪尔凯姆、齐美尔以及韦伯为代表的欧洲传统城市社会学派,以帕克、伯吉斯、麦肯齐为代表的芝加哥人类生态学派,以卡斯泰尔和哈维为代表的新马克思主义学派,以雷克斯和保罗为代表的城市管理主义学派等。这些近现代西方城市理论研究的学派从各自的研究视角出发,对城市的发展和管理提出了各自不同的理论,希冀通过自身的研究为城市的良性发展提供以资借鉴的经验。而早于西方近现代城市研究学派几个世纪之前的中世纪伊斯兰世界的伊本·赫勒敦已经开始对城市展开研究,并且提出了许多在至今看来还具有重要学术价值的观点。伊本·赫勒敦对城市的研究主要以伊斯兰世界的城市为考察点,中世纪伊斯兰世界的城市发展已经具有相当的规模和发展水平,正如一位学者所指出的那样:在新宗教引进的三个世纪内,在伊斯兰的土地上,城市化达到其最高点。③从伊拉克的旅行家伊本·哈瓦克以及摩洛哥的旅行家伊本·白图泰对福斯塔特和开罗两座城市繁荣程度的描述,我们可以窥豹一斑。伊本·哈瓦克对福斯塔特的繁

①〔美〕乔尔·科特金:《全球城市史》,王旭等译,社会科学文献出版社,2006 年,第 3 页。

②〔美〕帕克·伯吉斯等:《城市社会学》,宋俊岭等译,华夏出版社,1987 年,第 3 页。

③Nezar A Lsayyad,Cities and Caliphs,On the Genesis of Arab Mulsim Urbanism. New York,1999,P.4.

荣景象是这样描述的:"福斯塔特是一个非常美丽的城市,面积是巴格达的1/3,其延伸超过4公里,人口稠密、物产丰饶。城市有其著名的和令人愉快的特性。它的各个区拥有巨大宽敞的空间,庞大的市场,令人留恋的商业中心,宽敞的私人地产,难以描述的辉煌外表,令人欢快的氛围,鲜花盛开的花园和一年四季常青的公园。福斯塔特在每一个方面都是一个都市,它是政府的所在地,它是马格里布和阿拉伯领土的交汇处,它使巴格达黯然失色,它是伊斯兰世界辉煌的商业中心。它比巴格达宏伟,是东方的中心。"摩洛哥的旅行家伊本·白图泰对开罗的繁荣程度是这样描述的:"(开罗)居民势如潮涌,几难尽容;真是人山人海,除了中国的汉八里(北京)外,可算是世界上最大的都市了;(开罗)地区辽阔、物产丰饶、商旅辐凑、房舍栉比,而且极为富丽。"①除此之外,南宋的地理学家赵汝适在《诸蕃志》中对开罗的繁荣景象也进行了记载:"(开罗)街阔五丈余,就中凿二丈深四尺,以备骆驼马牛驮负货物,左右铺青黑石板,尤为精致,以便往来,市肆喧哗,金银绞绵之类种种萃聚,工匠技术咸精其能。"②中世纪伊斯兰世界城市的兴起和发展为伊本·赫勒敦的城市理论提供了重要素材,伊本·赫勒敦正是以中世纪伊斯兰世界的城市为主要蓝本,兼及中国和印度等国家的城市来论述城市的兴衰规律。

一、城市的起源

关于城市的起源,目前学术界比较流行的观点有以下几种:一是城市由村庄演化而来,是原始社会发展到一定阶段的产物,是人类满足享受需要的必然产物。如刘易斯·芒福德认为:村庄形式礼俗完美但能力有限,因而只有人口数量的增加无论如何也不会使村庄变为城市。这种发展变化须待一种外来挑战将村庄生活急骤扭转,使之脱离以饮食和生育为宗旨的轨道,去追求一种比生存更高的目

---

①沈福伟:《中国与非洲——中非关系二千年》,中华书局,1990年,第248、250页。
②沈福伟:《中国与非洲——中非关系二千年》,中华书局,1990年,第250页。

的。①杨宽认为：在国家产生以前的原始社会里，氏族部落已逐渐采用壕沟或围墙作为保护安全的措施，整个村落也已有一定的布局。这就是城市的萌芽，也可以说是都城的起源。②二是城市与文明相伴而生，且以农牧文明为基础，城市首先出现于最适宜于农牧业发展的两河流域、尼罗河流域、印度河流域和黄河流域。如张承安认为：城市与文明时代几乎是同时出现的。③三是城市与国家同时产生。如有人认为城市是阶级社会的产物，城市和阶级社会、国家的出现是同时的，并随着阶级斗争、生产斗争的发展而发展。④对于城市的起源，伊本·赫勒敦以中世纪伊斯兰世界城市的兴起为蓝本，提出了既有城市起源共性，又有伊斯兰世界城市起源特色的城市起源理论。

首先，城市是农牧文明发展的必然结果，是人类由满足生存需要向满足享乐需要转变的必然产物。城市的出现并非偶然现象，而是农牧文明发展的必然产物，是农牧文明在发展过程中一些新因素的介入使原有的农牧文明发生了全面的变革，出现了一些新的组合，从而使农牧文明原有的实体的性质发生了根本性的变化。当然，在变革和组合过程中，农牧文明的原有的一些要素可能会被保留下来，与城市中的一些新的要素重新组合，成为比村庄更为复杂的形式，这种形式推动了村庄农牧文明向城市文明的过渡，也推动了城市的进一步发展。伊本·赫勒敦就认为，农牧文明是城市文明的基础，农牧文明向城市文明过渡中介入的新因素就是人类的享乐需要和欲望驱使。伊本·赫勒敦认为，农牧文明仅能够满足人类的生存需要，但是人类并非仅满足于生存需要，随着人类欲望的发展，当生存需要满足后，人类需要过享乐的生活，为此能够为人类提供享乐需要的城市随之出现。伊

①〔美〕刘易斯·芒福德：《城市发展史：起源、演变和前景》，宋俊岭等译，中国建筑工业出版社，2005年，第31页。

②杨宽：《中国古代都城制度史研究》，上海古籍出版社，1993年，第10页。

③张承安：《城市发展史》，武汉大学出版社，1985年，第3页。

④同济大学城市规划教研室：《中国城市建设史》，中国建筑工业出版社，1982年，第4页。

本·赫勒敦说：城市文明是继农牧文明之后的文明形态，城市的规划和建造是为了满足市民享乐和安逸的需要。城市的各种建筑物并非人类生活的必需品，从某种意义上说，城市的出现是人类欲望驱使的必然结果。[①]

其次，城市是王朝的必然产物，王朝先于城市而存在。[②]伊本·赫勒敦认为：王朝的统治者必须拥有城市存在两个原因：第一个原因，王朝一旦获胜，开始由游牧文明走向城市文明时，就希望获得和平和安逸的生活，希望城市能够提供农牧文明所缺乏的各种文明成果。第二个原因，为了防止敌对势力的侵袭和骚扰，需要建立或夺取城市。如果在敌对势力范围内已经有城市存在，必须加以夺取或控制，以免落入敌对势力之手，成为他们进行反击的基地。如果尚无城市，则必须建立新的城市，便于统治者进行统治，借此震慑敌对势力。由于城市易守难攻，用比较少的士兵凭借城墙就能够抵御敌对势力更多的士兵。因此，一个王朝需要控制城市，威慑那些觊觎王权的敌对势力，而不能让城市落入他们手中，构成对王朝的威胁。[③]

再次，城市是农牧文明向城市文明转变的必然产物。伊本·赫勒敦认为：农牧民起初不适宜在城市中生存，原因在于农牧民的收入低，没有积累更多的财富，他们在沙漠中获得的收入仅够维持其基本的生活需要。而城市人口众多，对奢侈品的需求旺盛，享乐成为居民的生活习惯，奢侈品成为了居民的生活必需品。除此之外，由于统治者税收的增加以及居民消费观念转变等原因，奢侈品、生活必需品以及劳动力的价格都会随之上涨。在此种背景下，为了维持自身及家庭的基本生活消费，需要一大笔钱。因此，农牧民很难在城市中生存。但是由于羞辱感和竞争心态的驱使，农牧民也向往城市生活，他们通过

---

①Ibn Khaldun, An Introduction to History, Translated and introduced by Franz Rosenthal, Abridged and edited by N.J.Dawood, Princeton: Princeton University Press, 2005, p.263.

②Ibid.

③Ibid, p.264~265.

个人的努力,利用自己的智慧和勤劳不断地积累财富,当财富的积累达到城市居民享乐和安逸的需要时,他们会毫不犹豫地融入城市,开始过城市生活。由此,农牧文明开始向城市文明转变。[1]伊本·赫勒敦关于农牧民对市民生活的向往以及由农牧民向市民转变的认识与当代一些学者的认识有一些类似的地方,如有的学者就提出:是波斯人、叙利亚人和埃及人的生活方式吸引着阿拉伯人。阿拉伯人很快发现,这些异族的习俗和制度确实优越于自己的祖先……通婚和模仿促使阿拉伯人屈服于异族文明的影响,异族风格的食物、衣着和装饰充斥于他们的生活。[2]

二、城市的选址与规划

伊本·赫勒敦认为:由于城市的建造是为了居住、享乐和安逸的需要,因此城市的选址和规划需要考虑多种因素。[3]总体而言,城市需要建立在气候温和和环境适宜的地区。[4]具体而言,城市的选址与规划需要考虑防御、健康、卫生、方便等多种需要。

首先,城市是王朝安全网络上的一个重要枢纽,是军事防御的要塞和进攻的基地。正因为如此,伊本·赫勒敦认为,为了防御的需要,城市在选址和规划时,应该将所有的住宅都规划在城墙以内,而且城市的位置应该规划在崎岖的小山顶,或者四面环海,或者在河流环抱的地方等敌人难以接近的地方。

其次,为了健康和卫生的需要,城市应该规划在远离疾病传染和空气新鲜的地方。如果城市规划和建造在臭水潭、死水塘以及沼泽等空气和水源污浊的地方,就容易爆发和传染流行病。

---

①Ibn Khaldun,An Introduction to History,Translated and introduced by Franz Rosenthal, Abridged and edited by N.J.Dawood,Princeton: Princeton University Press,2005, p.278~279.

②A shtor E,A Socia and Economic History of the Near East in the Middle Ages,Berkeley, 1976,p.20~21.

③Ibn Khaldun,An Introduction to History,Translated and introduced by Franz Rosenthal, Abridged and edited by N.J.Dawood,Princeton: Princeton University Press,2005, p.267.

④Ibid, p.263.

再次，城市应该规划和建造在便于居民生活的地方。如为了方便用水，城市应规划和建造在河边和泉水附近，这样可以为居民提供卫生的水源。为了居民放牧的便利，城市应规划和建造在靠近优良牧场的地方。为了居民发展农业的需要，城市应规划和建造在靠近肥沃农田的地方。为了便于居民获得燃料和木材，城市应规划和建造在靠近森林的地方。为了方便居民的对外贸易，城市应规划和建造在靠近海边的地方。

但是，伊本·赫勒敦认为，城市的规划和建筑虽然从理念上讲需要综合考虑，择优而从。然而由于各种因素和条件的限制，城市规划在实践中并非能够与城市规划的理念相一致，并非所有城市的建筑和规划都能够通盘考虑。如阿拉伯人在伊斯兰教兴起时，在城市的选址和建造只考虑适合其骆驼饲养的牧场、林木和半碱水的地方，并且靠近沙漠和商道，却没有考虑居民的用水、植物的栽培以及羊等其他动物的饲养。因此，阿拉伯人建造的建筑物，除了少数以外，很多都废弃了。①

城市的选址与规划，是一种主观与客观相结合的活动，选址与规划的目的是为了自然环境与人文环境的相匹配和协调。对于城市的选址与规划，伊本·赫勒敦表面上是从气候、空气、水源等地理环境的因素来论述城市的选址，而实质上却暗含了城市选址中对人的重视，即城市选址要方便市民的生活、健康、卫生和安全等方面的需要。也就是说，伊本·赫勒敦在城市选址问题上已经开始考虑城市选址中以人为主体的"人地关系"的和谐因素了，这与中国古代城市选址中的"天时、地利、人和"的自然哲学思想不谋而合；伊本·赫勒敦关于城市应该规划在远离疾病传染空气新鲜的地方、应规划和建造在河边和泉水附近、应规划和建造在靠近森林的地方、应规划和建造在靠近肥沃农田和优良牧场的地方等观点，已经或多或少的触及到了现代所

①Ibn Khaldun, An Introduction to History, Translated and introduced by Franz Rosenthal, Abridged and edited by N.J.Dawood,Princeton: Princeton University Press,2005,p.267～268.

讲的城市生态安全问题的内容了；伊本·赫勒敦关于城市选址与规划的一些观点与中国古代《荀子·疆国》中的"其固塞险，形势便，山林川谷美，天材之利多"的观点也有异曲同工之妙。

三、城市的规模

对于城市规模的大小，现代学术界多从城市人口、经济发展水平及其发展能力、建成区的土地面积等人口规模与物质要素来衡量。伊本·赫勒敦认为，城市规模的大小与王朝持续时间的长短、王朝实力的强弱以及城市文明发展的程度密切相关。

从王朝持续时间长短对城市规模大小的影响而言，伊本·赫勒敦认为：如果王朝持续时间很短，在王朝衰微时，城市生活几乎处于停滞状态，城市不会发展出多大规模来。同时，城市宏伟的纪念性建筑物并非一个王朝独自完成，城市宏伟的纪念性建筑物需要几个朝代的延续和共同努力才能完成，因此，如果王朝持续时间很短，就不会建立起宏伟的纪念性的建筑物。相反，如果王朝持续时间很长，新的建筑物会鳞次栉比，城市的范围会延伸很远，城市的规模大得几乎无法测量。如巴格达、开罗等城市就是这样。[1]

关于王朝的强弱对城市规模的影响而言，伊本·赫勒敦认为：只有强大的王朝才能建造起巨大的城市和高大的建筑物。由于城市的建造需要居民的相互合作和群策群力才能完成。当王朝足够强大，势力范围拓展的很远，四面八方的民众聚集到城市，在机器的协助和民众的共同努力下才能完成城市的建造。[2]

关于城市的规模大小与城市文明的发展程度而言，伊本·赫勒敦认为，城市文明发展水平越低，城市规模就越小。伊本·赫勒敦以易弗里基业和马格里布的城市规模较小为例进行了解释。伊本·赫勒敦认

---

[1]Ibn Khaldun,An Introduction to History,Translated and introduced by Franz Rosenthal, Abridged and edited by N J.Dawood,Princeton: Princeton University Press,2005,p.263、266.

[2]Ibid,p.256~266.

为,易弗里基业和马格里布的城市规模较小的原因在于:在伊斯兰教征服以前的数千年里,这些地方还处于农牧文明,柏柏尔人发展定居文明的条件尚未成熟。由于长期习惯于农牧文明的生活,他们不熟悉城市建造的种种技艺,而城市的建造却需要种种技艺。财富和享乐是城市文明的一个重要特征,而他们却缺乏这些。加之征服柏柏尔人的基督教徒和穆斯林对其统治时间短,不足以使城市文明在其中扎根。同时,农牧文明的群体凝聚力和共同的血缘比城市文明对柏柏尔人更有吸引力,对城市文明缺乏足够的兴趣。易弗里基业和马格里布的居民长期处于农牧文明,他们住在帐篷里或山上的堡垒里。因此,他们没有更多的建筑物。①

四、城市的繁荣与发展

伊本·赫勒敦认为, 城市的繁荣和发展与城市劳动力的数量、合理的分工与合作以及王朝的繁荣稳定等因素密切相关。

首先, 城市劳动力的多寡与城市的繁荣与否密切相关。原因在于:一是城市劳动力的数量越多,劳动者通过合理的分工与合作就会生产出更多的剩余产品, 居民通过对剩余产品的交换可以获得更多的消费品, 所有这一切都能够很好地满足城市居民享乐和安逸的需要。城市居民享乐和安逸需要的满足程度越高,越有利于城市的繁荣与发展。②二是城市劳动力越多,生产出的产品的数量和种类就会越多,劳动者创造的价值就更大,收入就会随之增加。劳动者收入的增加会导致财富的增加和经济的繁荣。随着经济的繁荣和财富的增加,包括劳动者在内的城市居民对奢侈品和享乐品消费的欲望和实践日益增加,他们住豪宅、穿华丽的服饰、使用精美的器皿、雇佣仆人、出行则乘舆,所有这一切会引起相关商品的价格上涨,熟练工人就会因

---

①Ibn Khaldun, An Introduction to History, Translated and introduced by Franz Rosenthal, Abridged and edited by N.J.Dawood, Princeton: Princeton University Press, 2005, p.270.

②Ibid, p.273.

此被吸引到这些行业来。由于生产与消费的良性互动,结果与此相关的各行各业都会走向繁荣,城市也因此走向繁荣。城市的繁荣会吸引更多的城市人口,城市的劳动力会再一次增加,各种工艺生产者就会越来越多。如此良性循环,整个城市越来越繁荣。[1]相反,当一个城市的人口数量急剧减少,必然会导致工匠数量的减少。城市人口数量的减少,还会使许多城堡、大厦和民居闲置,对各种建筑材料需求减少。这些都不利于城市的发展,会使城市逐步走向衰落。[2]

其次,合理的分工与合作对城市繁荣至关重要。关于人类的分工,在城市出现之前,就已经有了巫师和祭祀仪典的领导者与操办采掘业、打制燧石以及从事农业生产活动的人士之间展开,只不过当时的祭祀仪典与生产劳动这两种职务是混杂在一起的,如向神灵祈求丰收的祭祀仪典中就混杂有实际的播种等农业生产活动。正如刘易斯·芒福德所说的那样:"在先古的社区中,劳动本身曾是一种兼职性的活动,并不能同生活中的其他活动完全分离,如宗教、娱乐、公共交往,甚至性活动。"[3]而城市的出现使各行各业的分工变成了终日不变的专业化工作,并在其专业化的领域实现了前所未有的效率。而这种专业化的分工同城市所独有的功能密不可分,因为只有通过城市的动员和对各行各业人力资源的调配,这些专业化的行业才能在各行其是与相互合作的基础上使统一的经济活动充分运转起来。因此,城市的繁荣与发展离不开专业化的分工与相互合作。伊本·赫勒敦指出:城市中宏伟的纪念性建筑物,鳞次栉比的民居和高楼大厦并非供少数人居住,而是民众生活和居住的地方。因此,城市居民的相互合作和群策群力对城市繁荣发展就显得尤为

①Ibn Khaldun, An Introduction to History, Translated and introduced by Franz Rosenthal, Abridged and edited by N.J.Dawood, Princeton: Princeton University Press, 2005, p.273～274.

②Ibid, p.272～273.

③〔美〕刘易斯·芒福德:《城市发展史:起源、演变和前景》,宋俊岭等译,中国建筑工业出版社,2005年,第110页。

重要。①城市文明的繁荣,需要非常复杂的分工,需要各行各业都有熟练和精湛的技艺,并且反复实践、代代相传。②因为单靠个人的力量无法获得各类产品,文明的发展要求人类必然要相互合作。相互合作获得的产品数量要远远高于单个人。如单靠个人的力量无法获取能够满足自身需要的小麦,如果有 6~10 人相互分工与合作就会获取比单个人多倍的食物,其中,铁匠和木工制造工具,其他人分别管理耕牛、犁地、播种、收割以及其他农业生产活动。③

再次,城市的繁荣与发展离不开王朝的繁荣与稳定。伊本·赫勒敦认为:城市是王朝的必然产物,城市的繁荣与发展深深根植于王朝的持续繁荣与稳定。当一个王朝统治很长时间,提供长期繁荣稳定的环境,才能让城市中的各行各业日趋繁荣。除此之外,王朝长期的繁荣与稳定,王朝会有稳定的税收,王朝向城市居民征税,然后把税费分配给王室、朝臣以及与王朝有关联的人,这些人将税费再消费在首都和其他中心城市。这些城市的居民再通过自己的劳动和经营将这些税费赚回,为了赚回税费,他们代代都在努力追求精湛的技艺。城市文明在这些城市会持续很长时间。如犹太人统治了叙利亚 1400年,科卜特人在埃及的政治权力延续了 3000 年,奈伯特人与波斯人持续治理伊拉克达数千年之久,哥特王朝和倭马亚王朝统治了西班牙数千年。正是因为这些地区长期稳定的统治,才使这些地区发展出了高度的城市文明。④

最后,收入与消费的正比例增长也是城市走向繁荣的一个重要因素。如果一个城市的收入和消费都大幅的成正比例的增长,其就越适宜居民的生活,城市就会持续发展和繁荣。⑤

①Ibn Khaldun, An Introduction to History, Translated and introduced by Franz Rosenthal, Abridged and edited by N.J.Dawood,Princeton: Princeton University Press,2005,p.263.

②Ibid,p.282.

③Ibid,p.273.

④Ibid,p.282~285.

⑤Ibid,p.275.

伊本·赫勒敦认为：城市人口和民族数量的众多以及城市的繁荣与发展，会对城市带来很多益处。如会使城市的数量增多和财产增加；会使王朝统治的领域不断增大；城市的繁荣会使劳动力数量不断增加，会生产更多的剩余产品来满足城市居民生活和享受的需要；城市的繁荣有利于城市居民的收入持续增加，会使城市居民各方面的条件得到改善；城市的繁荣，王朝的税收就会增加，王朝税收的增加，财富就会增多，这有利于更好地树立统治者的权威；城市的繁荣，王朝就会有足够的资金去建造城堡和各种防御设施，扩大城市的建筑规模。如埃及、印度、中国、叙利亚等国，当其城市文明增长时，居民的财富增加，王朝强大，小城镇众多，商业繁荣。[1]

五、城市的衰落

伊本·赫勒敦认为：城市也像生命体一样有其产生、发展、成熟与衰老的过程。理性和实践都证明，一个成年男子的生命旺盛期在 40 岁之前，40 岁之后的一段时间后身体就开始逐步衰退。城市的发展过程也与此相类似，因为这是一个临界点，无法逾越。[2]

首先，由于城市居民奢侈和享乐习惯的养成而使城市居民的道德滑坡，从而导致城市的衰落。伊本·赫勒敦指出：城市文明是为了奢侈和享乐的需要而发展起来的，由此养成了城市居民享乐和奢侈的习惯，并且提供了种类繁多的奢侈品和享乐品。当城市居民沉浸于奢侈欲望的满足时，人类的灵魂就会受到种种污染，宗教和世俗的幸福都会因此遭到破坏。城市居民不可能保持纯粹的宗教，因为宗教受到世俗的种种干扰。城市居民也不可能长期保持世俗的幸福，因为奢侈的习惯使居民寅吃卯粮，捉襟见肘。居民的奢侈欲望因此受到限制。市民为了满足奢侈习惯养成的重重欲念，变得不讲道德，缺乏忠诚，

---

①Ibn Khaldun, An Introduction to History, Translated and introduced by Franz Rosenthal, Abridged and edited by N.J.Dawood, Princeton: Princeton University Press, 2005, p.279.

②Ibid, p.285.

诡计多端。市民热衷于撒谎、投机、欺诈、偷盗、作伪证、放高利贷。他们熟知一切不道德的伎俩,抛弃了一切道德和伦理的约束,变得肆无忌惮,甚至在近亲和女性中也谈吐淫秽。他们想尽一切办法逃避法律的惩罚。①同时,由于王朝政权和市民沉浸于奢侈和享乐需要的满足,他们忽视青少年的教育,不良的家庭和社会环境对青少年的成长造成恶劣影响,青少年从小耳濡目染,养成许多不良的习惯,即使出身高贵也难以自拔。他们沉溺于美酒佳肴以满足口腹之欲,以通奸与同性恋的方式满足淫欲,通奸无法使人们确定自己真正的后代,失去对后代的感情和责任。同性恋则导致子嗣的繁衍缺失。人性由于享乐和奢侈的需要而受到极大的扭曲,宗教受到世俗的污染,此时城市的衰落也就指日可待。②

其次,王朝的衰落会导致城市的衰落。伊本·赫勒敦指出:由于城市是王朝的产物,当王朝衰亡时,城市也会走向衰亡。当然,伊本·赫勒敦也强调,当王朝走向衰落,城市面临衰落的危险时,如果临近城市的农牧民为了享乐和安逸的需要而持续涌入城市时,城市还会持续一段时间。相反,如果临近城市的农牧民没有涌入城市,城市人口就会急剧下降,城市就会走向衰落。③

伊本·赫勒敦认为,城市在走向衰亡的过程中一般会有以下几种命运:一种命运是城市自治。城市的长老们通过联姻,笼络被保护人、党羽和盟友,收买民众,各自形成了自身的群体,形成了具有一定优势的群体凝聚力,相互展开权力争夺,其中一人拥有的群体凝聚力超过了其他人,开始大权独揽,控制整个城市。一种命运是城市的重生。当旧王朝灭亡时,旧王朝的首都常常被新王朝用作自己王朝的首都。在此背景下,新王朝就会想方设法保护这个用作首都的城市,新王朝

---

①Ibn Khaldun, An Introduction to History, Translated and introduced by Franz Rosenthal, Abridged and edited by N.J.Dawood, Princeton: Princeton University Press, 2005, p.285 ~ 286.

②Ibid, p.287 ~ 288.

③Ibid, p.263 ~ 264.

根据自己享乐的需要和城市现有的状况来继续发展这座城市。新王朝的活力给予这个城市以新的活力。如当时的法斯与开罗就是城市重生的典范。还有一种命运就是城市的衰亡。有些王朝夺取政权后，并非将旧王朝的首都用作自己的首都，而是另建新的首都，并且将旧首都各行各业的工匠都带往新的首都，这就加速了旧城的衰落。如，当时的塞尔柱王朝将首都从巴格达迁往伊斯法罕，加速了巴格达的进一步衰落。旧王朝灭亡之后，有些城市没有机会补充人口，临近城市的农牧民也不愿意向这些城市流动，城市的人口因此就会大量减少，人口减少，城市的需求不旺，各行各业都逐步萎缩，劳动力也因此减少。同时，建筑业此时也会逐步衰微，大理石等建筑材料缺乏，无法再建筑高楼大厦，人们只能对旧建筑修修补补，勉强维持下去。到最后，居民们只能用土坯代替石料，住宅也无力进行装修，就像退化到农牧文明时代，城市最终走向衰亡。①

六、评价与思考

伊本·赫勒敦生活在中世纪的伊斯兰世界，而中世纪伊斯兰世界的城市发展已经具有相当规模。车效梅指出：阿拉伯人在征服异族的过程中建立了一种新的城市文明——伊斯兰城市文明。该城市文明的创设不仅为阿拉伯人提供了一种新的生活模式，而且成为世界城市文明史中的一枝奇葩。不久中东城市再一次辉煌，不仅出现了开罗、伊斯坦布尔、巴格达、德黑兰、阿勒颇等世界性的大都市，而且整个中东地区的城市化水平也远远高于欧洲。②中世纪伊斯兰城市文明之所以如此辉煌，与中世纪伊斯兰教的兴起、阿拉伯人的对外扩张以及王朝政权的发展等原因密切相关。正如一位学者指出的那样，7～11世纪伊斯兰世界城市的发展与以下几个因素密切相关：伊斯兰教

---

①Ibn Khaldun, An Introduction to History, Translated and introduced by Franz Rosenthal, Abridged and edited by N.J.Dawood, Princeton: Princeton University Press, 2005, p.290～295.

②车效梅：《中东伊斯兰城市起源初探》，《山西师范大学学报》，2005年第3期，第126页。

作为宗教的基本需要；阿拉伯军队征伐的需要和其定居政策的需要；哈里发对首都和行政中心建立的需要。[①]从伊斯兰教的角度而言，城市的兴起有利于伊斯兰教的传播和发展。不管是人类履行真主代治的使命，还是举行各种宗教活动，定居场所总是比游牧场所更能提供便利。因此，有学者就指出："伊斯兰教是城市的宗教。"[②]还有一位学者对此总结的更为全面："伊斯兰教在建立城市社会方面所取得的成功与坚持《古兰经》是相关的，《古兰经》或者通过对历史的回忆，或者通过与人类团体相关的有寓意的事件，来加强人类团体——即国家和城市，传达神圣的消息，没有人否认启示。"[③]不管是伊斯兰教在麦加的兴起，还是在麦地那的传播，都足以说明，伊斯兰教的兴起和发展离不开城市。从阿拉伯人对外扩张的角度而言，阿拉伯人的对外扩张以及控制被征服地区的非阿拉伯人，需要以城市作为据点。正如伯纳斯·路易斯所说的那样："阿拉伯人往往要营建新的中心，以符合本身战略上与帝国式的需要。这些地点，后来就成为新的城市。"[④]除此之外，阿拉伯人征服的部分地区曾经也有高度发达的城市文明，被阿拉伯人征服和改造以后也成为伊斯兰世界城市的重要组成部分。正如何美兰所言："在穆罕默德之后四位哈里发统治期间，穆斯林政权向外扩张，征服了西亚、北非、中亚和南欧的广阔地域，征服的过程同时也是伊斯兰城市在欧亚非大陆许多地方拔地而起的过程。"[⑤]从哈里发对首都和行政中心建立的需要而言，哈里发和总督建立新首都以象征他们的政权或统治的优势，象征

---

① Nezar A Lsayyad,Cities and Caliphs,On the Genesis of Arab Mulsim Urbanism, New York,1999,P.3.

②Ibid,p.5.

③Serjeant R.B.the Islamic City,Unesco Paris ,1980 ,P.17.

④〔英〕伯纳斯·路易斯：《中东：激荡在辉煌的历史中》，郑之书译，中国友谊出版社，2000年，第72页。

⑤何美兰：《7～12世纪伊斯兰城市的布局及其成因——以开罗为例》，《首都师范大学学报》，2011年第5期，第19页。

他们有将秩序与文明带到所占领地域的能力。如阿拔斯王朝的首都巴格达以及法蒂玛王朝建立的新都开罗就是很好的例证。因此，伊本·赫勒敦城市理论的兴起并非偶然，与中世纪伊斯兰世界城市的兴起与辉煌的历史密切相关，伊本·赫勒敦正是以伊斯兰世界的城市为主要素材来构建其城市理论，总结城市兴衰的规律的。

伊本·赫勒敦的城市理论提出的许多观点，在现在看来也有一定的合理性。伊本·赫勒敦于关城市是农牧文明发展的必然结果，是人类享乐需要和王朝兴起的必然产物，是人类剩余产品的出现而导致社会分化以及公共权力出现的一个必然结果的观点，认识到了城市起源的需要、物质以及权力因素。伊本·赫勒敦关于城市起源的论述与马克思和恩格斯的相关观点有一些相似之处，马克思和恩格斯也指出："物质劳动与精神劳动的最大的一次分工，就是城市和乡村的分离。城乡之间的对立是随着野蛮向文明的过渡、部落制度向国家过渡、地方局限性向民族过渡而开始的，它贯穿着全部文明的历史并一直延续到现在。"①伊本·赫勒敦关于城市是王朝的必然产物的观点与刘易斯·芒福德的相关观点也有极大的相似性，关于王权在城市诞生中的作用，刘易斯·芒福德就认为："从分散的村落经济向高度组织化的城市经济进化过程中，最重要的参变因素是国王，或者说，是王权制度。我们现今所熟知的与城市发展密切相关的工业化和商业化，在几个世纪的时间里都还只是一种附属现象，而且出现的时间可能还要晚些……在城市的集中聚合的过程中，国王占据中心位置，他是城市磁体的磁极，把一切新兴力量统统吸引到城市文明的心腹地区来，并置于诸宫廷和庙宇的控制下。

国王有时兴建一些新城，有时则将亘古以来只是一群建筑物的乡村小镇改建为城市，并向这些地方派出行政官去代他管辖，不论在

---

① 《马克思恩格斯全集》（第 3 卷），人民出版社，1960 年，第 56～57 页。

新建的城市或改建的城市中,国王的统治使这些地区的城市,从形式到内容,都发生了决定性的变化。"①伊本·赫勒敦于关劳动力的数量、合作与分工的大规模展开以及王朝的繁荣与稳定对城市繁荣重要性的观点,指出了劳动力、社会互动以及社会环境等因素在城市走向繁荣中的重要作用,包括劳动力在内的城市人口的增加,使人类的需求增加,生产扩大。生产的扩大又使人类的分工与合作的加深。分工与合作的加深导致交换的频率增加,从而推动了城市市场的繁荣和城市经济的增长。伊本·赫勒敦关于城市的衰落是由于人类享乐需要的过分膨胀从而导致人类道德沦丧的必然结果的观点,对于当代城市发展中出现的类似的弊端的避免具有一定的警示作用。人类在满足自身需要方面,如果仅仅停留于物质需要的满足,而忽视精神需要的追求和道德素养的提高,这种单面的需求会导致市民的道德沦丧,精神生活匮乏,物欲恣肆,人欲横流,这是城市发展的失败,迟早会将城市推向毁灭的边缘。伊本·赫勒敦在对王朝的统治者必须拥有城市的原因分析中,已经初步认识到了城市的权力和控制功能。当然,伊本·赫勒敦毕竟生活在中世纪的伊斯兰世界,由于时代和地域的限制,伊本·赫勒敦对当代城市的发展不可能做出全面和科学的预测。如就拿城市的控制功能而言,城市除了是权力和军事控制中心外,还是制度、法律、宗教、习俗等文化的控制中心,现代城市除了以上的控制功能外,还是金融、信息、科技、人才等的集散地和控制中心。城市除了是一个控制中心外,还是不同民族、不同文化、不同技术传统、不同语言等异质性要素的聚集中心,也是物质和精神财富的创造中心等。虽然伊本·赫勒敦的城市理论具有一定的时代局限性,但是伊本·赫勒敦的城市理论对于了解中世纪伊斯兰世界的城市文明,对于丰富城市理论的宝库具有重要的学术价值。

---

①〔美〕刘易斯·芒福德:《城市发展史:起源、演变和前景》,宋俊岭等译,中国建筑工业出版社,1989年,第27页。

第八章　伊本·赫勒敦的经济理论

中世纪的伊斯兰世界,由于伊斯兰教和阿拉伯人对商业的重视、城市文明的发展、封建制度的确立以及科技取得的辉煌成就等社会历史文化的原因以及伊本·泰米叶(1263～1328年)等思想家思想的启发,加之伊本·赫勒敦天才的学问头脑,在中世纪的学术界涌现出了一位较为系统探讨经济思想的学者伊本·赫勒敦,并形成了一系列初步的经济理论。伊本·赫勒敦因此而成为中世纪在探讨经济理论方面享有盛誉的一位人物,甚至被有人冠以"经济学之父"[1]的美誉。

一、价格理论

伊本·赫勒敦认为,商品价格的高低与人的需要密切相关。他说:人的需要的不断满足是推动城市繁荣的一个重要因素, 人类拥有的所有市场都是满足人的物质需要的产物。人的物质需要包括:食物以及生活必需品,如大麦、小麦、豆类、洋葱、大蒜等。享乐及奢侈品,如调味品、水果、服饰、器皿、坐骑、工艺品、建筑物等。[2]伊本·赫勒敦以

---

①Boulakia.J.David,Ibn khaldun:A Fourteenth Century Economist,Journal of Political Economy,vol.79,no.5,Septempe~October 1971,p.1118.

②Ibn Khaldun,An Introduction to History,Translated and introduced by Franz Rosenthal,Abridged and edited by N.J.Dawood,Princeton: Princeton University Press,2005,p.276.

城市发展水平的高低对不同商品需求程度不同为例，来说明人类对不同商品的需求程度不同会引起价格的不同变化。伊本·赫勒敦认为：城市发展水平的高低直接影响着人类物质需要的层次，当一个城市高度发达，人口众多，对生活必需品的需要减少，而对奢侈品的需要增加，结果会使生活必需品的价格降低，而享乐和奢侈品的价格就会上涨。相反，当一个城市发展水平低，居民对生活必需品的需求远远大于奢侈品和享乐品，生活必需品的价格就会上涨。[1]也就是说，伊本·赫勒敦在这里已经意识到了商品的价格与人类的需求成正比例关系，如果人们对某种商品的需求增加，则这种商品的价格就会上涨。反之亦然。

除了人类的需求会引起商品的价格变化外，税收的种类和数量的变化也会引起商品价格的变化。伊本·赫勒敦说：城市发展水平越高，税收的种类和数量就会随之增多，而税收的种类和数量增多就会引起各种商品的价格上涨。[2]

伊本·赫勒敦除了对商品的价格变化进行考察外，还对劳动力价格高低的影响因素进行了论述。在伊本·赫勒敦看来，劳动力价格的高低与城市的发展水平、人类的享受需要、对劳动力的需求、劳动力的供应量以及劳动力的需求者相互竞争密切相关。他说：城市高速发展时，工艺生产者以及普通劳动力的价格就会上涨；城市居民的享受需求增加，对工艺生产者以及普通劳动力的需求增加，劳动力的价格就会上涨；工艺生产者以及普通劳动力生活富裕和安逸，愿意从事此项工作的人减少，劳动力的价格就会上涨；由于城市居民雇用劳动力的需求增加，他们相互竞争为了获取优质的劳动力资源，导致劳动力的价格上涨。而如果城市发展水平低，则会出现相反的情况。[3]

---

①Ibn Khaldun, An Introduction to History, Translated and introduced by Franz Rosenthal, Abridged and edited by N.J.Dawood, Princeton: Princeton University Press, 2005, p.256.

②Ibid, p.277.

③Ibid, p.276~277.

在价格理论中,伊本·赫勒敦还对价格持续走低的危害进行了说明。伊本·赫勒敦认为:如果某种商品价格持续走低,不但经销这种商品的商人无法获利,而且生产与这种商品相关的行业也会面临绝境,甚至会影响军队和国家的税收。就拿谷物来说,如果其价格持续走低,不但生产这种产品的农夫无利可图,而且对与谷物相关产品的生产者也会产生不利的影响,如磨房主、面包师等,他们也会面临无利可图的境地。王朝在这些行业的税收会因此减少,士兵因为国家税收的减少而收入降低,从而萌发不满情绪。①

二、收益理论

伊本·赫勒敦认为,安拉创造了世界,并且创造了各种生产和生活资料。人类作为安拉在人间的代治者,为了更好地满足生存和发展需要来履行代治使命,离不开对各种生产和生活资料的合法享用。②而人类要对各种生产和生活资料的合法享用离不开对各种生产和生活资料的获取,人类获取的生产和生活资料就成为人类的收益。

人类的收益主要通过劳动力的价值和交换来实现的。关于收益与劳动力的关系而言,伊本·赫勒敦认为:人类收益的获得和财富的积累离不开人类的劳动,劳动力是一种资本,不管是人类通过动物、植物以及矿物获得的收益,还是通过某种技艺获取的收益,都离不开人类的劳动,如果一个人没有劳动能力,那么无论如何他也不会获得收益。只不过通过木工与纺织等技艺获取的收益大于通过动物、植物以及矿物获得的收益。收益价值的大小主要都来自于劳动力的价值,通过分享劳动力的价值获得收益是显而易见的。而一个人劳动力价值的大小是根据对人类需要的满足程度以及与别人劳动力价值大小

---

①Ibn Khaldun,An Introduction to History,Translated and introduced by Franz Rosenthal, Abridged and edited by N.J.Dawood,Princeton: Princeton University Press,2005,p.311～312.

②Ibid,p.297.

的对比中来衡量,这是衡量一个人收益多少的重要依据。当然,获得收益的劳动力的价值在某些商品中可能被隐藏,如可能被隐藏在食物中。①关于收益与交换的关系而言,伊本·赫勒敦认为:人类要获得收益离不开交换,否则,就是非法的经济活动,是无偿剥夺别人的财产。而要进行商品交换离不开金银作为交换的价值尺度,金银是收益、财产和宝藏的基础。安拉创造了金银两种金属作为交换的价值尺度,全世界的人都认为获取财产和宝藏最终目的是为了获取金银。人类通过交换获得的收益来维持人类的生产和生活,而要使交换持续的进行,除了离不开金银作为价值尺度外,也同样离不开资金的积累,而资金的积累达到一定的程度,特别是通过交换获取的收益超过其需求而储存起来,那就成为一个人的储蓄。如果有人将这些储蓄消费掉作为成果享用时,消费掉的这些储蓄就成为"享用掉的收益"。如果有人将这些储蓄不用来直接消费,而是长期储存起来,那么这些储蓄就成为"积累的收益"。比如,一位死者的储蓄对死者来说就是"积累的收益",因为死者没有使用它。但是,如果死者的继承人使用了这笔储蓄,对继承人而言这就是"享用掉的收益"。②

伊本·赫勒敦认为,人类的收益除了靠劳动力的价值和交换获得外,还有一些靠特殊途径获得的收益,包括依靠政治权力获得的收益、掌管宗教事务者获得的收益。关于依靠政治权力获得的收益,伊本·赫勒敦说:人类的生存与发展离不开合作,单个人靠自己的力量无法很好的生存和获益。但是相互合作往往需要王朝的强制力来实现,因为人们一般只考虑自己的利益而不考虑人类的整体利益,并且人们在这方面有根据自己的意志自由选择的权利,他们有可能拒绝合作。因此,为了人类的共同利益,通过权力的强制力使人类相互合作是必要的,官僚阶层运用教法和政治规则来规范和控制人类的行

---

①Ibn Khaldun, An Introduction to History, Translated and introduced by Franz Rosenthal, Abridged and edited by N.J.Dawood, Princeton: Princeton University Press, 2005, p.298~299、305.

②Ibid, p.297~298.

为,明确法律和规则允许和禁止的事项。①权力的强制力为保证人类的相互合作与规范人类的行为发挥着积极的作用，但也为依靠权力获取收益提供了方便之门。伊本·赫勒敦将依靠权力获取收益划分为两种类型：一种是依靠政治权力获得的公共收益，即拥有政治权力的人，根据社会认可的规则从臣民那里获取的赋税。一种是依靠政治权力获取的私人收益。伊本·赫勒敦说：官衔种类繁多，分布广泛。有官衔的人在行使权力的时候，为了自己的利益，往往会有不公正的行为，而权力的不当行使就成为有官衔者为自己谋取持久收益的源泉，因此有官衔的人在物质财富方面比没有官衔的人幸运和富有，从这个意义上说政治权力也是一种谋生之道。有官衔的人依靠自身的权力获取的不正当的私人收益，主要来源于无官衔者无偿提供的劳动和财产。这是因为许多无官衔者为了接近并寻求有官衔者的庇护，为了获取更多的利益，自愿为有官衔的人提供无偿劳动和财产，这些无偿劳动和财产就成为有官衔者收益的一部分。关于掌管宗教事务者收益的获得，伊本·赫勒敦认为：掌管宗教事务的人，如许多有声望的教法学家、宗教学者等人，也可以获得额外收益，并且很快富起来，因为他们获得了部分虔诚信徒赠送的礼物和提供的无偿劳动。②

三、技艺与行业理论

伊本·赫勒敦所谓的技艺是指人类为了满足生存、发展和享受需要而发展起来的技术和工艺的总称,不同技艺的出现和发展就兴起了不同的行业。

（一）技艺与人类的需求和文明的发展程度密切相关

在伊本·赫勒敦看来：技艺的出现和发展与人类的需求和利益密切相关,如果人们对某种技艺的需求量增大,发展这种技艺获利多,

---

①Ibn Khaldun,An Introduction to History,Translated and introduced by Franz Rosenthal, Abridged and edited by N.J.Dawood,Princeton: Princeton University Press,2005,p.305～306.

②Ibid,p.299、304～306.

人们都会争先恐后的学习这种技艺。只有当大量人口需要这些技艺时,技艺才会不断地发展和改进。当城市衰退时,各种技艺也会衰退下去。①同时,技艺的发展水平与人类文明的发展程度也密切相关,在农牧文明中技艺的发展水平低,种类少。伊本·赫勒敦说:科学和技艺源于人的智力,是人区别于动物的一个重要标志,科学和技艺的发展程度与文明的发展程度密切相关。一些小的文明或农牧文明只需要一些简单的和必不可少的技艺,如木匠、铁匠、裁缝、屠户、织工等所持有的技艺。在世界各民族中,阿拉伯人对各种技艺是比较陌生的,因为他们深深地根植于沙漠生活中,更远离城市文明。他们所需的各种手工业品都需要从技艺发展水平高的国家或民族进口,如中国、印度、土耳其以及信仰基督教的民族等。西部的非阿拉伯人,如柏柏尔人等在这方面与阿拉伯人相似,因为他们长期生活在沙漠之中。在一些规模小的城市,如马格里布地区的一些小城市,技艺发展的水平就很低,除了织毛业、皮革业等行业外,其他一些生产技艺的行业还没有建立起来。织毛业、皮革业等行业的兴盛,是因为这里有丰富的原材料来源。而随着文明的发展,特别是农牧文明转向城市文明后,技艺就会有大幅度的发展。技艺是城市的一个重要标志,只有当城市文明牢固地建立起来之后,并且持续很长时间,各种技艺才会持久发展,如当时的西班牙,东方的非阿拉伯人和地中海沿岸的信仰基督的民族有各种各样的技艺,因为其深深地根植于城市文明而远离农牧文明。因为随着文明的进一步发展,人类对奢侈品的需求日益增多时,技艺也随之发展和改良,更加突出精益求精。并且随着人类奢侈和享乐需求的种类增加,会增加一些新的技艺,如鞋匠、皮匠、丝织工、金匠等所持的技艺。当文明充分发展时,由于有利可图,上述各种技艺会发展到炉火纯青的地步。同时,也会出现一些新的艺人,如香

①Ibn Khaldun, An Introduction to History, Translated and introduced by Franz Rosenthal, Abridged and edited by N.J.Dawood, Princeton: Princeton University Press, 2005, p.316.

料匠、铜匠、搓澡师、厨师、饼干师、音乐舞蹈师等。由于人们在享乐的同时，对知识的兴趣日增，因此，抄写、装订、校对书籍的行业也发展起来了。当然，当文明过度发展时，会有一些不雅的技艺出现，如有些埃及人的职业是教授鸟儿和驴子等动物表演诸如跳舞、走钢丝等游戏。①

(二)技艺的习得和掌握

伊本·赫勒敦认为：包括技艺在内的人类各种理念只是潜在的，人类理念由潜在变为现实，首先受可感知对象的影响，后来又通过推理的方式，最终潜在的理念变为现实，并逐渐趋于完美。同时，人类在学习、实践和推理的过程中，根据学习、实践和推理的对象不同，又会形成不同的理念。如城市文明的治理理念来自于市民治理实践而形成的理念、经济和技艺的发展实践而形成的理念、教育实践而形成的理念，以及宗教信仰的实践而形成的理念的有机结合。科学的理念是人类对不同技艺长期学习、实践和推理的结果。与其他技艺相比，学术研究是最有用的技艺，因为其包含了包括科学在内的各种理论的探究。学术研究是在思维的指引下，以各种范畴为介质，在口头表述和文字表达的相互转换中，通过推理和研究对象的各种符号意蕴的理解和相互传递中，最终将研究对象包含的潜在理念揭示出来。②

由于技艺的习得和掌握是由潜在的理念，通过感知、推理以及实践等环节才能习得和掌握，不同的技艺由潜在的理念变为现实技艺的难易程度是不同的。伊本·赫勒敦说：有些技艺比较简单，而有些技艺比较复杂。而简单的技艺与生活必需品有关，而复杂的技艺与奢侈品有关。简单的技艺由于关涉生活必需品，并且易于传授。所以，最初有人传授后，就会被大众掌握。而复杂的技艺从掌握到实践需要很长的时间，需要反复的演练才能达到炉火纯青的地步，才能很好的运用

---

①Ibn Khaldun, An Introduction to History, Translated and introduced by Franz Rosenthal, Abridged and edited by N. J. Dawood, Princeton: Princeton University Press, 2005, p.314～317.

②Ibid, p.331～332.

到实践中去。①

(三)行业和技艺的种类

对于人类的各种技艺和行业,总体上来讲,伊本·赫勒敦将其分为两大类:一类是满足人类基本生活需要的技艺和行业,一类是高贵的技艺和行业。伊本·赫勒敦说:人类的技艺不计其数,有些基本的技艺是人类生活必不可少的,如农业、建筑业、裁缝、木工及纺织等。有些技艺是高贵的,因为其服务对象是高贵的,如助产术、书法、书籍出版业、音乐、医学等。助产术的服务对象是产妇和婴儿。医学的目的是治病救人。书法和书籍出版业能够净化灵魂,使人类的思想得以保存与传播。音乐能够使人们欣赏到和谐优美的乐曲。②具体而言,包括以下技艺和行业:

1.农牧业

农牧业是通过在陆地或海洋中捕杀野生动物获得的收益,或者是饲养家畜、家禽获得的收益,或者是通过种植谷物或树木获取收益的行业。③农牧业从其性质而言是弱者的谋生手段,因为农牧业是靠自然的、简单的生产程序获得收益的行业,它不需要太多的思考与理论知识。一般来说,市民或者富有的人不屑于从事农牧业。农牧民比较贫穷,并且地位较低。④农牧业中的农业是人类最古老的技艺,为人类提供不可或缺的各种食物,其起源于农牧文明。农业生产需要经历耕地、播种、浇水、收割、脱粒等程序。⑤

2.手工业

手工业是人类通过对某些原材料的加工或者某些特殊的职业来获取收益的行业,如木工、纺织等行业。⑥

---

①Ibn Khaldun, An Introduction to History, Translated and introduced by Franz Rosenthal, Abridged and edited by N.J.Dawood, Princeton: Princeton University Press, 2005, p.314.

②Ibid, p.318~319.

③Ibid, p.299.

④Ibid, p.300、309.

⑤Ibid, p.319.

⑥Ibid, p.299.

手工业从其产生的先后顺序而言，是次生的晚于农业的行业，因为手工业主要在城市文明中发展，而农牧文明先于城市文明。从其性质而言，手工业属于比较复杂的行业，需要更多的思考和知识。[1]在手工业这个行业中，伊本·赫勒敦特别论述了木工、纺织两个具体的行业。

木工是人类生活必不可少的，其原料是木料。农牧民用木料做帐篷的柱子、骆驼鞍子、长矛和弓箭，市民用木料建造房屋和打制家具，造船也需要木料，所有这一切都离不开木工。而且随着市民享乐和安逸需要的不断增长，对木工技艺的要求也越来越高。木工也需要掌握许多几何知识。因此，有些希腊几何学家都是木工大师，如《锥线》一书的作者就是木工大师。[2]

纺织业是人们为了御寒的需要而兴起的行业，纺织业是文明发展所必不可少的行业。[3]

3.商业

商业是指根据市场价格的波动，来对包括奴隶、动植物、武器、服装等商品进行交换来获得收益的行业。

从其性质而言，商业是一种通过贱买贵卖而获利的行业，获利的手段大部分都很微妙和狡猾。商业还带有赌博的性质，需要冒风险，因此法律许可商业中的奸诈行为，奸诈行为并非通过暴力无偿获取别人的财产，应该是合法行为。[4]

从经营策略而言，商人在经营的过程中，会根据市场行情的变化和消费者的需求适时的调整自己的经营策略。当市场上的某些产品价格较低时，他们低价购进囤积起来，等到该产品在市场上价格上涨时，再抛售出去。当某些产品在一个地区价格较低而在另一个地区价

---

[1]Ibn Khaldun, An Introduction to History, Translated and introduced by Franz Rosenthal, Abridged and edited by N.J.Dawood, Princeton: Princeton University Press, 2005, p.300.

[2]Ibid, p.321~322.

[3]Ibid, p.322.

[4]Ibid, p.299~300、309.

格较高时，他们在低价的地区购进产品再贩卖到另一个地方高价出售。商人通过对经营策略的调整，可以从中获得巨额利润。商人在经营过程中，还会根据不同国家或地区商品数量的多少，参与竞争的商人的多寡等因素来调整自己的经营策略。在经营中，如果仅仅往返于货物数量多、参与竞争商人多的某一地区的城乡之间，一般来说利润就比较低。如果进行长途的国际贩运，如前往苏丹或东方，由于路途遥远，需要克服种种意想不到的困难，并且商人贩运的货物在销售地区的数量少，从事这些商品经营的人数也相对少，此时可以将贩运商品的价格抬得很高，获取的利润就会多，这些商人往往会迅速致富。①

从商业的利润与投资的关系而言，商业利润的大小取决于投资的多少，如果投资大，利润就会多。反之亦然。②

从商人经营的得心应手的程度而言，如果一个商人习惯于各种争执，并且知道如何管理和处置账目，对打官司胸有成竹，或者有官僚的保护，那么他的经营会相对得心应手。相反，如果一个人缺少攻击性，害怕诉讼，并且没有官员的保护，就应该避免经商。③

从商人的品质而言，商人中诚实的人很少，常常出现以次充好或者延迟付款的事。商人有时候也会赖账，除非有成文的契约或有效的证人，否则司法部门也对其束手无策。商业的获利性要求商人狡猾、机智、善于巧取豪夺和使用花言巧语，所有这些品质削弱了商人的男子汉气质，败坏了道德，而且这些品质会渗透到灵魂深处，成为其为人处世的习惯，贯穿于其一言一行中。商人中，品级较低以及声誉不好的商人更易于受坑蒙拐骗、不守信誉等不良品质的影响。弄虚作假成为了他的一个特质，男子汉气概对他们来说是格格不入。还有一种与众不同的商人，他们最初并非经商出身，而是通过某种不寻常的方

---

①Ibn Khaldun, An Introduction to History, Translated and introduced by Franz Rosenthal, Abridged and edited by N.J.Dawood, Princeton: Princeton University Press, 2005, p.309 ~ 310.

②Ibid, p.312.

③Ibid, p.312 ~ 313.

式突然获得了巨额财富成为商界的巨头。他们不亲自经商,而是委托代理人或奴仆经营。他们的男子汉气概很少受到影响。[①]

4.建筑业

建筑业是城市文明最古老的行业。建筑业是人类对建筑知识掌握的基础上,为了应对自然环境以及防御外敌侵袭而出现的行业。由于人们贫富状况和自然环境的差异以及对建筑技艺掌握的程度不同,其建筑物的建筑风格也五花八门。有的人以装修精美的城堡和大厦为居,有的人则以小屋为满足。建筑业需要掌握筑墙、粉刷、装饰、掘井以及供水系统等技艺,工人的技术水平也千差万别。建筑业常常会用到几何学。只有在机械的帮助下,古人才能建成一些高大的纪念性建筑物。[②]

5.助产术和医学

伊本·赫勒敦认为,十月怀胎,一朝分娩。助产术的兴起是为了减轻产妇的痛苦、保护婴儿安全的需要。[③]医学是帮助人们恢复健康的行业,城市比沙漠更需要医学。众所周知,病从口入。安拉创造了人类,并使得人类只有通过食物才能维持生存。由于城市人口生活条件优越,饮食的无节制,缺乏锻炼,加之空气的污浊,容易生病,就更离不开求医吃药。[④]

6.书法和出版业

伊本·赫勒敦认为,书法是一门高尚的技艺,是人区别于动物的一个重要标志。通过书法可以表达思想,陶冶情操。通过文字表达可以将一个人的想法带到遥远的地方去。通过文字的表达人们可以阅读到古人的作品,学习各门科学。通过文字的启迪人类可以将潜在变为现实。书法的发展水平与人类文明的发展程度密切相关。由于农牧

①Ibn Khaldun,An Introduction to History,Translated and introduced by Franz Rosenthal,Abridged and edited by N.J.Dawood,Princeton: Princeton University Press,2005,p.312～314.

②Ibid,p.319～321.

③Ibid,p.323.

④Ibid,p.325～327.

文明发展水平低,因此,农牧民大多数目不识丁,只有在城市文明高度发达的地区,书法才能日趋完美。①

关于出版业,伊本·赫勒敦认为,在远古时期,学者的作品和王朝的文书都书写在诸如羊皮等动物的皮上,那时由于学者的作品和王朝的文书数量小,动物皮可以满足书写的需要。随着学者的作品和王朝文书的增多,动物皮的数量不能满足书写的需要。随着纸的发明和人类交流愿望的增强,学者的作品和王朝的文书开始书写在纸上,并且出现了书写、校对、装订等程序,出版业开始发展起来。②

7.音乐

音乐是能够使人愉悦的行业,它是以诗词为基础,将声调和节奏按比例结合创造出和谐优美乐章的行业。对和谐优美的感知是人的天性,此种天性与音乐对和谐优美的追求是一致的。优美的音乐就像美味的食物和芬芳的花香,让人的感官舒服和惬意。优美的音乐能够陶冶情操,让人的精神愉悦。优美的音乐来自于诗词的韵律、音乐的节奏和曲风等。音乐是文明的发展和人类进步的必然产物,伴随着人类由农牧文明走向城市文明,人类在生存需要满足以后,开始追求享乐和安逸的生活时,对音乐的需求也越来越大。

在伊斯兰教兴起以前的一些非阿拉伯国家和地区的城市,统治者非常重视音乐,音乐高度发达。音乐家在王朝中占有一席之地,他们参加统治者的各种聚会,为他们弹唱。而阿拉伯人最初只有诗歌,他们对诗歌非常热爱。由于诗歌自身独特的和美,被阿拉伯人作为谈吐高雅的一个标志。他们选择诗歌这种最好的表达方式来表达他们的历史、智慧和高贵等。当赶驼人驱赶骆驼时,他们会哼唱,当年轻人孤独时,他们也会哼唱,这种有节奏的反复哼唱,形成了民间音乐。但随着伊斯兰教的兴起和繁荣以及阿拉伯帝国的建立,他们对农牧文

---

①Ibn Khaldun, An Introduction to History, Translated and introduced by Franz Rosenthal, Abridged and edited by N.J.Dawood, Princeton: Princeton University Press, 2005, p.327～328.

②Ibid, p.328.

明俭朴生活态度和标准的推崇，并且伊斯兰教对与宗教信仰无益的各种娱乐活动的反对，因此，音乐在某种程度上受到了限制。在他们看来，抑扬顿挫的朗诵《古兰经》和哼唱与宗教信仰相关的诗词，是一件愉快的事情。后来随着阿拉伯文明的繁荣和发展，一些波斯与拜占庭的歌唱家来到了阿拉伯，他们在鲁特琴、长笛等乐器的伴奏下，为阿拉伯人弹唱。阿拉伯人将这些优美的旋律与阿拉伯人的诗词有机地结合在一起，音乐在阿拉伯才逐步发展起来，到了阿拔斯王朝时期，音乐的发展达到了一个高潮。①

　　除了对农牧业、手工业、商业以及建筑业进行论述外，伊本·赫勒敦还特别对作仆人和地下掘宝者两种非自然的谋生行业进行了批评。伊本·赫勒敦认为：做仆人并非是谋生的自然方式，雇佣仆人是由于许多拥有享乐生活的人，因为拥有雄厚的资金实力而雇佣别人来照顾自己的行为。当然，也有自己不能照料自己雇佣仆人的。从男子汉气概来看，雇佣仆人是不值得提倡的，因为依赖他人是软弱的标志。②伊本·赫勒敦认为：企图通过寻找地下宝藏来获取钱财者，也不是谋生的自然方式。一些在城市生活却又缺乏竞争力的人，希望通过发现地下宝藏来获利的人，他们认为先前民族的所有财产都埋藏在地下并且盖有魔法驱邪符。这些驱邪符只有那些掌握相关知识的人，通过恰当的方式烧香、祈祷和供奉祭品的方式才能破解，宝藏因此可以获得。这是一种懦弱和愚蠢的行为，并且不是靠自然的方式获取财富和谋生。③

四、评价与思考

　　伊本·赫勒敦经济理论的形成并非空穴来风，而是与中世纪伊斯

---

①Ibn Khaldun, An Introduction to History, Translated and introduced by Franz Rosenthal, Abridged and edited by N.J.Dawood, Princeton: Princeton University Press, 2005, p.328~331.

②Ibid, p.300.

③Ibid, p.301.

兰世界经济发展表现出的较为强劲的活力有关,也与伊本·赫勒敦之前的一些伊斯兰世界的思想家对经济问题的探讨有关。

中世纪的伊斯兰世界,随着伊斯兰教的兴起、阿拉伯半岛的统一、封建制度的确立、城市文明的兴起以及科技的发展,使中世纪伊斯兰世界的经济发展表现出一定的活力。正如赫伯特·戈特沙尔克所言:"在欧洲,直到十一世纪,教会和贵族统治阶级依然鄙视商品交流,而伊斯兰帝国则相反,它掌握着经济垄断权。"①

从农业的发展来看,随着阿拉伯帝国对荒地的开垦、各种水利设施的兴修以及对农业技术和园艺业的重视,出现了诸如埃及、美索不达米亚、大马士革等农业发达的地区,开凿了诸如伊萨河、萨萨河以及王河等著名的人工运河,发明了诸如戽水车、轻型木犁等农业生产工具,出现了诸如粟特河谷、色旺峡谷、伍布莱运河区、大马士革的姑塔园林区享有盛誉的"四大乐园"园艺业区,推动了农业生产的发展。

从手工业的发展来看,随着繁荣的农业经济的带动以及中国造纸术的传入等,伊斯兰世界的手工业也呈现出较为繁荣的局面,出现了诸如纺织业、造纸业、玻璃制造业、珠宝业、采矿业、制糖业、皮革业、家具业、肥皂和香水制造业、镶嵌业以及瓷砖业等手工行业。就拿纺织业来说,中世纪伊斯兰世界的纺织业较为发达,出现了棉纺织业、毛纺织业以及丝织业等行业,生产出了诸如巴格达的条纹绢、库法的丝绢、波斯的波纹绸等闻名遐迩的纺织品。正如高德步所言:"当西欧查理大帝和他的伯爵们还在穿粗麻衣、披羊皮袄之时,阿拉伯的哈里发及其臣僚们,已身着精美绝伦的锦缎绣袍了。"②

从商业的发展来看,由于伊斯兰教对商业的鼓励和对商业伦理的重视、阿拉伯帝国便利的贸易通道以及驿站和道路的建设等原因,使伊斯兰世界的商业在中世纪表现出一定的活力。伊斯兰教是一个

---

①〔德〕赫伯特·戈特沙尔克:《震撼世界的伊斯兰教》,阎瑞松译,陕西人民出版社,1987年,第166页。

②高德步:《世界经济通史》(上卷),高等教育出版社,2005年,第389页。

重视商业发展的宗教,正如汤普逊所言:"麦加的生活离不开贸易。产生在这里的伊斯兰教,具有强烈的商业色彩。"①早在伊斯兰教创建时期, 穆罕默德就认为:"商人是世界的信使和安拉在大地上的忠实奴仆。"作为伊斯兰教的根本经典——《古兰经》也重视商业的发展。《古兰经》中提出了一些基本的商业规范。《古兰经》明确规定:"真主准许买卖,而禁止重利。"(2:275)②《古兰经》中有许多关于公平交易、信守契约,反对投机取巧、强取豪夺等方面的内容。如《古兰经》强调:"他曾规定公平,以免你们用秤不公。你们应当秉公地谨守衡度,你们不要使所称之物分量不足。"(55:7～9)"当你们缔结盟约的时候,你们应当履行。你们既以真主为你们的保证者,则缔结盟约之后就不要违背誓言。"(16:91)"你们不要借诈术而侵蚀别人的财产,不要以别人的财产贿赂官吏,以便你们明知故犯地借罪行而侵蚀别人的一部分财产。"(2:188)

就阿拉伯帝国便利的贸易通道而言,早在 6 世纪下半叶,由于埃及的混乱和拜占庭与波斯之间的战争, 导致传统的红海至尼罗河流域和波斯湾至红海的道路无法通行。商人们选择了一条艰难但比较安全的道路,即从叙利亚经阿拉伯半岛西部到也门,再从也门用船只往返于印度洋之间运输货物。而麦加地处这条商路的中段,是北往叙利亚,南通也门,东到波斯,西至红海吉达湾和走水路前往非洲的交通枢纽。另外,麦加城有被人们视为天降圣物的黑色陨石和克尔白古寺,还有一眼便于过往商旅饮用的泉水,因而成为半岛的宗教祭祀中心和商贸重镇。③也就是说,作为伊斯兰教的圣城,麦加自古就是商贸中心和东西方贸易的通道, 这就为穆斯林商人经商提供了非常便利的条件。除此之外,为了发展贸易,阿拉伯人还在红海顶端开凿了从

①〔美〕汤普逊:《中世纪经济社会史》(上),耿谈如译,商务印书馆,1984 年,第 234～235 页。

②本文所引用的《古兰经》皆出自马坚译本,中国社会科学出版社,1996 年。

③高德步:《世界经济通史》(上卷),高等教育出版社,2005 年,第 381 页。

尼罗河到克列斯马的古代运河,约有 90 英里长,这样,埃及的麦子就可以从尼罗河直达阿拉伯海岸。①

就阿拉伯帝国的驿站和道路的建设而言, 为了维护中央集权的统治。阿拉伯政权在全帝国开设了驿站,有时驿站数目达到 1000 个左右。政府拨出专款建造道路并负责维护,还鼓励和资助私人沿道路挖井、建造旅社、设置里程碑等。这种道路网和驿站网,无疑促进了贸易的发展。阿拉伯人还开辟出一种由大商路分支出来的精细道路系统。这些道路一方面是为了方便信徒到麦加朝觐,另一方面也是为了方便商旅。这个道路系统是以巴格达为中心,通往各省的城市,其中一条通向东北的赫尔文, 通向东部的柯尔曼沙, 前行到东朱巴尔的雷,越沙漠到尼沙普尔,经塔斯和麦尔夫,再经喀布尔和苏格第亚那的撒马尔罕到印度和中国的边境。②因此,伊斯兰世界的商业在中世纪呈现出一派繁荣景象。

就对外贸易而言, 无数的穆斯林商人活跃于亚、欧、非三大洲,从事着以中介贸易为主的商业活动,他们贩卖丝绸、香料、宝石、铜镜、金银及玻璃器皿、药材、纸张、椰子、蔗糖、各种毛皮,以及奴隶和阉人等。从东南亚的苏门答腊、马来亚、印度,直到北欧波罗的海沿岸和斯堪的纳维亚半岛,都有阿拉伯商人的足迹。当时中国的广州、泉州、扬州等地,也聚居着成百上千的穆斯林商人。中国的丝绸、瓷器,印度和马来群岛的香料、矿物、染料、蔗糖,中亚的宝石,东非的象牙、金砂,北欧和罗斯的蜂蜜、黄蜡、毛皮和木材等都是阿拉伯商人经营的大宗商品。③

从伊斯兰世界内部的商业发展来看,以巴格达为例,巴格达在哈里发时期不但是帝国的政治中心, 同时也是它的经济中心和文化中

①〔美〕汤普逊:《中世纪经济社会史》(上),耿谈如译,商务印书馆,1984 年,第 247～249 页。
②高德步:《世界经济通史》(上卷),高等教育出版社,2005 年,第 390 页。
③高德步:《世界经济通史》(上卷),高等教育出版社,2005 年,第 389～390 页。

心。从一开始,市,即商业区,就在这都市的建筑设计中占有突出的地位。最初,满速尔的圆城本设有四个市。773 年,满速尔考虑到安全问题,要防止敌谍等人混入,下令将各市自圆城迁至附郭卡尔赫,其地在塞拉特和伊萨两条运河之间。整个卡尔赫形成一个大市,在这个大市里,每一行业又各有市,或称"路",其中有果市、布市、食品市、羊市、钱市、书市等。随着商业的发展,帝国境内各地商人纷至沓来,呼罗珊、河中、木鹿、巴里黑、布哈拉、花拉子模等地的商人在圆城叙利亚门外各有市,那里叫作苦门市。在底格里斯河东岸,即东巴格达,路撒发区即马赫迪营至附近一带地方也有市,其中有鲜花市、食品市、金银细工市、羊市、书市,另外还有一个专售中国商品的市。①

　　除此之外,中世纪伊斯兰世界由于哈里发对科学的重视、阿拉伯帝国的百年翻译运动以及商业贸易和航海业发展的需要等原因,使伊斯兰世界科学的发展也达到了一定的水平,出现了诸如天文学、数学、建筑学以及医学等与经济发展密切相关的学科,为伊斯兰经济的繁荣注入了活力。以天文学为例,阿拉伯人已在 700 年在叙利亚的大马士革建起了天文台,829 年又在巴格达建立另一座天文台。这些天文台已装备有天球仪、地球仪、象限仪、日晷仪、星盘等仪器,进行了系统的天文观测。天文学家花拉子密(780 ~ 约 850 年) 编制了天文表和历表,纳希尔丁图西(1201 ~ 1274 年)绘制了星象图等。所有这一切为伊斯兰世界的农业、商业和航海业的发展提供了强有力的支持。

　　中世纪伊斯兰世界在农业、手工业以及商业等行业的发展,为伊本·赫勒敦对这些行业的认识、论述以及初步的经济发展规律的总结提供了鲜活的材料,为其经济理论的形成奠定了坚实的基础。当然,伊本·赫勒敦经济理论的形成除了中世纪伊斯兰世界经济发展的原因以外,与中世纪伊斯兰世界一些思想家的一些零散的经济思想的提出也有很大关系,这些思想的提出为伊本·赫勒敦经济理论的形成

---

①孙培良:《中世纪的巴格达》,《世界历史》,1980 年第 1 期,第 47 页。

也产生了重要启迪。在伊本·赫勒敦之前,中世纪的一些伊斯兰世界的思想家都或多或少的涉及一些经济议题,如艾布·优素福(731~798年)、伊本·泰米叶(1263~1328年)等。其中艾布·优素福有经济方面的著述《哈拉吉》,并且在税收的征收方式、税收的管理、农村发展项目的投资等方面提出了自己的一些见解。除此之外,艾布·优素福在《伊斯兰中的希斯拜》和《伊斯兰公私法》等著作中也涉及一些经济议题,认识到了价格的高低受供求关系变化的影响,初步触及到了价格干预理论,发现卖方操纵市场对经济的不利影响,认为王朝在实时的情况下应该对价格进行干预,主张王朝对市场进行监管,还对财产的所有权问题进行了初步探讨。伊本·赫勒敦之前的一些思想家对具体经济问题的探讨,为伊本·赫勒敦经济问题的形而上总结产生了重要影响,甚至伊本·赫勒敦有些观点直接是对以前思想家观点的扬弃。

挖掘伊本·赫勒敦的经济理论,对于纠正一些学者关于中世纪没有经济理论的认识具有重要的学术价值。一些西方学者由于有可能没有发现伊斯兰文献关于经济的阐述或者对伊斯兰文献关于经济阐述的重视不够等原因,忽视了伊斯兰学者对一些经济议题的贡献。如奥地利经济学家约瑟夫·熊彼特(1883~1950年)在其经典《经济分析史》中提出了备受争议的"大缺陷"理论,认为希腊和拉丁经院哲学家,尤其是圣·托马斯·阿奎那时期的几个世纪为"空白的世纪",其间,经济方面几无著述。[1]事实上,包括伊本·赫勒敦在内的一些伊斯兰学者,虽然没有专门从事经济学方面的研究,但是其一些著述中已经包含了一些经济学方面的议题,甚至在经济学某一方面的议题还论述的较为全面和深刻。对此,现代一些学者也有类似的认识,并对一些学者对相关问题认识的偏颇提出批评,如雷蒙德·德鲁维尔在20世纪50年代曾提到,在19世纪末卢吉·科萨哀叹没有一本经院经济

---

①Joseph A. Schumpeter, History of Economic Analysis. New York: Oxford Universiy Press, 1954, p.74.

学的著作,这种状况一直没有得到改善,大多数的经济思想史教科书都没有给他们称之为"中世纪"经济学的理论留有多少空间,这些教科书在对托马斯·阿奎那作一些老生常谈的评论以后,对奥雷斯姆遥遥致意,然后就急急地转向托马斯·孟和贸易平衡理论,这样一种处理方式不仅流于表面,而且充满谬误,本可以通过接近史料来避免错误,而不是重复陈词滥调。①

伊本·赫勒敦在价格、收益、行业等议题的探讨中提出的一些观点,与马克思的相关观点基本接近。如伊本·赫勒敦已经认识到了商品价格的高低受人类需求的影响而上下波动,此认识已经接近马克思的相关观点,马克思认为商品价格受供需关系的变化而围绕价值上下波动。马克思说:如果需求减少,因而市场价格降低,结果,资本就会被抽走。这样,供给就会减少……反之,如果需求增加,因而市场价格高于市场价值,结果,流入这个生产部门的资本就会过多,生产就会增加到如此程度,甚至使市场价格降低到市场价值以下。如果供求一致,它们就不再发生作用,正因为如此,商品就按照自己的市场价值出售。②伊本·赫勒敦关于劳动在经济发展中的重要作用的认识,也与马克思的相关观点基本一致。马克思在《1844年经济学哲学手稿》的第一手稿中,提出"劳动是生产的真正灵魂"。当然,由于时代的限制,伊本·赫勒敦的经济理论主要囿于对一些经济议题的探讨,且经济问题与伦理道德以及经济实践纠缠在一起,如伊本·赫勒敦对技艺、行业以及商人品质的探讨等。包括伊本·赫勒敦在内的一些中世纪的思想家对经济问题的探讨还没有能够使得经济学成为一门独立的学科,伊本·赫勒敦也没有专门的著作来探讨经济问题,只是在《历史绪论》中探讨"文化科学"时,分出一章来探讨经济问题。

<hr>

① Raymond de Roover,Scholastic Economics:Survival and Lasting Influence from the Sixteenth Century to Adam Smith,The Quarterly Journal of Economics,1955(69),p.161.

②《马克思恩格斯全集》(第25卷),人民出版社,1972年,第211~213页。

第九章　伊本·赫勒敦的学科分类理论

　　对于学科分类,在亚里士多德之前还没有明确的学科分类,各门具体学科都在哲学的涵盖下,哲学是一门包罗万象的学科,如柏拉图的《理想国》就是各门学科的知识总汇。我们可以从柏拉图在第 7 封书札中的一段话来进行说明, 柏拉图说:"当初我对于政治, 雄心勃勃,但一再考虑,看到政局混乱,我彷徨四顾,莫知所措。我反复思之,唯有大声疾呼,推崇真正的哲学,使哲学家获得政权,成为政治家,或者政治家奇迹般地成为哲学家,否则人类灾祸总是无法避免的。"①从亚里士多德开始,哲学开始与其他学科划分开来。亚里士多德总结了古希腊哲学和科学的成就,首次明确提出学科分类学说。他依各门学科的目的不同,将各门学科分为三大类:一类是实用的学科,即为了物的生产和有实用价值的学科,如建筑学、修辞学、诗学等;一类是实践的学科,即为了规范人行为的学科,如政治学、伦理学、经济学等;一类是理论的学科,即为了求知而求知的知识本身的学科。理论学科又依据其研究对象的不同分为三种:即物理学、数学和形而上学(第一哲学),其中物理学研究那些独立存在且变动的东西,数学研究那些非独立存在但不变动的东西, 形而上学研究那些既独立存在又不

　　①〔古希腊〕柏拉图:《理想国》(译者引言),郭斌和等译,商务印书馆,1986 年,第 1 页。

变动的东西,即本体①。在学科分类上,除了亚里士多德外,中世纪伊斯兰世界的安萨里也对学科进行了划分,安萨里在《迷途指津》中根据各学科的宗旨将学科划分为数学、逻辑学、神学、自然、政治学和伦理学。安萨里说:须知,他们(哲学家)作为目的所追求的知识,可以分为六类:数学、逻辑学、神学、自然、政治学和伦理学②。亚里士多德和安萨里的学科分类对伊本·赫勒敦学科的划分产生了重要影响。伊本·赫勒敦根据知识获取的途径不同,将其所处的时代的学科划分为两类:一是理性学科,是人类通过自己思维能力而获得的学科;二是神学学科,是以宗教教律为基础的学科,智力的思辨无用武之地,主要以《古兰经》和"圣训"为基础而产生的学科③。除此之外,阿拉伯世界的文学、语言学、星相学、宗教学、哲学、数学、医学、天文学等学科在中世纪的繁荣与发展也对伊本·赫勒敦的学科分类理论产生了重要影响。伊本·赫勒敦的学科分类理论除了对各门学科进行类型划分外,还对各门具体学科的内容进行了概述。当然,人类对任何一门学科的认识离不开人类的思维,因此,伊本·赫勒敦在对具体学科论述之前先对人类的思维以及知识的获取途径进行了论述。

一、人类的思维

(一)思维是人与其他存有物区别的重要标志

伊本·赫勒敦认为,存有世界有三种类型:一类是感觉的世界,这是人与动物共有的世界。一类是思维的世界,这是人类专有的世界。一类是精神的世界,这是人类与天使共享的世界。其中,在思维世界中,人类的思维能力是人区别于动物的重要标志,是人类通过相互合作来谋生和发展的重要手段。人类之所以能够接受和领会真主传达的

---

①冒从虎等:《欧洲哲学通史》(上卷),南开大学出版社,1985年,第132页。

②丁士仁:《阿拉伯哲学名著译介》,中国社会科学出版社,2014年,第180页。

③Ibn Khaldun, An Introduction to History, Translated and introduced by Franz Rosenthal, Abridged and edited by N.J.Dawood,Princeton: Princeton University Press,2005,p.343～344.

启示,在于人有思维能力。正是因为人的思维能力,人才能够成为万物之灵,才能够操控各种动物。其他生物也有感觉、视角、味觉、嗅觉和触觉来对外界进行感知, 人除了以上感觉器官外, 人还有思维能力。人能够依靠思维能力将感知到的对象进行分析、综合与抽象,而其他生物则没有这个能力。①当然,虽然思维能力是人区别于其他生物的重要标志, 但是人类自身的思维能力由于各方面的原因会有高有低。伊本·赫勒敦说:人类的思维能力是有差别的,有些人对存有世界的认识只能认识到二、三个层次,有些人则能够深入到五、六个层次。就像有的棋手下棋过程中能够预想到棋局的三、四步的变化,而有些人则没有这个能力。②

(二)思维的类型

伊本·赫勒敦认为,人的思维有三种类型:一类是辨识性的思维。人类依靠它来趋利避害、明辨是非, 从而合理的认识杂乱无章的世界。一类是经验性的思维。靠经验获得,人类依靠它来处理与同胞的关系。一类是理性思维。人类依靠这种思维能力,通过对存有物属性和因果关系的认识和感知,最终获得存有物的理念和本质。③在人类思维的三种类型中,伊本·赫勒敦特别论述了经验性思维。伊本·赫勒敦说:哲学家曾经说过"人类天生是政治性的动物"。此处的"政治性"是指"城邦",或者后人所讲的社会组织,意指单个的人无法生存,人类生存需要的满足离不开同伴的帮助。人类的相互合作产生了社会组织,在不同的社会组织中,如果目标一致,则会互帮互爱,如果目标不一致则会有争吵和冲突。友好和敌意的产生会引起不同民族或部落之间的战争和和平。人类战争与和平的出现并非偶然。人类按照哲学理念来安排自己的政治活动,趋利避害、弃恶扬善是人类的天性,人类依靠自己的思维能够对此做出判断。人类这些理念的产生并非

---

①Ibn Khaldun, An Introduction to History, Translated and introduced by Franz Rosenthal, Abridged and edited by N.J.Dawood,Princeton: Princeton University Press,2005,p. 333.

②Ibid,p.335～336.

③Ibid,p.333～334.

完全依靠感知,也无须更加深入的学习,所有这一切来自于经验。人类在与其同伴相处的经验中, 在大脑中形成了哪些该做和哪些不该做的认知框架,或者说真理和谬误的界限,有此做指导,人类就会指导如何恰当的与同伴处理好关系。这就是经验性思维。①

（三）思维的功能

伊本·赫勒敦认为,存有世界纷繁复杂,有本质和属性之分、有序和无序之别、时间的先后、空间排列的差异等方面。人类只有依靠思维能力, 在思维和实践的互动中才能更好地认识和改造纷繁复杂的世界。如一个人准备建造一个屋顶,他会对地基、墙体和屋顶的顺序进行规划和思考,他的思考到此结束。接着开始进行建地基、砌墙和造屋顶的实践,他的实践到此结束。他又进行下一步实践的计划。这就是所谓的"思考的结束即实践的开始,实践的开始即思考的结束"②。

二、人类知识的获取途径

伊本·赫勒敦认为,人类的知识并非天生就有的,而是通过学习和反复训练获得。伊本·赫勒敦说:人类最初是无知的,只有通过学习才能获得知识。③人类掌握技艺的多少和学术水平的高低,并非天生就有的,而是后天学习和训练的结果。城市文明在这方面优于农牧文明,关键是城市文明居民代代相传和长期训练的结果。④通过学习和训练获得的养成习性是人类知识获取的不竭动力。伊本·赫勒敦说:习性有多种,有的是肢体的习性,有的是大脑的习性,如数学技巧,还有的是养成习性。养成习性不能简单地等同于理解和记忆,有时候,一个完全没有受过学术训练的普通人可以与一个学者一样理解某一学问的某个问题,但他不可能具备一个渊博的学者那样的习性。一个渊

---

①Ibn Khaldun, An Introduction to History, Translated and introduced by Franz Rosenthal, Abridged and edited by N.J.Dawood,Princeton: Princeton University Press,2005,p.336.

②Ibid,p.334～335

③Ibid,p.339～340

④Ibid,p.342.

博的学者所具备的习性是一种养成习性。养成习性需要训练,长期反复的训练获得的养成习性能使一个学者掌握这门学问的所有基本原理,熟知它的种种问题,了解其中的各种细节。如果这种习性没有获得,那么就无法掌握这门学问。因此,每一个种族或地区都离不开著名的教师来培养和训练人们的养成习性。除此之外,养成习性需要通过对问题的辩论和清楚的表达来实现,这有助于让人们理解问题的重要性,便于人们理解。如一些学生花费了大量精力参加了许多学术会议,但却在学术会议上一言不发,只关心知识的记忆。他们将学问习性的养成等同于知识的记忆,并且认为他们获得了学问的养成习性。当他们与别人辩论时,他们的弱点就表现出来了,他们根本没有获得学问研究的养成习性。①对于学习和训练获得的养成习性在知识的获取和学术繁荣方面的重要性,伊本·赫勒敦还专门列举了西班牙学术的衰退以及东方学术传统的延续来进行说明。伊本·赫勒敦说:由于伊斯兰文明在西班牙衰退了数百年,西班牙学术训练的机构逐步消失,曾经学术繁荣的景象一去不复返。只有在穆斯林西班牙所在的地区还保存着传统的阿拉伯文献学和文学等学科,对这些学科的研究和训练习惯依然保存。法学教育机构已经人去楼空。一些智力训练的学科机构,甚至连遗迹都未保存下来。②而在东方,由于文明的持续发展和繁荣以及学术研究和训练传统的延续,从未停止过培育学术研究和训练的传统。曾经的学术中心巴格达、巴士拉、库法虽然已经荒废,但是已经转移到了开罗、呼罗珊和河中等文明持续和学术训练从未中断的地区。③

三、具体的学科种类

伊本·赫勒敦认为,学科种类的多少取决于文明发展的程度。在文明高度发展和繁荣的地区,人们对学科种类的需求远远大于文明

①Ibn Khaldun, An Introduction to History, Translated and introduced by Franz Rosenthal, Abridged and edited by N.J.Dawood, Princeton: Princeton University Press, 2005, p.340~341.

②Ibid, p.341.

③Ibid, p.341.

落后的地区。就拿文艺来说，由于高度发达的城市文明享乐和安逸需要的不断刺激，技艺的发展水平高、种类繁多以及训练机构不断增多。①伊本·赫勒敦所处的时代，伊斯兰世界的城市文明已经发展到一定水平，学科种类已经相对较多。伊本·赫勒敦总共论述了几十种具体学科，本文将其划分为三大类：一类是宗教学科，一类是理性学科，还有一类归为其他学科。

（一）宗教学科

1.《古兰经》注释学

《古兰经》是伊斯兰教的根本经典，是先知穆罕默德在 23 年传教过程中陆续宣布的"真主启示"的汇集，是伊斯兰教教义和信仰的最高准则，是伊斯兰教各个学科赖以建立的基础，因此，全面准确的理解《古兰经》就显得尤为重要。但是由于《古兰经》内容的原则性以及穆斯林对《古兰经》经文的理解存在分歧等原因的存在，为了能够准确理解《古兰经》，对《古兰经》的解释也就势在必行。同时，对于《古兰经》的解释是否具有合法性，《古兰经》的相关经文给予了明确回答，即"集合它和诵读它，确是我的责任。当我诵读它的时候，你当静听我的诵读。然后解释它，也是我的责任"（75:17～19）。也就是说，对《古兰经》的合理解释具有合法性。因此，从先知穆罕默德对《古兰经》进行注释为起点，历代穆斯林注释家秉承先知穆罕默德的注释传统，对《古兰经》进行注释和解读。其中，先知穆罕默德对《古兰经》的注释涉及了信仰和生活的各个方面；圣门弟子对《古兰经》的注释主要致力于收集、成册和定本《古兰经》，以及对"圣训"的收集、甄别和圣训学科的建设；再传弟子对《古兰经》的注释向着更加体系化的阶段迈进；阿拔斯王朝时期，《古兰经》的注释开始由口耳相传注释转向文字注释，特别是泰伯里《古兰经注释总汇》的问世，标志着《古兰经》注释正式成为一门

①Ibn Khaldun, An Introduction to History, Translated and introduced by Franz Rosenthal, Abridged and edited by N.J.Dawood,Princeton: Princeton University Press,2005,p.343.

独立于圣训学科的宗教文化学科——《古兰经》注释学。①

伊本·赫勒敦认为:《古兰经》是真主启示给先知穆罕默德的语言,并且在伊斯兰世界持续传播。但是,由于对真主启示的传播在语言文字和诵读方式等方面的差异,为了能够对《古兰经》的理解形成统一认识,需要对《古兰经》进行权威注释。②

2.伊斯兰法理学与继承法

伊斯兰法理学是伊斯兰教法学的分支学科,是研究创制教法律例的基本原理、原则和方法的学科,首倡此学者为沙斐仪(767～820年)。伊斯兰法理学的主要任务是研究在《古兰经》和"圣训"中没有相应明文规定的情况下,教法创制家如何根据经训的精神和涵义,运用类比推理等方法和个人的法学见解创制教法律例时所必须严格遵循或灵活运用、通权达变的原理原则,或对经训中有关教法的原则规定做出具体的解释。它主要以教法渊源和创制方法为研究对象,既研究立法原则,又研究教法实体。其中,是否创制教法律例和如何创制是伊斯兰法理学所要研究的首要问题,围绕此问题的争论而形成了哈乃斐、马立克、罕百里、沙斐仪等学派。这些学派在经训为立法指导原则的基础上,提出了各自不同的制法理论和主张。哈乃斐法学派坚持凭借个人的见解并运用"择善"原则创制律例,不采纳再传弟子的言论,酌情使用"公议"原则和健康的惯例。马立克法学派广泛使用麦地那圣门弟子传述的"圣训"创制律例,或将"圣训"条文直接制成律例条规,或者依循当初麦地那居民的行为准则。如无相应的"圣训"条文和行为准则时才主张使用"类比"和"公议"原则。沙斐仪法学派,把经训同时看作教法的第一"渊源",创制律例时广泛使用"公议",并援用以经训明文所判定之法例进行"类比"。罕百里法学派主张严格按

---

① 参阅金忠杰:《〈古兰经〉注释及其文化内涵与现实意义》,《阿拉伯世界研究》,2006年第 6 期,第 45～51 页。

② Ibn Khaldun,An Introduction to History,Translated and introduced by Franz Rosenthal,Abridged and edited by N.J.Dawood,Princeton: Princeton University Press,2005,p.344.

经训的规定行事，且它同时又注重将"圣训"与教法、经外传述与圣门弟子的判例加以结合，对"公议"原则持审慎态度，对难以决断的新生事物则取维持现状的态度，反对使用个人见解和"类比"原则进行创制。①

对于伊斯兰法理学，伊本·赫勒敦从学科的界定、教法裁决者的资格、主要的教法学派等方面提出了自己的观点。

伊本·赫勒敦认为：伊斯兰法理学是关于安拉为穆斯林的行为制定的法律的学问，以确定哪些行为是必须的，哪些行为是禁止的，哪些是可取的，哪些是可憎的，哪些是允许的。这一切都来自《古兰经》、"圣训"和穆罕默德先知的立法。②

并非穆罕默德周围所有的人都具有做出教法裁决的资格，能够有资格做出教法裁决的人，必须精通《古兰经》，深知废除的经文和取代废除的经文、有歧义的与明确的经文，具备教法裁决的能力。③

随着伊斯兰教的发展，教法学家开始出现。教法学家发展了两种不同教法学的方法：一种建立在推理和类比的基础上，以伊拉克人为代表；另一种以传统为基础，以希贾兹人为代表。④伊拉克学派的奠基人是艾布·哈尼法，希贾兹学派的奠基人是马立克·伊本·艾奈斯。后来，一批宗教学者拒绝使用类比，他们主张采用公议和经典作为法学创制的方法。领袖是达伍德·本·阿里和他的儿子及追随者。⑤

关于伊斯兰继承法，伊本·赫勒敦认为伊斯兰继承法是关于对被继承人财产的分配、调整以及继承人的继承顺序的一门学科。被继承人财产的分配必须考虑两种可能性：一是继承人的认定；二是被继承人财产的按比例分配。⑥

---

①参阅马忠杰：《伊斯兰法理学浅说》，《中国穆斯林》，1993 年第 4 期，第 5～7 页。

②〔突尼斯〕伊本·赫勒敦：《历史绪论》，李振中译，宁夏人民出版社，2015 年，第 635 页。

③Ibn Khaldun, An Introduction to History, Translated and introduced by Franz Rosenthal, Abridged and edited by N.J.Dawood,Princeton: Princeton University Press,2005, p.345.

④Ibid.

⑤Ibid,p.345～346.

⑥Ibid,p.346.

3.伊斯兰教教义学

伊斯兰教教义学即"凯拉姆学"。"凯拉姆"一词系阿拉伯文 al—Kalām 的音译,其字面意思为"言词",据说是来自于《古兰经》本身,即"真主的言词",传统上认为创立者为阿里·伊本·阿比·塔里布,其功能是在为伊斯兰信仰辩护时提供理性的论点。[1]伊斯兰教教义学约出现于 8 世纪,伴随着阿拉伯"百年翻译运动"的兴起,古希腊、波斯、印度等外来文化不断的浸入伊斯兰帝国的肌体,并且造就了一大批热衷于古希腊、波斯和印度文化的学者,特别是古希腊的理性主义和逻辑论证方法受到了学者们的青睐。一些学者运用理性和逻辑思辨的方式来探讨真主的独一和属性,教义学由此兴起,从事该学问研究的人被称为"凯拉姆学派"。

对于伊斯兰教教义学内涵的界定,学术界众说纷纭,有将其归为"认主学"的,如伊斯兰教教义学是关于伊斯兰教基本信条的学科,或"认主独一学",简称"认主学"。[2]有从哲学角度对其进行理解的,如伊斯兰教教义学是"伊斯兰教各家各派在有关信仰教义、哲学理论等诸种问题的激烈论争中产生、发展起来的,故在教内是'辩证派哲学'的专称,以与苏非主义哲学相区别"[3],或"是同伊斯兰的经院哲学相类似的阿拉伯神学的形而上学,实际上也就是伊斯兰的经院哲学。它又被称为伊斯兰教的神学辩证学派"[4]。伊本·赫勒敦将伊斯兰教教义学界定为,以逻辑学的证据来捍卫伊斯兰教的信仰,驳斥那些偏离伊斯兰正统信仰的所谓革新者。[5]同时,他认为,伊斯兰信仰的核心是"认主独一",典型的逻辑论证将会使我们明白"认主独一"会有许多直接的方

---

①〔伊朗〕萨义德·侯赛因·纳速尔:《伊斯兰教》,王建平译,上海古籍出版社,2008 年,第 150～151 页。

②金宜久:《伊斯兰教》,宗教文化出版社,1997 年,第 250～251 页。

③宛耀宾:《中国伊斯兰百科全书》,四川辞书出版社,1996 年,第 284～285 页。

④蔡德贵:《阿拉伯哲学史》,山东大学出版社,1992 年,第 102 页。

⑤Ibn Khaldun, An Introduction to History, Translated and introduced by Franz Rosenthal, Abridged and edited by N.J.Dawood,Princeton: Princeton University Press,2005,p.348.

法和行为。①正因为如此，伊本·赫勒敦将伊斯兰教教义学称为思辨教义学。

在伊斯兰教教义学史上，对于信仰的维护问题上，以穆尔太齐颂派和艾什尔里派最为典型。

穆尔太齐赖派是 8 世纪从哈桑·巴士里（卒于 728 年）的学术圈子里诞生的第一个明确的教义学派。在信仰与理性的关系问题上，该派主张自由讨论伊斯兰教宗教信条，并对这些信条表现出一定的怀疑主义观点，是提倡理性认识的唯理论者。②在宗教教义评论中运用理性，试图以理性的方式来捍卫真主的超凡，因此将真主解释成抽象的统一。③在真理的判定上，穆尔太齐赖派主张人的理性具有审视和区分善行劣迹的能力，因此应该不是依据信条，而是依据理性和逻辑推理来判断真理。④在真主的本质与属性的问题上，穆尔太齐赖派否认真主具有本体以外的任何属性，如知觉、能力、生活、意志、语言、听觉和视觉等永恒的德性，都是真主所不具有的。真主的德性依附于其本体，而不是其本体的一部分。⑤在真主创世问题上，穆尔太齐赖派也承认创造是真主的一种行为，宇宙万物皆由他创造。⑥

艾什尔里派是在批判穆尔太齐赖派的基础上形成的一个教义学派。在信仰与理性的关系问题上，该派虽然并不绝对地排斥理性在认识中的作用，但主张信仰高于理性，信仰支配理性。理性无法获得可靠的知识，真主的真理不可能被理解，而只能被信仰。⑦在真理的判定问题上，该派认为，真主的意志既是真理的源泉，又是真理的标准。在真主的本质与属性的问题上，该派承认真主具有全知、全能等方面的

---

①Ibn Khaldun, An Introduction to History, Translated and introduced by Franz Rosenthal, Abridged and edited by N. J. Dawood, Princeton: Princeton University Press, 2005, p.348.

②〔伊朗〕萨义德·侯赛因·纳速尔：《伊斯兰教》，王建平译，上海古籍出版社，2008 年，第 151～152 页。

③蔡德贵：《阿拉伯哲学史》，山东大学出版社，1992 年，第 105～106 页。

④蔡德贵：《阿拉伯哲学史》，山东大学出版社，1992 年，第 104 页。

⑤蔡德贵：《阿拉伯哲学史》，山东大学出版社，1992 年，第 105 页。

⑥蔡德贵：《阿拉伯哲学史》，山东大学出版社，1992 年，第 121 页。

⑦蔡德贵：《阿拉伯哲学史》，山东大学出版社，1992 年，第 121 页。

属性,真主的属性存在于真主的本质之中。在真主创世问题上,该派提倡真主创世说,认为真主是至高无上的超越万物的造物主,真主本身没有存在的原因,但他是一切事物存在的原因,万物均由真主直接创造。①

在信仰的维护上,伊本·赫勒敦与穆尔太齐赖派和艾什尔里派一样,承认真主创世说,认为世界上各种存有物及其原因的存在背后有一个必然存在者,这个必然存在者就是造物主——真主,世界上各种存有物都是真主流溢和创造的。伊本·赫勒敦说:世界上的存有物,不管是本质,还是人与动物的活动,都有一个先于其存在的合理的原因,是这些原因推动和影响着存有物的形成。存有物是有许多原因构成的原因链条,也就是说存有物原因之前还有原因,依此类推,直至"第一因",由这个"第一因"依次流溢和创造出各个存有物。②但在信仰与理性的关系问题上,伊本·赫勒敦与穆尔太齐赖派的观点分道扬镳,与艾什尔里派的相关观点比较接近。伊本·赫勒敦虽然也承认理性在认识中所起的作用,但认为理性在认识中的作用是有限的,理性仅仅能够认识到人类能够在现世感知到的存有物,而对存有物背后存在的原因、真主的独一性等问题则无法靠理性来感知,需要借助信仰的力量。伊本·赫勒敦说:在真主流溢和创造的进程中,由于原因在时空中的多维性和广延性,人类的理性很难对其进行认识和感知。在人类行为的各种原因中,会有各种各样意图和意志的影响,离开意志和意图没有人的行为能够被具体化。人类种种行为的意图和意志都关涉精神。作为一个法则,人类种种行为和意图都源于之前的持续不断的感知。正是这些持续不断的感知使人类将自己的意图付诸行动。但是发生于精神中的种种感知的原因却无法知晓,因为没人能够知晓精神的开始或秩序。精神是真主赋予人类头脑中的种种观念,无法

①蔡德贵:《阿拉伯哲学史》,山东大学出版社,1992年,第118页。

②Ibn Khaldun, An Introduction to History, Translated and introduced by Franz Rosenthal, Abridged and edited by N.J.Dawood,Princeton: Princeton University Press,2005,p.348~349.

了解它们的开始和结束。人类只能够认识与经验、固定习惯等相关的能够被感知的存有物。至于在这些存有物背后存在的与精神相关的种种原因则是被先知穆罕默德禁止去推究的。我们只需要认识真主绝对的独一性就可以了。人类的理性不能理解所有事物及其原因，也不能理解所有存有物的细节。人类常常会有一个错觉，认为所有的存有物都能够被人类感知和理解，所有存有物都不能超出自己感知和理解的范围。事实并非如此，想用人类的感性和理性认识能力去认识一切，犹如聋子不可能了解整个感觉的世界，盲人不可能了解整个视觉的世界，动物不可能认识整个人类智力活动的世界一样，人类也不可能利用智力去把握更高的精神世界。人类的智力虽然是一架精确的天平，但是用它去衡量真主的独一性，或彼岸世界，或神性的特点，那就超出他的能力了。这就像用天平可以称量一块黄金，却不能称量一座山一样。对真主独一性以及感觉和理智世界之外的"神圣知识"的体认，需要通过灵魂中的信仰才能实现，需要通过内心持久的修炼才能实现。真主是唯一的造物主，所有存有物的原因皆来自真主并最终回归真主。人类所有的行为和神圣的礼拜的目标是为了养成一种对主顺从的习惯，使自身能够全身心地投入到对主的敬畏，直至一个新信徒在信仰的道路上成为一个圣人。信仰作为宗教义务有如下几个层次：第一层次是用心来坚定信仰，最高层次的信仰是完美的信仰，信徒的意念和行为全身心地投入到信仰中，信徒的思想和行为都表现出对真主的敬畏和绝对的顺从，信徒为心彻底清除触犯任何罪行的意愿。①

除此之外，伊本·赫勒敦还对《古兰经》中"明确的节文"和"隐微的节文"的表述进行了解释。《古兰经》中有关于"明确的节文"和"隐微的节文"的表述，如"他降示你这部经典，其中有许多明确的节文，是全经的基本，还有别的许多隐微的节文。心存邪念的人，遵从隐微的节文，企图淆惑人心，探求经义的究竟。只有真主和学问精通的人

---

① Ibn Khaldun, An Introduction to History, Translated and introduced by Franz Rosenthal, Abridged and edited by N.J Dawood, Princeton: Princeton University Press, 2005, p.349~352.

才知道经义的究竟。他们说:'我们已确信它,明确的和隐微的,都是从我们主那里降示的。唯有理智的人,才会觉悟。'"(3:7)伊本·赫勒敦认为:早期的穆斯林学者从先知穆罕默德的圣门弟子到再传弟子将"明确的节文"的内涵理解为清楚和明确的。教法学家将"明确的节文"界定为"意思清楚的节文";关于"隐微的节文",人们有不同的观点。他们认为为了获得正确的含义,需要对其进行研究和解释,因为它们与其他节文矛盾。因此,它们的意思是模糊和"隐微"的。从这个意义上讲,伊本·阿巴斯说"人们必须相信'隐微的节文',但是人们不能按照它们来行事";关于经文引述的"全经的基本",意为全经中数量最多且最突出的部分,而"隐微的节文"在全经中占最小的部分,除了参照明确的节文外没有任何意义。有节文对热衷于"隐微的节文"并且对它们进行解释或者给予其《古兰经》中没有的意思,节文将这些人称为"分离者"——意为拒绝接受真理者——不信教者、异教徒、愚蠢的革新者。节文说他们这样做是为了制造麻烦——是在信教者中宣扬偶像崇拜或者蛊惑信教者——对"隐微的节文"的解释是为了满足他们的某种欲望……①伊本·赫勒敦对《古兰经》中"明确的节文"和"隐微的节文"的解释,意在说明《古兰经》是真主启示的真实语言,是确信无疑的,《古兰经》的真实性不容任何人怀疑。伊本·赫勒敦说:《古兰经》是真主启示给穆罕默德真实的语言。《古兰经》规定了许多宗教义务来帮助信徒获得拯救和幸福。②

4.苏非主义

苏非主义是对伊斯兰信教信仰赋予隐秘奥义、奉行苦行禁欲功修方式的诸多兄弟会组织的统称。③苏非主义是以伊斯兰基本教义为基础,同时糅合古希腊、波斯、印度等文化发展而来。苏非主义在伊斯兰世界的兴起,与倭马亚王朝(661~750年)时期,宫廷的世俗主义

①Ibn Khaldun, An Introduction to History, Translated and introduced by Franz Rosenthal, Abridged and edited by N.J.Dawood, Princeton: Princeton University Press, 2005, p.354~355.

②Ibid, p.354.

③宛耀宾:《中国伊斯兰百科全书》,四川辞书出版社,1996年,第527页。

和享乐主义的生活方式有关，为了表示对这种生活方式的不满，也为了遵循先知虔诚和简朴的生活方式，一些穆斯林遁世隐居，过着清贫、简朴的生活，专注于宗教修行，以禁欲苦行的方式净化心灵，以实现"人主合一"的神秘境界，并且对自己的神秘体验进行理论思考，从而形成苏非主义。这是苏非主义兴起的社会背景。当然，苏非主义的兴起也有其深刻的学术背景，即苏非主义的兴起与阿拔斯王朝的"百年翻译运动"致使新柏拉图主义哲学思潮的传入以及印度宗教哲学的渗入和当时中东一代的诺思替派秘仪宗教的扩展密不可分。有人将苏非主义比喻为一棵榕树，扎根于伊斯兰教的土壤中，由《古兰经》的启示和先知穆罕默德的"圣训"浇灌而茂盛，但在数世纪的成长过程中融合了各种不同文化的养料和色彩，也飞来一些珍禽异鸟在其高大枝杈上筑巢安窝。[1]当然，苏非主义的兴起和发展还主要是以伊斯兰教为本，外来的文化影响属于次要的地位。

苏非主义的发展大致经历了8世纪中叶在伊斯兰世界的兴起、8世纪下半叶开始以教理为基本特征、10~11世纪开始与正统信仰结合、12世纪以后开始在理论上进一步系统化和形而上学化四个发展阶段。早期苏非主义根据《古兰经》关于"今世的生活，只是虚幻的享受"（3:185）和"后世的报酬，对于敬畏者，是更好的"（4:77），倡导苦行主义和禁欲主义，代表人物为哈桑·巴士里。8世纪下半叶起，由于阿拔斯王朝（750～1258年）大量的学术翻译活动的兴起，希腊的、波斯的、印度的哲学思想大量渗入，特别是新柏拉图主义的影响，使得苏非主义获得了丰富和发展。苏非主义开始以教理为基本特征，涌现出不同的学术派别，典型的学派有神爱论[2]、神智论[3]和泛

---

①周燮藩:《苏非主义》，载刘一虹主编《信仰与理性》，沈阳出版社，1997年，第99页。

②"神爱论"的代表人物是巴士拉的女神秘主义者拉比阿，她改变了苦行主义和禁欲主义关于人主关系的传统观念，强调真主是神秘的爱的对象，主张与被爱者（真主）在心灵上实现神秘合一。

③"神智论"的代表人物是埃及的左农，其核心强调真主的精神之光对人心灵的照明，因此精神修炼的核心是净化心灵，通过心灵净化获得真主精神之光的照射和启迪，实现"人主合一"的精神境界。

神论①；由于泛神论的重要代表哈拉智宣称"我是真理"，他最终被各派教法学家判以死刑，成为苏非主义的殉道者。他的殉难促使后人致力于苏非与正统信仰的融合。10～11 世纪，出现了一批重要的苏非学者，他们从信仰和礼仪上论证了苏非派的正统性，苏非派与正统信仰结合。真正使伊斯兰教从正统信仰立场接受神秘主义的人物是权威大师安萨里，安萨里以个人内心的神秘经验肯定了苏非主义，认为宗教的真理无法通过哲学理性获得，因为信仰属于非理性世界，只有通过"内心生活"的感受和宗教体验才能真正获得信仰。在安萨里的努力下，苏非主义所强调的内心直觉体验以及神秘的爱等思想，融进了传统的宗教信条当中。在他的影响下，苏非主义得到了认可。安萨里使伊斯兰教正统信仰接纳神秘主义，使苏非主义在伊斯兰世界的意识形态中居统治地位达五六个世纪之久。12 世纪以后，苏非主义沿着两条路径向前发展，一条路径是苏非主义作为民间的大众信仰出现组织化和制度化的趋向。以苏非导师为中心的苏非教团从两河流域的伊拉克逐步向波斯、埃及、北非小亚细亚和印度次大陆发展，遍布伊斯兰世界的各个角落。这些教团由于秉承安萨里的苏非主义思想而成为正统苏非的代表，一直延续至近代。另一个路径是苏非主义在理论上进一步系统化和形而上学化。一些苏非思想家借鉴了古希腊哲学中的诸如流溢说、新柏拉图主义和波斯、印度等古代东方哲学的思想，同时深受伊斯兰教著名哲学家法拉比（870～950 年）和伊本·西那（980～1037 年）等人哲学思想的影响，以苏非神秘知觉体验为基础建立起思辨苏非的存在论。代表人物有苏赫拉瓦迪（1153～1191 年）和伊本·阿拉比（1165～1240 年）。苏赫拉瓦迪思辨苏非存在论的早期代表人物之一，其思想深受古希腊的柏拉图和毕达哥拉斯、古波斯琐罗亚斯德教的明暗二元论、伊本·西那宇宙论思想的影响，在古代光的思想的基础上，结合伊斯兰世界已有的神光思想，系统的发展了他的

---

① "泛神论"的主要代表是波斯的苏非修道者比斯塔米和哈拉智，认为真主是唯一的真实存在，真主无所不在。由于泛神论强调真主与宇宙万物的同一性，故因此而得名。

"照明学说"。继苏赫拉瓦迪之后，伊本·阿拉比进一步发展了苏赫拉瓦迪的"照明哲学"，提出了"存在单一论"，认为真主作为"绝对"系宇宙万物之本原，真主具有"隐"和"显"两种存在形式。当真主处于"隐"的状态时，现象世界以"固有的原型"潜在于真主之中，它是作为"绝对"的一种想象、符号、意念、理念而存在于"绝对"的观念中。当真主自显或外化为现象世界时，即依据它的"原型"显现为相对的、现实的存在。但本质上，现实的存在源自真主，终将复归于真主。所以，现实世界是虚幻的存在，唯有真主是真实的存在。伊本·阿拉比的思辨学说为伊斯兰教神秘主义教义奠定了基础。伊本·阿拉比以后的苏非学者大多只是对他的著作进行注释或再注释，并没有什么创造性的发展。因此，伊本·阿拉比的影响无人可以企及，达到了神秘主义的顶峰。①

伊本·赫勒敦对苏非主义的论述，主要集中在以下几方面：一是对苏非主义的内涵进行了界定。伊本·赫勒敦认为：苏非主义源于伊斯兰教，是以早期灵族先辈（先知穆罕默德的弟子和再传弟子）的宗教实践为基础，苏非之道是通向真理和正确的道路。苏非主义的宗旨是长时期的礼拜，选择避世隐居的生活，背离虚幻的世俗世界，弃绝世俗的享乐、财富和地位，全身心地投入到对真主的信仰。②二是对苏非主义兴起的时间进行了界定。伊本·赫勒敦认为：8世纪以后，随着世俗欲望的日益强烈，一批恪守伊斯兰精神的虔信派穆斯林弃绝世俗的荣华富贵，开始选择避世索居的生活，专注于对真主的信仰，苏非主义随之兴起。③三是对苏非主义的修行路径进行了说明。伊本·赫勒敦认为：苏非主义代表禁欲主义，是对宗教信仰实践的迷恋。苏非主义的宗教实践来自于对真主信仰的实践。信徒通过对世俗的超越，

---

①根据王俊荣：《天人合一 物我还真：伊本·阿拉比存在论初探》（导言）整理而成，宗教文化出版社，2006年，第12～24页。

②Ibn Khaldun, An Introduction to History, Translated and introduced by Franz Rosenthal, Abridged and edited by N.J.Dawood,Princeton: Princeton University Press,2005,p.358.

③Ibid,p.358.

按照一定的修行路径进行修行，最终实现对真主独一性的认识和精神上的满足。信徒修行过程中，最基本的是要顺从和真诚，对真主的顺从和真诚的品质是认识真主独一性和获得精神上满足的必备条件，并且要成为信徒的一个基本信念，浸透于其灵魂深处。信徒在修行过程中，需要在各方面审视自己的行为，并体验信仰背后隐藏的秘密，因为修行的结果来自于自身神秘的修行体验。①信徒的神秘主义隐退、精神修炼不能停留于肉体的感知上，苏非主义领悟的神圣世界用感官根本无法感知，属于精神世界。当精神由外部感觉转向内部时，感觉减弱，精神增强并且占主流地位，随着精神修炼的进一步实践，人类的灵魂认识到了本质的存在。此时，精神准备接受神的恩赐，人类的精神认识到了自己的真正本质，并且向天使的层次靠拢。感觉面纱的移出通常发生在执着于神秘主义修炼的人中，他们感觉不到现实的存在。他们将注意力转向了感觉面纱的移出，重点讨论超感觉的存在。他们采用不同的方法抑制感觉的力量，而注重精神的修炼，以便灵魂能够对其自身本质的感知。当其发生时，他们相信整个的存在被灵魂的观念所包围，存在的本质在其面前显现，从神圣的宝座到光照中，其感知到了现实存在的所有本质。②四是对苏非主义讨论的主题进行说明。伊本·赫勒敦认为：苏非主义讨论的主题有四个。其一，通过一步一步虔诚的修炼和自省的经历，最终进入神秘和狂喜的境界。其二，揭开感性的帷幕，体验诸如神性、神的宝座、天使、天启等超自然的存在，认为现世的被造物是造物主创造的。其三，现世的种种被造物和各种活动是神的恩赐。其四，在苏非的术语中被称为"狂喜的言论"，这种言论的内涵是无法理解的。③对于苏非主义讨论的第一和第三个主题，伊本·赫勒敦持赞成态度。他说：对于虔诚的修炼、神秘和狂喜的体验以及自省等神秘的体验，我们不应该拒斥，这

---

①Ibn Khaldun, An Introduction to History, Translated and introduced by Franz Rosenthal, Abridged and edited by N.J.Dawood, Princeton: Princeton University Press,2005,p.358～360.

②Ibid,p.360～361.

③Ibid,p.365～366.

是导向幸福的关键因素。对于苏非主义关于神的恩赐的内容，应该持赞成态度。对于苏非主义讨论的第二个主题，伊本·赫勒敦采用了辩证分析的方法。他说：关于揭开感性帷幕等内容的表述，是建立在直觉体验的基础上，对于缺乏直觉体验的人，无法有同样的神秘体验。苏非主义者所讲的神秘体验是无法用语言表达的，因为语言的发明只为了表述可感知的事物和普通的和可接受的观念。对于苏非主义讨论的第四个主题，伊本·赫勒敦持怀疑态度。他说：关于"狂喜的言论"的表述是值得怀疑的，会激起正统穆斯林的责难。对苏非主义而言公正的态度就是远离理智，才能获得神秘体验，而且这种神秘体验是无法用语言表达的。苏非主义以完美著称在于其坚守了与此相关的立场。狂喜的经历很难表达，因为没有惯常的方法来表达。因此，哈拉智被处于死刑，是因为其没有远离理智的状态下发表狂喜的言论。①

5.梦的解析学

梦的解析是伊斯兰教教义体系的一个重要组成部分，也是穆斯林宗教生活的一项重要内容。《古兰经》中就有许多关于梦及对梦的解析的内容。关于梦的节文，如"当时优素福对他父亲说：'我的父亲啊！我确已梦见十一颗星和太阳、月亮，我梦见他们向我鞠躬。'"（12：4）"你的主这样拣选你，他教你圆梦，他要完成对你和对叶尔孤白的后裔的恩典，犹如他以前曾完成对你的祖先易卜拉欣和易司哈桥的恩典一样，你的主确是全知的，确是至睿的。"（12：6）《古兰经》中也有许多关于解梦的内容，如"有两个青年和他一同入狱，这个说：'我确已梦见我挤葡萄汁酿酒。'那个说：'我确已梦见我的头上顶着一个大饼，众鸟飞来啄食。请你替我们圆梦，我们的确认为你是行善的。'"（12：36）"同监的两位朋友啊！你们俩中有一个要替他的主人斟酒，有一个要被钉死在十字架上，而众鸟飞到他的头上来啄他。你俩所询问的事情，已被判决了。"（12：41）

---

① Ibn Khaldun, An Introduction to History, Translated and introduced by Franz Rosenthal, Abridged and edited by N.J.Dawood, Princeton: Princeton University Press, 2005, p.366～367.

　　《古兰经》之所以有许多节文都涉及梦的问题,主要因为梦的启示性作用。根据《古兰经》的记载以及先知穆罕默德的训诲,穆斯林们常常把梦看作是真主对人类的一种默示和提醒, 通过梦境来实现对人的指导。①关于这一点,《古兰经》中也有相关内容,如"真主确已昭示他的使者包含真理的梦兆,如果真主意欲,你们必定平安地进入禁寺,有的人剃头,有的人剪短发,你们将永不恐惧。真主知道你们所未知道的,故在那件事之前,先有了一次临近的胜利"(48:27)。

　　关于梦的解析活动,早在先知穆罕默德在世的时候就已经开始,先知穆罕默德常常对梦的现象做出指导,也曾经亲自给圣门弟子解梦。后世学者根据《古兰经》和"圣训"中有关梦的论述以及先知穆罕默德对梦的解析,逐步发展出了梦的解析学。其中,伊本·西林的《伊斯兰圆梦大全》当属比较有代表性的著作。

　　伊本·赫勒敦对梦的解析学的论述, 主要集中在以下几方面:一是对梦的解析学的学科性质进行定位。伊本·赫勒敦认为:梦的解析学属于伊斯兰教义学的一门学科,源自伊斯兰教。②二是对梦兆的现象进行解释。伊本·赫勒敦认为:梦兆是一种超自然的感知。先知获得启示就是从梦兆开始,当先知晨礼的时候,他常常会问周围的人,"是否有人有梦兆", 目的是为了从梦兆中获得关于伊斯兰发展的相关预兆。③

　　(二)理性学科

　　伊本·赫勒敦认为:任何具有思维能力的人都有研究理性学科的天赋,它并不局限于某个宗教团体,所有宗教团体都有平等的资格学习与研究理性学科。自从人类有文明以来,理性学科就存在,并被人类不断认识和研究。理性学科被人类称为智慧之学。④伊本·赫勒

---

①无花果:《穆斯林梦学探析》,香港天马出版有限公司,2011年,第2页。

②Ibn Khaldun, An Introduction to History, Translated and introduced by Franz Rosenthal, Abridged and edited by N.J.Dawood, Princeton: Princeton University Press, 2005, p.367.

③Ibid, p.367～368.

④Ibid, p.371.

敦视域中的理性学科有四大类：一是逻辑学；二是物理学；三是形而上学；四是研究与数量有关的学科。共有4门：第一门是几何学；第二门是算数‸第三门是音乐；第四门是天文学。关于理性学科的产生顺序，伊本·赫勒敦认为：逻辑学是最早产生的。次之是与数量有关的学科，关于与数量有关的学科的产生顺序，依次是算数、几何学、天文学、音乐。再次之是物理学。最后是形而上学。①

1.逻辑学

逻辑学在伊斯兰世界的出现和发展，主要有三个原因：一是"百年翻译运动"前夕，伊斯兰世界出现的各种教派，在相互辩论中，为了使自己的主张不被驳倒，迫切需要逻辑学为其服务。二是8世纪中叶的"百年翻译运动"，推动了逻辑学在伊斯兰世界的出现和发展。当时，希腊和罗马的一些学者如亚里士多德、盖伦（129～199年）、波非力（233～约305年）等人的逻辑学著作被大量翻译。三是阿拉伯亚里士多德学派对古希腊罗马逻辑学的注释，使逻辑学在中世纪的伊斯兰世界迅速发展起来。如法拉比对亚里士多德《工具论》等逻辑学著作的翻译和注释；如伊本·西那在《逻辑学节要》《论〈范畴篇〉要旨》等著作中对逻辑学的详细解释和阐述；拉齐对亚里士多德三段论的批驳以及对归纳推理方法的发展等；伊本·路世德对亚里士多德逻辑学著作的诠释并著有《驳哲学家的矛盾》和《逻辑导言》等。四是以伊本·哈兹姆和安萨里为代表的教义学家、教法学家对宗教和逻辑的调和，使逻辑学在教义理论和教法原理学等方面的研究中广泛运用。如安萨里从经训中寻找逻辑学存在的证据，并依据《古兰经》明文提出了著名的逻辑学五大准则。他认为逻辑学有其教门依据，是众先知的遗产，并将逻辑学引入到教法研究中，把逻辑引进伊斯兰学校的课程。②

伊本·赫勒敦对逻辑学的论述主要集中在以下几方面：一是逻辑

思维能力是人区别于动物的一个重要标志。伊本·赫勒敦认为：人类与其他动物都具备运用自己的感觉器官对外界进行感知的能力，人类与动物的区别在于人能够对感知的事物抽象出共性或一般，并能够形成具有普遍性的概念。人类特有的逻辑思维能力使人类能够从感知事物的现象中抽象出其本质，使人类能够获取知识，辨别正误。[①]

二是对逻辑学学科性质进行定位。伊本·赫勒敦认为：逻辑学是为了保证人类在自身思维范围内，对未知事情认识和推理过程中避免错误，揭露事实，并使人们在内涵和证据方面辨别正误的一门学科，该学科为研究哲学或其他学科的辩论服务。[②]三是对亚里士多德逻辑学的内容进行了介绍。伊本·赫勒敦认为：古人在最初讨论逻辑问题时，仅仅停留于零散命题的无系统的说教上，此种逻辑方法长时期没有改进。后来，古希腊的亚里士多德改进了逻辑研究方法，对逻辑问题及其相关的细节采用了系统的研究方法，赋予了逻辑学以合理的位置，把逻辑学作为首要的哲学性学科，并将其作为哲学的导引，因而获得了"第一导师"的美誉。亚里士多德的逻辑学著作被后人汇编在一起统称为《工具论》[③]。《工具论》共8篇，其中3篇是关于演绎推理的，5篇是关于演绎推理的具体运用。第一篇为《范畴篇》，论述了最高的类，该类是从具体事物抽象出来的，此类之上再无类可言。第二篇为《解释篇》，论述了各种各样的命题。第三篇为《分析前篇》，论述了三段论的有关内容。第四篇为《分析后篇》，论述了三段论推理对认识真理的重要性，论述了三段论中"前提"的相关问题，定义和定词在三段论中的重要性等问题。第五篇为《论题篇》，主要讨论了论辩的一些著名方法。第六篇为《辩谬篇》，主要讨论诡辩式反驳的问题。第七篇为《修辞篇》，主要讨论"说服方式"。第八篇为《诗法篇》，诗法是演绎

---

① Ibn Khaldun, An Introduction to History, Translated and introduced by Franz Rosenthal, Abridged and edited by N.J.Dawood, Princeton: Princeton University Press, 2005, p.382.

② Ibid, p.352、371、382.

③《工具论》的汇编由其注释者完成。

推理的一种方法,三要讨论在演绎推理中比喻、明喻以及相关命题的运用等内容。希腊哲学家还撰写了一本论述纲目、差异、种类、属性和事件五种普遍规则的著作,作为第九篇。所有这些著作都被翻译成了阿拉伯语了,法拉比、伊本·西那和伊本·鲁世德等穆斯林哲学家还为这些著作写过评论和节本。[1]

2.物理学

在亚里士多德的学科分类中,物理学是一门重要的学科。亚里士多德将物理学定位为以自然界存在物的生成变化为研究对象的一门学科。按照我们惯常的说法,亚里士多德的物理学应属于自然哲学的范畴。亚里士多德的物理学涉及了物理、天文、生物等领域的生成变化、根源及其规律等内容。

亚里士多德的物理学在伊斯兰世界的兴起和发展与中世纪伊斯兰世界的"百年翻译运动"以及阿拉伯亚里士多德学派对亚里士多德物理学的注释和发展密切相关。在"百年翻译运动"期间,对亚里士多德物理学著作的翻译有:古斯塔·本·路加(820～900年)翻译的亚里士多德《物理学》的前4卷,除此之外亚里士多德的《物理听察》《天体和世界》《上界的影响》《论生灭》等物理学著作也都被译成阿拉伯文。阿拉伯亚里士多德学派对亚里士多德物理学注释的内容有:伊本·西那在《治疗论》中将物理学分为物理听查、天体和世界、生与灭、感觉和所感、矿物和上界的影响、论灵魂、植物学、动物学八大类。伊本·鲁世德的《亚里士多德物理学和神学著作大全》《物理听察节要》《物理听察注》等皆是这方面的典型。正如伊本·赫勒敦所言:在麦蒙时代,亚里士多德在物理学及其相关学科的著作引起了学者们的高度重视,有许多著作被翻译成了阿拉伯文,并且还撰写了评论和注释。[2]在这方面最全面的著作是伊本·西那的《治疗论》。《治疗论》涉及了7个

---

[1]Ibn Khaldun, An Introduction to History, Translated and introduced by Franz Rosenthal, Abridged and edited by N J.Dawood,Princeton: Princeton University Press,2005,p.382～385.

[2]Ibid,p.385～386.

学科。在物理学方面,伊本·西那在许多问题上反对亚里士多德的观点,表达了自己的观点。相反,伊本·鲁世德只为亚里士多德的著作撰写了节本,并且进行了评论,但他并未反对亚里士多德的观点。①

伊本·赫勒敦在物理学方面的论述,主要集中于以下两方面:一是伊本·赫勒敦在继承亚里士多德对物理学学科定位的基础上,将物理学学科定位为:研究天体及其实体、人、动物、植物、矿物及其衍生物等相关要素的运动与静止,研究地球上的泉水、地震以及大气中的云、蒸汽、雷电、光以及暴风雨等现象的形成,研究人、动物和植物不同形式灵魂运动初始状态的学科。②二是将农业视为物理学的一个分支,并对农业的研究内容以及古希腊农业著作被翻译成阿拉伯文的情况进行了说明。伊本·赫勒敦说:农业是物理学的一个分支。农业主要研究植物的培育、病虫害的防治、土壤肥力的提高、时令季节的选择等有助于植物生长的相关内容。古人非常重视农业的研究,他们站在植物种植和培育的角度、植物性能的角度、植物灵性的角度、与植物灵性相关的星宿以及天体的角度、与巫术相关的角度来研究农业。古希腊关于农业的著作《奈伯特人的农业》被翻译成了阿拉伯文,包含了上述很多方面农业的信息。③

3.形而上学

形而上学是亚里士多德三大类学科中的理论学科的一种,亚里士多德视域中的形而上学是关于实体的学说,以"不动的动者"为研究对象。所谓"不动的动者"是指自然存有物之外的一类存在。此处的自然存有物即包括地球上生灭变化的万物,也包括宇宙中各种永恒存在的星辰。不管是地球上生灭变化的万物,还是宇宙中各种永恒存在的星辰都不是形而上学的研究对象,它们主要是物理学和天文学的研究对象。形而上学要研究所谓的"不动的动者"就是指要研究地

①Ibn Khaldun,An Introduction to History,Translated and introduced by Franz Rosenthal, Abridged and edited by N.J.Dawood,Princeton: Princeton University Press,2005,p.385~386.

②Ibid,p.385~386.

③Ibid,p.388.

球上生灭变化的万物和宇宙中各种永恒存在的星辰背后的推动者和安排者,用当前流行的学术术语称其为"终极目的"。

亚里士多德的形而上学被伊本·西那和伊本·鲁世德等阿拉伯亚里士多德学派的学者进行过诠解和注释。伊本·赫勒敦说:亚里士多德有关形而上学的著作可供学者们研究。伊本·西那和伊本·鲁世德都为亚里士多德的形而上学的著作进行注释和撰写节要。①如伊本·西那的《治疗论》《哲学精华》《知识论》等著作对亚里士多德的形而上学进行了综合和创新。伊本·鲁世德的《亚里士多德形而上学注释》专门为亚里士多德的形而上学进行过注释。被誉为"第二导师"的法拉比对亚里士多德的大部分著作进行过翻译、校对和注释,其中《形而上学要旨》就是对亚里士多德形而上学著作的翻译和精解。

亚里士多德的形而上学经过伊本·西那和伊本·鲁世德等阿拉伯亚里士多德学派的学者进行诠解和注释后,对后世伊斯兰世界的学者在形而上学的研究方面产生了重要影响。伊本·赫勒敦关于形而上学的观点,就是在继承亚里士多德以及法拉比、伊本·西那、伊本·鲁世德等阿拉伯亚里士多德学派思想的基础上产生的。伊本·赫勒敦形而上学的观点主要集中在以下几方面:一是对形而上学的内涵和外延进行了界定。伊本·赫勒敦认为:形而上学是研究与存在相关的内容,具体讲,形而上学研究影响物质与精神的一般性问题,如本质、统一性、多样性、必然性、可能性等。研究万物的本源来自精神,研究精神如何创造万物以及创造万物的顺序。研究灵魂与肉体分离后的存在状态以及向其初始状态的回归。形而上学提供了存在的知识,获得形而上学的知识能够给人带来幸福。二是对理性和信仰的关系进行了说明,认为理性是为信仰服务的。伊本·赫勒敦认为:辩证神学家对与哲学相关的神学问题感到迷惑,因为哲学和神学在相关问题的研究上按照同一方向前进,神学与哲学研究的问题与主题具有一定的

---

① Ibn Khaldun, An Introduction to History, Translated and introduced by Franz Rosenthal, Abridged and edited by N. J. Dawood, Princeton: Princeton University Press, 2005, p.389.

相似性。因此,他们将神学与哲学混为一谈。这让人迷惑不解,但这是不正确的。辩证神学关于信仰的问题源于早期穆斯林的宗教教律,并非建立在理性的基础上,理性与宗教教律无关,辩证神学家在信仰真理的确认上并非像哲学家那样借助于理性的力量,他们对理性的运用主要为了服务于信仰,主要为了驳斥运用理性诠释信仰的革新家。理性的运用必须以信仰为基础,并且建立在传统证据的基础上。①信仰和理性有各自不同的位置。先知穆罕默德的认识能力要比哲学家们广阔,他的认识超越理性,包容理性,这种认识来自神光。因此,其认识能力并未囿于理性和感知。当先知将我们引向某种认识时,即使理性认识与其矛盾,我们也不必用理性来论证其是否正确。我们必须信仰先知要求我们信仰的东西,对我们不理解的东西,我们必须缄口不言。只有当异端用思辨性的新说去反对伊斯兰教的信条时,教义学家才有必要用理性的论据去反驳他们。辩证神学家不应该插手物理学和形而上学方面的问题。神学和形而上学有各自不同的主题和问题,应该将其区分开来,以便破除一些学者对此问题的迷惑。辩证神学似乎开创了用理性证据证明信仰的先河,事实并非如此,辩证神学家仅仅为了驳斥异教徒。同样,苏非极端派谈论狂喜的经历,他们将形而上学、辩证神学与他们自己的学科混为一谈。因此,他们讨论预言、合一、显化等问题。事实上三门学科有各自的不同和明显的区分。苏非主义声称的直觉经验与科学的观点和方法相差甚远。②学者们研究了早期神学家设立的基本前提。在逻辑学的帮助下他们拒绝了许多前提,并且提出了许多不同的观点。学者们的许多观点都来自于物理学和形而上学的哲学争论。这些学者在术语和方法的运用上与传统有很大差异。他们争论的焦点是反驳哲学家关于信仰的不同论断,他们对一些哲学家的观点持势不两立的敌对立场,并驳斥了其中的

①Ibn Khaldun, An Introduction to History, Translated and introduced by Franz Rosenthal, Abridged and edited by N.J.Dawood,Princeton: Princeton University Press,2005,p.388~389.

②Ibid,p.390.

一部分观点。①后来的学者决心要对哲学进行干预,但是在干预过程中,他们对哲学和神学这两门学科感到迷惑,因为这两门学科研究的问题具有极大的相似性。神学家从存有物及其存在的条件中推演造物主及其属性,在神学家研究的存有物中的自然存在物又是哲学研究的主题。但是哲学与神学对自然存有物的研究侧重点不同,哲学家研究存有物的运动和静止,而神学家研究存有物及其运动和静止背后的造物主。在形而上学的研究上,哲学家侧重于研究存有物的本质,而神学家侧重于存有物本质背后的推动者。总之,对神学家而言,神学的目的是通过逻辑争论来证明宗教教律信条的正确性。然而,这两种方法被后来的学者所混淆,哲学和神学的问题被混为一谈,不能合理地进行区分。早期穆斯林对辩证神学信条的调和遵循了传统神学的方法,并且与后来学者持有的方法进行了区分。总的来说,异端和所谓革新者应该遭到拒斥,正统派的宗教领袖已经在自己的著作中反对异端,保护传统神学。②

4.与数量有关的学科

伊本·赫勒敦认为:研究与数量有关的学科共有 4 门:第一门是几何学,第二门是算数,第三门是音乐,第四门是天文学。③

(1)几何学

伊本·赫勒敦认为:几何学是主要研究测量问题的分支学科,包括数的连续性和非连续性、线的一维性、平面的二维性、立体图形的三维性。其还涉及测量的一些基本属性,如任何三角形的内角和等于两个直角和,任何两个平行线无限延伸都不会相交。几何学的分支学科有球体、圆锥体和机械学,测量学,光学。④

首先从希腊文翻译成阿拉伯文的几何学著作有欧几里得的《几

---

①Ibn Khaldun, An Introduction to History, Translated and introduced by Franz Rosenthal, Abridged and edited by N.J Dawood,Princeton: Princeton University Press,2005,p.352.

②Ibid,p.353～354.

③Ibid,p.371～372.

④Ibid,p.378～380.

何原本》。《几何原本》共 15 卷,四卷关于平面几何的知识,一卷是关于比例问题,一卷是平面之间的相互关系问题,三卷是关于算数的问题,五卷是立体几何方面的知识,第十卷主要研究给定量和无理量的问题。欧几里得的《几何原本》是几何学的开山之作,被写成许多节本,许多学者为其写过评注,如伊本·西那在其《治疗论》中写过几何学专论。①

（2）算数

伊本·赫勒敦认为:算数是关于非连续性数量的必然性和偶然性的知识,其分支为计算、代数、继承法、商业算数。②计算是算数的一个分支,是关于整数和分数的加减乘除运算以及方根的相关内容。③代数是对存在相互关系的已知数量推导出未知数量的一门分支学科。④商业算数是伴随着城市商品交易而产生的一门分支学科,涉及商品的买卖中相关数据的计算,土地的测量,善款的计算等。西班牙的数学家在这方面撰写了许多著作。⑤继承法涉及对合法继承人遗产的合理运算。这是一门非常重要的分支学科,早期和晚期的许多学者撰写了大量的著作。⑥

（3）音乐

音乐与人类所处的自然环境、民族类型、情感表达方式以及从事的工作等都有密切关系,这些因素都会影响音乐的风格与调式。生活在大漠中靠游牧为生的阿拉伯人在蒙昧时期就创造了各式各样的歌曲,有商队的歌曲、战争的歌曲、宗教的歌曲、情歌等。希提根据麦斯欧迪所记载的传说,商队的歌曲起源是民族建立者之一木达尔·伊本·麦阿德从骆驼上摔下来,把手挫伤了,他用甜美的声音喊叫说:

---

①Ibn Khaldun, An Introduction to History, Translated and introduced by Franz Rosenthal, Abridged and edited by N.J.Dawood, Princeton: Princeton University Press, 2005, p.378.

②Ibid, p.372.

③Ibid, p.375 ~ 376.

④Ibid, p.376.

⑤Ibid, p.377.

⑥Ibid, p.377 ~ 378.

呀! 我的手! 呀,我的手! 他的喊声配合着骆驼的步调,使骆驼按着节拍行进。这种喊声创造了"赖斋子"韵律,这个韵律被应用于商队的歌曲,而成为一切韵律中最简单的形式。①奥斯曼时代,人们学会了怎样使用声乐和器乐和谐起来,把节奏应用于歌曲旋律,男性的职业音乐家初次出现了。如麦地那的突韦斯(632~710年),被认为是伊斯兰教歌手的祖师。人们认为首先把节奏应用于阿拉伯音乐,而且首先在手鼓的伴奏下用阿拉伯语歌唱的就是他。倭马亚时代,麦加城,特别是麦地那城,变成了歌曲的苗圃和音乐的温室。倭马亚王朝的第二任哈里发叶齐德一世本人就是一位作曲家, 他把歌唱和乐器引入大马士革的宫廷。②阿拔斯王朝时期是阿拉伯音乐发展的关键时期,随着"百年翻译运动"对波斯、印度、古希腊等音乐书籍的翻译,一些对音乐的热衷者开始学会谱曲和乐器的制造,他们将波斯、古希腊和印度等地的音乐与阿拉伯的旋律结合起来进行音乐创作, 出现了诸如易斯哈格·摩苏里(767~850年)等音乐泰斗。同时,由于受古希腊音乐理论的影响,一些学者开始音乐理论的研究。希提认为:"从这些和其他希腊著作家的书里(引者注:如亚里士多德关于音乐的著作《问题书》《灵魂书》,格林的声乐书等),阿拉伯的著作家获得了关于音乐的初步科学概念,知道了声乐理论中的物理学原理和生物学原理。因此,阿拉伯音乐在理论方面,是发源于希腊的,在实践方面,纯粹是阿拉比亚式的。"③阿拉伯学者在音乐理论研究方面有突出贡献的主要集中于阿拉伯亚里士多德学派的一些成员,如铿迪在一篇论文中提出"节奏是阿拉伯音乐的组成部分"。法拉比被认为是"阿拉伯音乐史上最伟大的理论家"④,法拉比在音乐理论方面最知名的著作是《音乐大全》。伊本·西那将曾把古代有关乐理的著作加以撮要编入其《治疗论》。伊本·赫勒敦对音乐的研究主要受阿

①〔美〕希提:《阿拉伯通史》,马坚译,商务印书馆,1995年,第317~318页。

②〔美〕希提:《阿拉伯通史》,马坚译,商务印书馆,1995年,第320~324页。

③〔美〕希提:《阿拉伯通史》,马坚译,商务印书馆,1995年,第507页。

④〔美〕希提:《阿拉伯通史》,马坚译,商务印书馆,1995年,第436页。

拉伯音乐的影响(阿拉伯音乐重视调式、乐谱和节奏),特别是阿拉伯亚里士多德学派的影响,提出音乐是关于声乐的比率和调式及其数量方面的度量和知识,其成果是音律学。①

(4)天文学

伊本·赫勒敦认为:天文学主要关注的是天体的形状、位置,各种星球的数量,可见天体的运动及运动的方向和次序,天体的寿命等。通过星球运动的方式,天文学家采用几何学的方法推测出星球的形状、位置和运动轨迹等。如通过昼夜平分点差异的存在,天文学家推断出地球的中心不同于太阳的中心。古希腊人专注于天文观察,他们用自己发明的仪器观测特定的星球,他们将其称为星盘。天文学最好的著作之一是托勒密的《天文大集》。伊本·西那和伊本·鲁世德等著名的伊斯兰哲学家都概述过此书。②

天文学的分支有天文表(用来计算星球运动规律,确定星球位置)和占星术。③天文表建立在数学计算规则的基础上,通过天文学的方法对每一个星球的运动过程和运动特点,诸如快慢、顺时针或逆时针的运行等内容进行考察,目的是确定在特定时空范围内星球的位置。学者们在这方面也撰写了许多著作。④

占星术是基于天上日月行星运动和人间生命运动相对应的假设,阐述宇宙普遍概念的学问。⑤占星术起初起源于人们因耕作的需要而对天象的观察,后来人们将天象的变化与天灾人祸、统治者的命运、个人的祸福以及战争与和平等世俗事务联系起来,从而使天象的运行被人们带上了天国的宗教色彩。伊斯兰世界的学者对占星术的研究得益于对天文学的研究,正如希提所言:"占星学是天文学的女

①Ibn Khaldun, An Introduction to History, Translated and introduced by Franz Rosenthal, Abridged and edited by N.J.Dawood, Princeton: Princeton University Press, 2005, p.372.

②Ibid, p.372, 380 ~ 381.

③Ibid, p.372.

④Ibid, p.381 ~ 382.

⑤肖巍译:《占星术是什么?》,《世界科学》,1990 年第 6 期,第 47 页。

仆。"①而伊斯兰世界的学者对天文学的研究是在一部印度的天文学著作的影响下开始的,这部著作叫作《西德罕塔》,于771年从印度传入巴格达后, 由穆罕默德·伊本·易卜拉欣·法萨里译成阿拉伯语,被后代的学者当作范本。②伴随着学者们对天文学的研究,占星术作为天文学的一个组成部分,也被学者们重视,出现了一些研究占星术的知名学者,提出了一些重要的学术观点。如巴格达的艾卜·麦耳舍尔(886年卒)的4部著作被译成拉丁语,他不仅介绍了他那种关于星辰能影响万物的生死和祸福的奇妙的信仰, 而且把月亮的出没能影响潮汐的原理传入欧洲。③再如精诚同志社的星占学相信星宿能预示吉凶,甚至能直接影响月球以下的一切事物。他们认为太阳、木星、金星主吉,月亮、土星、火星主凶,水星既主吉、又主凶,并能赋人以学问,给人以善的或恶的知识。一个人如不夭折,其一生都要受到各天体逐一的支配,如胎儿在子宫着床,受土星支配,第二个月受木星支配,第三个月受火星支配,第四个月受太阳支配,第五个月受金星支配,第六个月受水星支配,第七、第八两个月受月亮支配,人体基本成形。人出生后各星体对人的肉体和精神都有支配作用,月亮助肉体发育,水星、金星助心智增长,太阳给人以妻财子禄和功名富贵,火星给人以勇敢义侠,木星指导勤修宗教功课,以归于来世,土星支配人达到安静的境地。④

　　伊本·赫勒敦对占星术的论述主要集中在以下几方面:一是对一些占星学家的观点进行了评述。伊本·赫勒敦说:占星家认为占星术是通过天象来预卜宇宙和人间事务的一种知识。早期的占星学家认为,占星术依靠长期的经验积累获得对星象的认识。一些占星家认为人们对星象的认识来自于启示。这是一种谬论。因为启示并非来自占

①〔美〕希提:《阿拉伯通史》,马坚译,商务印书馆,1995年,第445页。

②〔美〕希提:《阿拉伯通史》,马坚译,商务印书馆,1995年,第339～440页。

③〔美〕希提:《阿拉伯通史》,马坚译,商务印书馆,1995年,第445页。

④〔荷兰〕第·博尔:《伊斯兰哲学史》,马坚译,中华书局,1958年,第79～80页。

星术,而是来自真主。托勒密及其追随者认为星象对未来的预测,是通过存有物各种元素的"气质"来获得。托勒密说:"太阳和月亮对存有物各种元素的影响是明显的,如太阳影响了四季及其气质的变化、水果和农作物的成熟。月亮影响了湿度、水分以及黄瓜等物质的腐烂过程。"①二是对占星术所持的态度。伊本·赫勒敦总体上对占星术采取了否定态度。原因在于:由于当时人们天文知识的匮乏和对天文知识的猜想能力所限,占星术取得的成就是有限的;从理性学科的角度来讲,即使接受占星家的观点,承认星象的力量是影响事物发展的原因之一,不过是众多原因中的一种原因,不足以决定事物的发展结果;从宗教的角度考虑,认为星象对"大宇宙"和"小宇宙"产生影响的观点会动摇人们的宗教信仰,也会误导人们去举兵反对某个王朝。因此,占星术应该加以禁止。②

(三)其他学科

除了对宗教学科和理性学科的各门具体学科进行论述外,伊本·赫勒敦还对医学、巫术和驱邪术、炼金术、教育、阿拉伯语言学、阿拉伯文学等具体学科的情况进行了解释和说明。

1.医学

伊本·赫勒敦对医学的论述主要是以阿拉伯医学为蓝本,并结合了古希腊的部分医学著作。这可以从伊本·赫勒敦对医学的论述中得到印证。伊本·赫勒敦说:格林(约 200 年卒)曾经撰写过一部非常重要和有用的医学著作,其著作堪称医学领域的经典著作。该著作后来从希腊文翻译成了阿拉伯文。在伊斯兰世界里有一些技艺超群的医生,如拉齐(865～925 年)、麦朱西(994 年卒)和伊本·西那。③

阿拉伯医学源远流长,早在蒙昧时期,以游牧为生的阿拉伯人就

---

①Ibn Khaldun, An Introduction to History, Translated and introduced by Franz Rosenthal, Abridged and edited by N.J.Dawood, Princeton: Princeton University Press, 2005, p.405～406 .

②Ibid, p.407～409.

③Ibid, p.386～387.

依靠实际经验来给病人治病。他们在实践中总结了放血、抽血以及节食等疗法，并且还取用一些草药。对此，伊本·赫勒敦就有过论述：农牧文明居民的药物主要依靠经验，他们对药物的使用主要继承了部落长老或老妇人的经验，有些药物的使用偶尔会正确，然而，这些药物经验并未以自然规律为基础，也不符合人的性情。①伊斯兰教兴起后，赋予医术以合法的地位，先知说过："学问分为两类：宗教的学问和身体的学问（医学）。"②"百年翻译运动"期间，包括希腊、印度、埃及、波斯的医学典籍被大量翻译成了阿拉伯文。医术合法地位的取得以及百年翻译运动对医学典籍的翻译推动了阿拉伯医学的发展，除此之外对医学的严格管理和医生可观的收入也是促使医学发展的一个重要因素。据记载，9世纪中叶，巴格达哈里发政府，曾召集900个没有医务执照的医生公开考试。考试及格后，方能正式成为医生。10世纪初，在巴格达曾召集900个医生举行考试，因为他们都未达到考试及格的、可靠的医生水平，也没有取得合格证书。③景教徒伯赫帖舒（约卒于830年）曾任赖世德和麦蒙的御医，又任伯尔麦克族公馆的医生，积蓄了8880万第尔汗。赖世德的御医伯赫帖舒，每年给他放血两次，据说所得的报酬是10万第尔汗；每半年给他开一个轻泻药方，又得到同样的报酬。④中世纪阿拉伯医学的发展涌现出了一批知名的医学大家，如有被誉为"最伟大的穆斯林医生鼻祖"的拉齐，"阿拉伯医学王子"的伊本·西那等。其中伊本·西那的《医典》自12～17世纪，为西方各大学的医学读物，取代了古希腊医学家格林的著作。

伊本·赫勒敦认为：医学是研究人体疾病和健康的学科，医生在查明疾病原因的前提下，通过药物和饮食调节来治愈疾病和保持健

---

①Ibn Khaldun, An Introduction to History, Translated and introduced by Franz Rosenthal, Abridged and edited by N.J Dawood, Princeton: Princeton University Press, 2005, p.387.

②〔美〕希提：《阿拉伯通史》（上册），马坚译，商务印书馆，1995年，第295页。

③纳忠：《阿拉伯通史》（下卷），商务印书馆，1999年，第383页。

④〔美〕希提：《阿拉伯通史》（上册），马坚译，商务印书馆，1995年，第426页。

康。医学主要盛行于城市文明中。①

2.巫术和驱邪术

伊本·赫勒敦认为:巫术和驱邪术是研究人类灵魂借助或不借助神仙的帮助来对世界要素产生影响的学科。巫术和驱邪术认为人类个体灵魂是单一的,它们根据个体的差异有不同的种类,每一个体的灵魂与其他个体的灵魂不同,并且不会存在于其他个体的灵魂中,每一个灵魂都有自身的特质。一些巫师灵魂的特质能够对神和星宿的灵性施加影响,目的是为了能够利用这些超自然的力量。相反,占卜者灵魂的特质能够通过魔力感受超自然的东西。②

有魔力的灵魂有三个层级,第一层级的灵魂仅仅依靠精神的力量,无需借助任何器具来施展魔力。这一层级灵魂魔力的施展被哲学家称为巫术,第二层级的灵魂需要借助于一些元素(如水、火、土、气)的性情和数字的特性来施展魔力。这一层级灵魂魔力的施展被称为驱邪术,其魔力比第一层级要低。第三层级灵魂魔力的施展靠想象力,如对幻觉、设想、影像等的运用。魔力的施展者借助灵魂的力量让观察者对感知对象进行感知,结果幻觉在观察者的外部世界出现了,事实上这种情况并不存在。据说有人依靠幻觉感知到了花园、河流、城堡等,但事实上并不存在。这一层级被哲学家称为"变戏法"。③

巫术和驱邪术被宗教教律所禁止,因为巫术和驱邪术的实践者的实践对象直接指向星宿和其他事物而不是真主,他们对宗教是有害的。因此,这方面的书籍几乎不存在,唯一例外的是在摩西时代之前的古代民族(如那巴提安人、迦勒底人)有这方面的书籍。④

3.炼金术

中世纪阿拉伯的炼金术是从古希腊炼金术传承和发展而来,古

---

①Ibn Khaldun, An Introduction to History, Translated and introduced by Franz Rosenthal, Abridged and edited by N.J.Dawood, Princeton: Princeton University Press, 2005, p.386, 387.

②Ibid, p.391~392.

③Ibid, p.392.

④Ibid, p.391.

希腊早期的一些自然哲学家的自然观为古希腊炼金术的产生提供了理论指引。如泰勒斯将"水"视为世界的本原,阿那克西美尼将"气"视为世界的本原,赫拉克利特认为"火"是世界的本原,恩培多克勒将泰勒斯的"水"、阿那克西美尼的"气"、赫拉克利特的"火"继承的基础上增加了"土",创建了"四根说"。除此之外,柏拉图和亚里士多德关于元素之间的相互转化的论述也为炼金术的兴起产生了一定的启迪。随着黄金、白银等贵金属逐步作为交换媒介,为炼金术的发展提供了驱动力。炼金术士总结了诸如黑化、白化、黄化以及净化等一套将贱金属衍变为贵金属的方法。当然,炼金术士所炼出的并非全部都是黄金,这就造成了流通领域伪金的泛滥。曾一度遭到了当时帝国统治者的取缔与禁止。阿拉伯的炼金术是在吸收古希腊炼金术的基础上,结合东方的神秘主义和埃及的工艺学发展而来。与古希腊炼金术相比,阿拉伯炼金术侧重于实践和应用。如著名的炼金家格伯将中国的汞—硫理论和亚里士多德的四元素说相结合,提出大量新的炼金术理论。格伯认为:金属都是由不同比例和不同纯度的硫和汞组成,各种金属中各自所含的硫汞比例不同。黄金中所含硫汞比量正好平衡,其他金属则不平衡。贱金属通过调整自身硫汞比量,达到平衡即可衍变为贵金属。阿拉伯的炼金家们还将中国有关丹药的概念引入炼金术中,认为丹药是一类特殊的物质,它可以点化不完善的物质,还可以治疗任何不健康的物体——金属、矿物、植物、动物乃至人体,使之成为完善健康的物体,人体则可以长寿。丹药成为万应的灵药。[1]再如拉齐所著的《秘典》,该书实际上是一本化学工艺配方的集子,分别讨论了物质、仪器和方法。在他的实验中,基本的炼金过程如蒸馏、焙烧、结晶、蒸发和过滤都变得更加精确,实验室里使用的标准的蒸馏器、烧杯、烧瓶、漏斗、炉子也都开始和现代使用的仪器相似。[2]古希腊

---

①周嘉华等:《世界化学史》,吉林教育出版社,1998年,第119页。
②〔美〕莱斯特:《化学的历史背景》,吴忠译,商务印书馆,1982年,第46页。

炼金术的发展,中世纪阿拉伯炼金术的兴盛,各种炼金理论和方法的提出,为伊本·赫勒敦对炼金术的论述提供了丰富的素材。伊本·赫勒敦对炼金术的内涵进行了界定,对炼金术的基本方法进行了概括,对知名的炼金术学者进行了介绍,对有些人认为炼金术是一种简单易行的谋生之道的错误认识进行了批驳,对一些炼金术士的错误认识进行了揭露,对炼金术热衷于造假的行为进行了批判。

伊本·赫勒敦认为:炼金术是研究一些物质材料如何转化为金银,并对其操作程序进行评述的学科。炼金术要求炼金术士对被造物的特性进行深入的调查和研究,他们不但要对金属的特性进行调查研究,甚至对动物的废弃物也要调查研究,如骨头、毛发、蛋、排泄物等。炼金术通过调查来确定哪些被造物中蕴含潜在的金银,并确定采用哪些方法使潜在的金银材料转化为现实的金银。如通过升华和蒸馏对一些物质材料的自然成分进行溶解,通过钙化对可溶解的材料进行凝固,借助杵和研磨机等工具对凝固物进行粉碎,通过这些程序和技术会产生一些炼金术士所谓的"炼金剂"。然后对铅、锡、铜等金属材料用火进行加热,再放入一些"炼金剂",这些金属材料就会变为纯金。自古至今,人们都撰写过炼金术方面的著作。炼金术方面主要的学者有扎比尔·伊本·海扬(721~815年),炼金术士将其学说称为"扎比尔学科",其在炼金术方面的名著为《七十论》,该作者认为只有《七十论》才能打开炼金术的秘密。①

许多人把炼金术作为一种谋生之道,并且在贪婪欲望的驱使下倾其所力研习炼金术。他们认为,炼金术是一种简单易行的谋生之道,并且通过炼金术的实践,能够比别人获得更多的财富。但事实上,炼金术会面临众多困难,在当局的迫害下还会面临倾家荡产的结局。②

---

①Ibn Khaldun, An Introduction to History, Translated and introduced by Franz Rosenthal, Abridged and edited by N.J.Dawood, Princeton: Princeton University Press, 2005, p.397~398.

②Ibid, p.409.

炼金术士错误地认为，一些金属在人工的作用下可以互相转化，他们试图让银、铜、锡转化为金。从学理的层面来说，这是不可能的，因为金矿的形成是一个漫长的过程，炼金术士没有重现这个过程的能力。从宗教的角度来看，让金、银这些稀有贵金属作为商品交换和财富积累的尺度是真主的旨意，如果能靠人工制造出金银来，就违背了真主的旨意。[1]一些炼金术热衷于造假，他们在银和铜上面涂上金粉来欺骗消费者。一些造假者用他们的假冒产品在官方大印的掩盖下，在民众中流通，他们因此而大发其财，这是一种卑劣的和有害的职业。[2]

4.教育

伊本·赫勒敦对教育的论述是以阿拉伯教育为基础总结出教育的内涵、目的、态度和方法等教育的一般规律的。阿拉伯教育起始于7世纪，阿拉伯教育在伊斯兰教创建之初，教学形式和教学内容还主要局限于宗教的范围内。教师基本上由宗教教职人员担任，教学内容主要以《古兰经》和"圣训"为主。一些圣门弟子成为了阿拉伯教育的开拓者。随着伊斯兰教由阿拉伯地区性单一民族的宗教发展成为世界性的多民族信仰的宗教，阿拉伯人吸收希腊、拜占庭、波斯、印度等地的先进科学与文化而使得学术文化较前有所发展，各地纷纷兴建清真寺作为宗教和教育的中心，并附设有宗教学校等原因，阿拉伯教育开始有所发展。各地教育机构的学者和教师们不但在教育机构讲学，还四处游学，以便博采众长，他们对异质文化往往采取宽容的态度，促进了各地教学活动的蓬勃展开。在教学内容上，除了《古兰经》和"圣训"外，对科学、医学、哲学、天文学等学科也很重视。阿拔斯王朝时期，随着集图书馆、科学院、翻译局为一体的学术研究机构"智慧宫"在巴格达的创办，"百年翻译运动"的兴起，各地公共图书馆的兴

①Ibn Khaldun, An Introduction to History, Translated and introduced by Franz Rosenthal, Abridged and edited by N.J.Dawood, Princeton: Princeton University Press, 2005, p.409、410.
②Ibid, p.409.

建(如穆斯林西班牙就有 70 座公共图书馆)等原因,伊斯兰世界的学术文化达到了空前的繁荣,学术文化的繁荣带动了教育的空前发展。以穆斯林西班牙的哈克木时代为例,当时科尔多瓦创办了 27 所免费学校。以大学教育为例,科尔多瓦、塞维利亚、格拉那达等城市都有相当规模的综合性大学,其中哈克木时代的科尔多瓦大学在世界各大学中居于卓越地位,希提说:"这所大学比开罗的爱资哈尔大学和巴格达的尼采米亚大学还优越,它吸引了许多基督教学生和伊斯兰教学生,他们不仅来自西班牙各地,而且来自欧、非、亚三大洲。"①当时大学的教学内容不但有宗教学科,而且还教授哲学、法学、伦理学、算术、几何、物理、天文、生物、医学等。一些大学,如伊本·赫勒敦较为熟悉的科尔多瓦大学,不但进行教学活动,拓展教学范围,而且还展开了与教学相关的学术研究。阿拔斯王朝时期,阿拉伯教育的繁荣与发展为伊本·赫勒敦对教育学科的研究提供了丰富的素材。

伊本·赫勒敦的教育并非狭义上的学校教育,而是广义上的教育,凡是知识的获取都属于教育范畴。伊本·赫勒敦主要论述了教育的目的、人类获取知识的途径、教育应采取的正确态度和方法、学者游学活动的益处等内容。

关于教育的目的,伊本·赫勒敦认为,是人类为了获得对客观世界的正确认识。他说:众所周知,知识是人类的灵魂,真主创造了人类,并且赋予人类感知和思考等能力,目的是让人类获得知识,人类在获取知识的过程中,首先依靠知觉对客观世界进行感知,然后运用理性思维对客观世界的本质进行认识。人类在运用理性思维对客观世界的本质进行认识的过程中,会产生不确定的认识,需要通过教育或探讨等方式与他人进行交流,目的是修正自己的认识,最终能够获得对客观世界的正确认识。②

①〔美〕希提:《阿拉伯通史》(上),马坚译,商务印书馆,1995 年,第 631 页。

②Ibn Khaldun, An Introduction to History, Translated and introduced by Franz Rosenthal, Abridged and edited by N.J.Dawood,Princeton: Princeton University Press,2005,p.411.

　　人类获取知识的途径有以下几方面：一是通过"口头表述"来相互启发获得知识。伊本·赫勒敦说：人类的相互启发离不开"口头表述"，这种表述包括各种陈述和认识的期望值等，这是人类相互交流思想的第一步，也是最重要的一步。①二是通过著述交流思想，获取知识。伊本·赫勒敦说：著述是人类交流思想的第二步，交流的内容是人类认识中最重要的内容——科学知识。学者们将自己的思想撰写成著作，以便对后人有所帮助。世界各地学者的著作不计其数，在不同种族、民族和不同年龄段之间相互传递。这些著作，有的著作因为民族、宗教以及王朝等方面的不同而内容有所不同。而哲学著作却没有这方面的区分，因为哲学著作论述的是统一性、思维的本质、物质、精神等内容。②学者的著述，根据创作目的不同，分为七大类：一是原创性的著作。由权威的学者来完成，这些著作被一代一代使用，并且延续至今。二是注释性的著作。这类著作是学者对古代一些难以理解的著作根据理性和传统的方式对其进行注释和解读。三是勘误类的著作。一些后世学者，对古代一些学者的错误观点在找到确凿证据的前提下，对其进行纠正的著作。四是增补类的著作。对一些不完整或存在问题的著作，学者们著述对其进行增补，目的是对其进行完善。五是编纂类的著作。对一些没有章节和顺序的著作，学者们根据不同主题，按照章节的方式对其分门别类的重新编纂。六是钩沉类的著作。特定学科的内容和问题分散在其他学科的章节中，一些在特定学科知名的学者，对其进行搜集，加工和润色。七是节写类的著作。对一些内容冗长的重要的学术著作，一些学者对其进行缩写，在缩写的过程中，可以对重复的内容进行省略，而对关键内容不能有任何的删减和遗漏，以便使原创作者的真实意思能够保留下来。③当然，某一门学科

　　①Ibn Khaldun, An Introduction to History, Translated and introduced by Franz Rosenthal, Abridged and edited by N.J.Dawood, Princeton: Princeton University Press, 2005, p.411.

　　②Ibid, p.411～412.

　　③Ibid, p.413～414.

过多的学术著作会成为学生学习的障碍，因为那里会有大量的术语和方法要求学生全部掌握，由于学生时间和精力有限，他把全部精力都用于这些著作的学习上也难以全部掌握，结果影响了学生学习的动力和兴趣。[①]还有，大量的手册、摘要之类的著作对教育也没有好处。因为其包含的学科门类太多，并且脱离了原著的整体语境，学生难以理解。[②]三是通过语言文字获得知识。伊本·赫勒敦说：每一个民族都有自己的特殊的文字，其中三种文字是很有趣的：一种是叙利亚文，因为其是古老的文字。一种是阿拉伯语和希伯来语，因为他们分别是《古兰经》和《圣经》使用的文字。一种是拉丁文。当罗马帝国信奉基督教，他们将《圣经》作为自己的经典，他们将《圣经》和以色列先知的著作翻译成了他们自己的文字，便于简便易行地制定出法律。因此，他们对自己的语言文字非常感兴趣，比其他任何语言文字使用的频率都高。[③]

关于教育应采取的正确态度和方法，伊本·赫勒敦认为有以下几方面：一是对学生的教育应该采取循序渐进的方法。起初，教师在熟知特定学科内容、了解学生智力潜力和对特定学科掌握状况的前提下，用总结性的方式给学生介绍每一章节的基本问题，学生对这门学科及其涉及的问题有一个基本了解。接着，教师再引导学生返回到这门学科中来。此时，教师在前述的基础上，教授内容再提高一个层次，教师不再用总结性的方法，而是采用评论和解释的方法，教师对学科内容中需要理解的不同观点进行解释和评论。学生对这门学科有了进一步的了解。最后，教师再引导学生返回到这门学科中来，此时学生经过前两次的学习，基础知识已经掌握牢固了，教师可以将这门学科中复杂的、模糊的内容一览无遗地教授给学生。当学生对这门学科

[①]Ibn Khaldun, An Introduction to History, Translated and introduced by Franz Rosenthal, Abridged and edited by N.J.Dawood, Princeton: Princeton University Press, 2005, p.414～415.

[②]Ibid, p.415～416.

[③]Ibid, p.412～413.

的学习完成这三个阶段后，他就会掌握这门学科的全部内容。这是一种有效的教育方法。有些教师在教学过程中，颠倒了这种循序渐进的教学方法，结果达不到预期的教学效果。①二是教师在教学过程中，应该充分考虑学生的年龄层次和接受能力，教授的内容不应该超出其力所能及的范围。教师在特定学科教授的过程中，起初不应该给学生提特定学科中无法找到的问题，等学生对这门学科彻底掌握了以后，教师才可以这么做。这种方法，有利于培养学生学习和研究的兴趣，如果教师教授的内容和提出的问题过于迷惑和复杂，学生难以理解，他就可能对学习和研究产生绝望心理，变得懒散和不愿意思考。②三是教师在对某一学科的教授过程中，避免人为的间断很长时期，从而延长教学周期。这样容易使学生遗忘所学内容，并且容易对所学内容相互间混淆。③四是严厉地惩罚和粗暴地对待学生，不利于学生的成长和优秀品质的培养，特别对小孩不利。这会让他们感觉压抑，失去活力，变得懒散，容易说谎，虚伪狡诈，言行不一，自立能力差，不求上进。因此，教师在对学生的教育和家长对孩子的教育过程中不应该过于严厉。④

关于学者游学活动的益处，伊本·赫勒敦认为：学者通过游学活动，在权威学者的指导下，可以大大提高一个学者的学术水平。⑤

关于学者与政治家的区别，伊本·赫勒敦认为：学者很少有通晓政治的，因为学者习惯于理性思辨，习惯于从可感知对象中抽象出共性和普遍原理，学者也善于运用类比推理，学者的所有智力活动，都热衷于思想和理念。相反，政治家必须注重外部世界的种种现实，这些现实往往与普遍的原理不相符，甚至还相互矛盾。不同条件下的文

①Ibn Khaldun, An Introduction to History, Translated and introduced by Franz Rosenthal, Abridged and edited by N.J.Dawood,Princeton: Princeton University Press,2005, p.416~417.

②Ibid, p.417.

③Ibid, p.417.

④Ibid, p.424~425.

⑤Ibid, p.426.

明往往不能相互类比,他们可能在某一方面有相似之处,而在其他方面却有很大的不同,结果,善于抽象和类比的学者在政治方面往往容易出错。而不善于抽象和思辨,善于就事论事,依靠感觉行事的政治家在政治实践活动中往往得心应手。①

关于伊斯兰世界的许多学者都是非阿拉伯人的原因,伊本·赫勒敦认为:伊斯兰世界的许多学者都是非阿拉伯人的原因在于阿拉伯人起初没有科学和技艺的研究传统,他们主要以游牧为生,而科学和技艺是城市文明的产物。伊斯兰教兴起的一段时间,他们更多的关心伊斯兰教的传播,由于没有科学和技艺的需求,因此他们很少进行相关的研究和著述。当阿拉伯人由游牧文明转为定居文明后,起初他们热衷于王朝治理,无暇顾及著述。所以学者多为波斯人、阿拉伯化的非阿拉伯人或混血的阿拉伯人。②后来,由于穆斯林对了解其他民族学问的需求增强,大量著作都被翻译成了阿拉伯文,一些新出版的著作也都用阿拉伯文写成③,阿拉伯人的学者也就逐步增多。

5.阿拉伯语言学

阿拉伯语言学的发展与阿拉伯语的发展密切相关,阿拉伯语是以麦加城古莱氏人的语言为基础发展起来的,古莱氏人的语言随着伊斯兰教的传播逐步发展成为阿拉伯人的通用语言。正如纳忠所言:"《古兰经》是用古莱氏族的语言写下来的。于是《古兰经》和古莱氏语相得益彰,《古兰经》借古莱氏语传布到半岛各方;古莱氏语又借《古兰经》而成为全阿拉伯民族无可争辩的通用语。"④阿拉伯语随着阿拉伯人的对外征服,不断吸收波斯语、希伯来语、拉丁语和希腊语等外来语的生活和学术用语,逐步发展成为一个词汇丰富的语言。随着阿

①Ibn Khaldun, An Introduction to History, Translated and introduced by Franz Rosenthal, Abridged and edited by N.J.Dawood, Princeton: Princeton University Press, 2005, p.427~428.

②Ibid, p.428~430.

③Ibid, p.432~433.

④〔埃及〕艾哈迈德·爱敏:《阿拉伯—伊斯兰文化史》(第一册"译者序言"),纳忠译,商务印书馆,2001年,第8页。

拉伯语的发展，一套详细而缜密的阿拉伯语语法也逐步发展起来。首先从事语法研究者为巴士拉城的艾布·爱思瓦德，第一部完整的阿拉伯语著作是巴士拉的西伯威息（799年卒）完成的，其编著了一部阿拉伯语巨著，包罗了阿拉伯语语法的绝大部分内容。[①]赫立里（约786年卒）最先编纂阿拉伯语词典，他所编纂的阿拉伯语词典名为《阿因书》。他的学生西伯韦（793年卒）编写了第一部语法教科书，书名为《书》。[②]阿拉伯语及阿拉伯语语法的发展，为伊本·赫勒敦了解阿拉伯语言学提供了研究基础。

伊本·赫勒敦认为：语言也是一门技艺，是表达思想的技艺。语言表达好坏与否在于语言表达技巧的掌握程度。只有在适当的语境中，表达者反复实践才能有良好的表达技巧。[③]阿拉伯语言学包括四个方面的内容，即词典编纂、语法、句法和文学。阿拉伯语言学对伊斯兰宗教学者是非常必要的，因为所有的宗教教律皆源自于《古兰经》和"圣训"，而《古兰经》和"圣训"皆为阿拉伯语，而且穆罕默德及圣门弟子和再传弟子时代，都用阿拉伯语来传播伊斯兰教。[④]

6.阿拉伯文学

阿拉伯文学的兴起与发展既与蒙昧时期阿拉伯人对诗歌的钟爱有关，也与波斯、希腊文学的影响有关，还与伊斯兰教的兴起有关。阿拉伯文学以诗歌和散文见长。在伊斯兰教产生之前靠游牧为生的贝杜因人就钟爱诗歌，并以诗歌来衡量一个人的聪明才智。因为励志的诗歌能够激励整个氏族或部落，使他们团结起来为氏族或部落内部获取生存资料，对外共同对付侵略者，从这个意义上讲，诗人就是氏族或部落的代言人，是氏族或部落利益的捍卫者，正如艾哈迈德·爱敏

---

①〔埃及〕艾哈迈德·爱敏：《阿拉伯—伊斯兰文化史》（第一册"译者序言"），纳忠译，商务印书馆，2001年，第9页。

②〔美〕希提：《阿拉伯通史》（上册），马坚译，商务印书馆，1995年，第279～280页。

③Ibn Khaldun, An Introduction to History, Translated and introduced by Franz Rosenthal, Abridged and edited by N J.Dawood,Princeton: Princeton University Press,2005,p.438～439.

④Ibid,p.433.

所言:"蒙昧时代的阿拉伯诗人,大多数是最受族人尊重的,因为他们的职务是歌颂本族的功德,攻击本族的仇敌。"①这是其一。其二,蒙昧时期的阿拉伯人还没有形成哲学思维,对事物的认识还不能追根溯源和抽象概括,只能对所遇事物心有所感,并以赋诗的形式将其表达出来。因此,蒙昧时期阿拉伯的诗歌就比较兴盛,出现了诸如祖海尔、乌姆鲁勒·盖斯等著名诗人。伊斯兰教诞生后,由于要以伊斯兰教作为凝聚的核心,反对狭隘的部落意识,于是维护伊斯兰信仰成为了重中之重,阿拉伯诗歌曾一度衰落。正如希提所言:伊斯兰教的诞生是不利于诗神的。在征服和扩张的光荣时代,在"人人皆诗人的民族"中却没有一个诗人受到灵感。②倭马亚王朝时期,随着王朝政权的巩固,诗歌又一次兴盛起来。第一次正式出现了用阿拉伯语写作的爱情诗人,如被欧洲人誉为"阿拉比亚的奥维特(罗马的爱情诗人)"的爱情诗大王艾比·赖比耳等。阿拉伯的抒情诗在波斯诗歌的影响下也逐步兴起。政治诗在倭马亚王朝的赞助下也发展起来。阿拔斯王朝时期,由于王朝的历代哈里发都希望诗人为他们歌功颂德,因此千方百计保护诗人,使诗歌进一步发展。此时的诗歌在保护古典主义诗歌的同时,还发展起了新体诗,培养了许多一流的诗人,如艾卜·太马尔、阿拉·麦阿里等。阿拉伯的散文也随着伊斯兰教的兴起,穆罕默德和四大哈里发的传教和演说而逐步发展起来。到了阿拔斯王朝时期涌现出伊本·穆卡发(约724~759年)和查希兹(775~868年)两个散文大家。当然阿拉伯文学不仅限于诗歌和散文,还有以故事为体裁的文学作品等,如《一千零一夜》。但伊本·赫勒敦认为:阿拉伯文学主要有两个分支,一个是诗歌,诗歌有限定的字数、特定的韵律和节奏;另一个是散文。每一个分支有各自的子分支和表达方式。诗歌包括赞美诗和挽歌。散文有"韵律散文"和"平直散文"。很少有人同时擅长诗歌与

①〔埃及〕艾哈迈德·爱敏:《阿拉伯—伊斯兰文化史》(第一册),纳忠译,商务印书馆,2001年,第59页。

②〔美〕希提:《阿拉伯通史》(上册),马坚译,商务印书馆,1995年,第290页。

散文。①

伊本·赫勒敦认为:阿拉伯人给诗歌以很高的位置,他们将诗歌视为科学和历史的档案库。伊斯兰教建立起强大的王朝以后,诗人常常将自己的诗歌献给哈里发,哈里发根据诗歌的质量和在民众中的影响给予不同程度的奖赏。这个举措激发了诗人写诗的热情,促进了诗歌的发展。后来,非阿拉伯人的艾米尔们掌握了权力,由于他们缺乏阿拉伯诗歌的知识,诗人写诗也只是为了邀功请赏,雄心勃勃、身居高位的人也不屑于写诗了,于是诗歌走向衰落。②

四、伊斯兰教兴起前后部分学科的发展历史简述

在对一些学科具体情况进行论述后,伊本·赫勒敦还对伊斯兰教兴起前后部分学科的发展历史进行了简述。

伊本·赫勒敦认为:伊斯兰教出现之前,有两个伟大的民族,即波斯人和希腊人已经广泛地研究了许多学科。因为在伊斯兰教出现之前,他们有高度发达的文明,在他们所辖的城市和地区,学科迅速地繁荣起来。迦勒底人、叙利亚人和科卜特人研究过占星术和巫术,波斯人和希腊人曾向他们学习过这些学科,后来遭到几个宗教组织的禁止。因此,占星术和巫术流传下来的不多,只有一些工艺人保留了部分残余。在波斯人当中,理性学科曾经扮演过重要角色,据说理性学科从波斯传入了希腊,当穆斯林征服了波斯,许多理性学科的书籍和论文都遭到了破坏,波斯的许多学科因此失传。拜占庭王朝最初属于希腊,理性学科占有很重要的地位,他们培养了许多著名的学术泰斗和学派,有因其创始人在斯多葛的画廊讲学而得名的著名的哲学学派斯多葛学派,有哲学泰斗苏格拉底、苏格拉底的弟子柏拉图、亚历山大大帝之师被称为"第一教师"的亚里士多德等。当希腊

---

①Ibn Khaldun, An Introduction to History, Translated and introduced by Franz Rosenthal, Abridged and edited by N J.Dawood, Princeton: Princeton University Press, 2005, p.441～443.

②Ibid, p.455～456.

王朝衰落，罗马帝国掌权后，回避理性学科。不过在其图书馆的学术作品中，这些学科仍然保持着其生命力。①

伊斯兰帝国之初，并不注重各种技艺。但是随着帝国的繁荣，文明的发展，他们也渴望学习哲学性的各门学科了。具有一些学科知识的哈里发麦蒙（813～883 年在位）派使节到拜占庭了解希腊科学。大量的学科资料被翻译、保存与搜集。穆斯林科学家们从此坚持不懈地学习和研究希腊科学。他们特别注重研究亚里士多德的著作，积累了丰富的研究成果，并且在许多方面提出了不同的观点，在理性学科方面超过了自己的前辈。东方的法拉比和伊本·西纳，西班牙的伊本·鲁士德和伊本·巴哲都属于最伟大的穆斯林哲学家。研究数学、占星术和巫术最著名的学者，东方有伊本·哈彦，在西班牙有麦斯莱麦·麦只里帖及其弟子。②理性学科成功地渗透到伊斯兰帝国，许多人痴迷于研究理性学科，并认可其相关观点。后来，随着文明在西班牙和马格里布的衰落，理性学科也随之衰落，只有一些残余被正统宗教学者控制。东方的理性学科还很繁荣，因为那里的城市文明仍然处于繁荣和发展状态。在罗马及其临近的欧洲基督教国度里，哲学性学科又重新被培育起来，在许多学校里教授和研究理性学科，懂得理性学科的学者和学生人数很多。③

五、评价与思考

众所周知，在亚里士多德之前，哲学是一门包罗万象的学科，各门具体学科尚未从哲学中分化出来。亚里士多德总结了古希腊哲学和科学的成就，首次对各门具体学科进行了划分，并且明确提出了学科分类理论。亚里士多德的学科分类理论即包括对各门具体学科的

---

①Ibn Khaldun, An Introduction to History, Translated and introduced by Franz Rosenthal, Abridged and edited by N.J.Dawood, Princeton: Princeton University Press, 2005, p.372～373.

②Ibid, p.374.

③Ibid, p.374～375.

划分,也包括其在许多著作中对具体学科内容的详细阐述。中世纪的
伊斯兰世界学科分类理论的发展即与8～9世纪"百年翻译运动"对
亚里士多德学科分类理论的译介有关,也与阿拉伯亚里士多德学派
对亚里士多德学科分类理论的译介、诠解和注释有关,当然也与在中
世纪的伊斯兰世界穆斯林学者对《古兰经》和"圣训"的注释以及对信
仰与理性关系的不同理解而发展起来的各门伊斯兰宗教学科有关。
"百年翻译运动"时期,几乎亚里士多德的所有著作如《诡辩论》《解释
篇》《论生灭》《论灵魂》《范畴篇》《伦理学》《形而上学》《论天》《逻辑
学》《诗学》《前分析篇》《后分析篇》《修辞学》《物理听察》《天体和世
界》《上界的影响》等都被翻译成了阿拉伯文,正如希提所言:"在翻译
时代结束之前,剩存的亚里士多德著作,都译成阿拉伯语了。"①阿拉
伯亚里士多德学派是9～12世纪的一批学者吸收了以亚里士多德为
代表的古希腊的哲学和自然观,用哲学诠释自然,以理性解释伊斯兰
教教义的学派,代表性的人物有铿迪、法拉比、伊本·西那、伊本·路西
德等,他们诠解、注释和发展了亚里士多德的许多学科的内容。如法
拉比的《亚里士多德各著作要领》《亚里士多德范畴篇注释》《亚里士
多德解释篇注释》《亚里士多德分析篇诠解》《亚里士多德物理学注》
《亚里士多德〈天和世界〉注》《亚里士多德伦理学引言》等。再如伊本·
路西德以精通亚里士多德的学说著称于世,甚至有人做出了"亚里士
多德解释了自然界,而伊本·路世德解释了亚里士多德"②的评价。伊
本·路世德对亚里士多德的著作不限于单纯的注释,而是在注释的基
础上对亚里士多德著作进行了总结、整理和评论。

　　伊本·赫勒敦的学科分类理论在继承亚里士多德的学科分类理
论及阿拉伯亚里士多德学派学科知识的基础上,进一步丰富和发展
了学科分类理论。伊本·赫勒敦学科分类理论的主要贡献在于:一是
在中世纪的伊斯兰世界首次根据各门学科的性质将各门学科进行了

---

① 〔美〕希提:《阿拉伯通史》,马坚译,商务印书馆,1979年,第368页。
② 蔡德贵:《阿拉伯哲学史》,山东大学出版社,1992年,第305页。

分类,并对每一门具体学科进行了详细论述。二是较为详细地解释和说明了中世纪的几乎所有的学科门类。伊本·赫勒敦的学科分类理论几乎囊括了中世纪发展的所有学科,仅伊本·赫勒敦解释和说明过的学科就有 20 多门。在中世纪伊斯兰世界的安萨里虽然也进行过学科的划分,但安萨里对学科的划分是以哲学家作为目的所追求知识的不同标准进行学科划分,且划分的学科门类较少,主要有数学、逻辑学、神学、自然、政治学和伦理学。①三是在信仰和理性关系的问题上提出了自己的独到见解。中世纪的伊斯兰世界是围绕信仰和理性关系问题争论最为激烈的时代,伴随着"百年翻译运动"对古希腊罗马学术著作的译介,学者们围绕理性和信仰的关系问题展开激烈的争论,产生了许多持不同观点的学术派别和学者。圣训学家主张"正信"是"服从",无需追问。穆尔太齐赖派则主张将理性作为信仰的准则,提倡大胆怀疑。以安萨里的为代表的正统派认为宗教与哲学分属于信仰领域和知识领域,二者不宜合而为一。"双重真理论"的倡导者伊本·路世德则认为"哲学是宗教的朋友,同胞姐妹,两者是结伴而行相亲相爱的。哲学和宗教带来的都是真理,真理和真理相辅相成,而非相悖相反"②。而伊本·赫勒敦也承认信仰和理性分属不同领域,在各自的领域都有自身的价值,但在信仰的维护上,伊本·赫勒敦反对用理性来确证信仰,否认通过理性的方式来体认真主,对真主的体认只有靠虔诚的信仰实践才能实现。伊本·赫勒敦说:哲学、占星术和炼金术在城市文明中得到广泛运用,他们对宗教可能带来很大的伤害。因此,有必要明白其本质,确立对其采取正确的态度。有些学者认为存在的本质与状态能够通过心智的思辨与智力的推理来认识。他们也认为,应该通过思辨而不是通过经外传说来确定信条是否正确。这些人被称为"哲学家"——falāsifah——这是希腊文,意思为"爱智之学"。他

---

① 丁士仁:《阿拉伯哲学名著译介》,中国社会科学出版社,2014 年,第 180 页。
② 〔荷兰〕第·博尔:《伊斯兰哲学史》,马坚译,中华书局,1958 年,第 193 页。

们确立了一套规则使理性思辨能够区别真伪，这些规则被称为"逻辑"。逻辑的精髓在于通过理性思辨区别真伪，从单个的存在中抽象出概念。从单个的存在中抽象出概念，这种抽象称为"初步的认识"，在"初步认识"的基础上抽象出更具普遍性的概念直至最高层次的属性，这种抽象称为"进一步的认识"。人类通过其自身的思维能力对这些"抽象的认识"进行研究，并且通过他们对存在之物进行感知和认识。出于这样的目的，人类的思维在明确理性思辨的帮助下对一些概念进行联系和区别，通过这种方式，并且按照合理的规则，人类就会对存在之物有一个正确的和恰当的认识。[1]哲学家们用研究人类的方法去研究天体，他们认为天体也像人类一样有一个灵魂和一种智能，即使没有教律，人类也能靠其智能惩恶扬善，从而体会到快乐。这种观点的代表是亚里士多德，最著名的穆斯林哲学家是法拉比和伊本·西那。[2]伊本·赫勒敦认为这种观点是错误的。因为他们将所有的存在都归因于"第一理智"，而忽视了"第一理智"之上还有一个神圣的创造者。这是其一。其二，伊本·赫勒敦认为，"初步的认识"与外部世界比较吻合，在这方面，人们应该承认哲学家的主张。但是，"进一步的认识"与外界的吻合就不够明确。至于精神性的存在不可能通过逻辑论证来认识和证明的。因为只有对于感性可以认识的事物才能够进行从个别到一般的抽象，我们不可能用感性去认识精神性的本质，相反，感性只是我们与精神性存在之间的帷幕，人类只有在梦中才能直觉地体验到这种精神性世界的存在。伊本·赫勒敦利用著名哲学家柏拉图的观点来支持自己的观点："关于神不可能取得任何确定的知识，人关于神所说的东西只是猜测而已。"而对神所说的东西的"猜测"，超越了人类感性和理性的限度，靠哲学思维是无法理

---

①Ibn Khaldun, An Introduction to History, Translated and introduced by Franz Rosenthal, Abridged and edited by N.J.Dawood, Princeton: Princeton University Press, 2005, p.398~399.

②Ibn Khaldun, An Introduction to History, Translated and introduced by Franz Rosenthal, Abridged and edited by N.J.Dawood, Princeton: Princeton University Press, 2005, p.400~401.

解的。伊本·赫勒敦认为,人类的认识能力分为两类:一是精神性的,无须任何中介;二是肉体性的,必须通过大脑和感官等肉体器官。①任何人都会享受到认识的快乐,无论是精神性的认识,还是肉体性的认识。如一个小孩第一次通过大脑和感官等肉体器官对其所见之光和所听之音感到愉悦。同样,人类通过来自自身灵魂获得的精神性认识,也会享受到无法形容的快乐和愉悦。这种认识无法通过理性思辨获得,必须剔除所有肉体的面纱并忘记所有的肉体感知。苏非主义通过精神性的体验就能够获得极大的愉悦和快乐。苏非主义通过长时间的修行,忘记了所有的肉体感知,精神得以升华,苏非主义修行者会享受到无比的快乐和愉悦。②人类通过逻辑推理获得的认识,无法获得精神性的认识,因为其借助于大脑的思考、想象和记忆来完成,属于肉体性的认识,包括亚里士多德、伊本·西那、伊本·鲁世德等哲学家的理性认识,还不是真正意义上的精神性的认识,这种认识仅仅揭开了感性的帷幕。而且,哲学家的理性认识也无法获得极乐之境。③只有揭去感性的帷幕,甚至终止大脑的思考,排除一切肉体带来的干扰,才能达到极乐之境。④

---

①Ibn Khaldun, An Introduction to History, Translated and introduced by Franz Rosenthal, Abridged and edited by N.J.Dawood, Princeton: Princeton University Press, 2005, p.401~402.

②Ibid, p.402~403.

③Ibid, p.403~404.

④Ibid, p.404~405.

参考文献

一、外文译著

1.〔美〕希提:《阿拉伯通史》,马坚译,商务印书馆,1995年。

2.〔美〕汤普逊:《中世纪晚期欧洲经济社会史》,商务印书馆,1992年。

3.〔美〕汤普逊:《中世纪经济社会史》,耿谈如译,商务印书馆,1984年。

4.〔德〕马克思:《资本论》(第1卷),人民出版社,1975年。

5.《马克思恩格斯选集》(第1卷),人民出版社,1976年。

6.〔美〕芬克斯坦:《艺术中的现实主义》,赵澧译,上海文艺出版社,1985年。

7.〔德〕黑格尔:《历史哲学》,王造时译,上海书店出版社,2001年。

8.〔美〕希提:《阿拉伯通史》,马坚译,商务印书馆,1979年。

9.〔意〕薄伽丘:《十日谈》,新文艺出版社,1958年。

10.〔荷兰〕第·博尔:《伊斯兰哲学史》,马坚译,中华书局,1958年。

11.〔埃及〕萨阿德·扎格卢勒:《阿拉伯马格里布史》(第一卷·上册),上海外国语学院《阿拉伯马格里布史》翻译组译,上海人民出版社,1975年。

12.〔法〕马塞尔·佩鲁东:《马格里布通史》,上海师范大学《马格里布通史》翻译组译,上海人民出版社,1974年。

13.〔英〕罗素:《哲学问题》,何兆武译,商务印书馆,2007年。

14.〔古希腊〕希罗多德:《历史:希腊波斯战争史》(上册),王以铸译,商务印书馆,1959年。

15.〔德〕黑格尔:《历史哲学》,王造时译,三联书店,1956年。

16.〔意〕维柯:《新科学》,朱光潜译,人民文学出版社,2008年。

17.〔美〕J.W.汤普森:《历史著作史》(上卷),谢德风译,商务印书馆,1988年。

18.〔意〕维柯著:《新科学》,朱光潜译,商务印书馆,1989年。

19.《马克思恩格斯全集》第3卷,人民出版社,1960年。

20.〔法〕埃米尔·迪尔凯姆:《社会学方法的规则》,胡伟译,华夏出版社,1998年。

21.〔法〕埃米尔·迪尔凯姆:《社会分工》,渠东译,三联书店,2000年。

22.《马克思恩格斯选集》(第4卷),人民出版社,1972年。

23.〔英〕阿诺德·汤因比:《历史研究》(修订插图本),刘北成、郭小凌译,上海人民出版社,2000年。

24.〔德〕伽达默尔:《真理与方法》(上卷),洪汉鼎译,上海译文出版社,1999年。

25.《马克思恩格斯选集》(第1卷),人民出版社,1995年。

26.《马克思恩格斯选集》(第4卷),人民出版社,1976年。

27.〔法〕孟德斯鸠:《论法的精神》(上册),张雁深译,商务印书馆,1963年。

28.〔英〕汤因比:《历史研究》(上),曹未风等译,上海人民出版社,1997年。

29.〔古希腊〕亚里士多德:《政治学》,吴寿彭译,商务印书馆,1981年。

30.《马克思恩格斯全集》(第3卷),人民出版社,1960年。

31.〔美〕刘易斯·芒福德:《城市发展史:起源、演变和前景》,宋俊岭等译,中国建筑工业出版社,2005年。

32.〔美〕乔尔·科特金:《全球城市史》,王旭等译,社会科学文献出版社,2006年。

33.〔美〕帕克·伯吉斯:《城市社会学》,宋俊岭等译,华夏出版社,1987年。

34.〔英〕伯纳斯·路易斯:《中东:激荡在辉煌的历史中》,郑之书译,中国友谊出版社,2000 年。

35.〔联邦德国〕赫伯特·戈特沙尔克:《震撼世界的伊斯兰教》,阎瑞松译,陕西人民出版社,1987 年。

36.《古兰经》,马坚译,中国社会科学出版社,1996 年。

37.《马克思恩格斯全集》(第 25 卷),人民出版社,1972 年。

38.〔古希腊〕柏拉图:《理想国》,郭斌和等译,商务印书馆,1986 年。

39.《阿拉伯哲学名著译介》,丁士仁译,中国社会科学出版社,2014 年。

40.〔伊朗〕萨义德·侯赛因·纳速尔:《伊斯兰教》,王建平译,上海古籍出版社,2008 年。

41.〔美〕莱斯特:《化学的历史背景》,吴忠译,商务印书馆,1982 年。

42.〔埃及〕艾哈迈德·爱敏:《阿拉伯—伊斯兰文化史》第一册,纳忠译,商务印书馆,2001 年。

二、中文著作

1.蔡德贵:《阿拉伯哲学史》,山东大学出版社,1992 年。

2.张旺山:《狄尔泰》,台北东大图书股份有限公司,1986 年。

3.秦惠彬:《伊斯兰文明》,中国社会科学出版社,1999 年。

4.高德步:《世界经济通史》(上卷),高等教育出版社,2005 年。

5.冒从虎:《欧洲哲学通史》(上卷),南开大学出版社,1985 年。

6.金宜久:《伊斯兰教》,宗教文化出版社,1997 年。

7.宛耀宾:《中国伊斯兰百科全书》,四川辞书出版社,1996 年。

8.刘一虹:《信仰与理性》,沈阳出版社,1997 年。

9.王俊荣:《天人合一 物我还真:伊本·阿拉比存在论初探》,宗教文化出版社,2006 年。

10.无花果:《穆斯林梦学探析》,香港天马出版有限公司,2011 年。

11.周嘉华:《世界化学史》,吉林教育出版社,1998 年。

12.蔡德贵:《东方著名哲学家评传》(西亚北非卷),山东人民出版社,2000 年。

13.纳忠:《阿拉伯通史》,商务印书馆,1999 年。

14.北京大学哲学系外国哲学史教研室:《西方哲学原著选读》,商务印书馆,1981 年。

15.郭守田:《世界通史资料选辑》(中古部分),商务印书馆,1981 年。

16.苗力田:《西方哲学史新编》,人民出版社,1990 年。

17.周辅成:《从文艺复兴到十九世纪资产阶级哲学家政治思想家有关人道主义人性论言论选辑》,商务印书馆,1966 年。

18.祁学义:《圣训研究》,宗教文化出版社,2010 年。

19.马小鹤:《伊本·赫勒敦》,台北东大图书股份有限公司,1993 年。

20.沈福伟:《中国与非洲——中非关系二千年》,中华书局,1990 年。

21.杨宽:《中国古代都城制度史研究》,上海古籍出版社,1993 年。

22.张承安:《城市发展史》,武汉大学出版社,1985 年。

23.同济大学城市规划教研室:《中国城市建设史》,中国建筑工业出版社,1982 年。

三、英文著作

1.Ibn Khaldun,An Introduction to History,Translated and introduced by Franz Rosenthal,Abridged and edited by N.J.Dawood,Princeton: Princeton University press,2005.

2.Ibn Khaldun,An Introduction to History,Translated from the Arabic by Franz Rosenthal,London,1958.

3.oseph A. Schumpeter,History of Economic Analysis. New York: Oxford Universiy Press,1954.

4.Baali,F.andWardi,A,Ibn khaldunand Islamic Thought–styles:a Social Perspective ,Boston:G.K.Hall,1981.

5.Baali,F,Society,State, and Urbanism: Ibn khaldun′s Sociological Thought, Albany: State University of New York Press,1988.

6.Baali,Social Institutions:Ibn khaldun′s Sociological Thought, Boston: University Press America,1992.

7.Mahdi,M, Ibn khaldun′s Philosophy of History.A study in the Philosophic

Foundations of the science of culture. Chicago: University of Chicago Press, 1964.

8.Durkheim,The Division of Labor in Society, Translated by Greorge Simpson ,New York:The Free Press,1933.

9.Nezar A Lsayyad,Cities and Caliphs,On the Genesis of Arab Mulsim Urbanism. New York,1999.

四、学术论文

1.Boulakia,J.David, "Ibn khaldun:A Fourteenth Century Economist",Journal of Political Economy,vol.79,No.5,Septemper–October,1971.

2.Dhaouadi, Mahmud, "An Exploration into Ibn Khaldun and Western Classical Sociologists Thought on the Dynamics of Change", Islamic Quartely, Vol. 30, No.4,1986.

3.Syed Farid Alatas,"Ibn Khaldun and Contemporary Sociology", International Sociology, Vol 21, No.6, 2006.

4.Johann P. Arnason and Georg Stauth,"Civilization and State Formation in the Islamic Context Re –Reading Ibn Khaldun",Thesis Eleven,Number 76, February 2004.

5.Mahmoud Dhaouadi,"New Explorations in the Making of Ibn Khaldun's Umran (Civilization) Mind",International Sociology Review of Books,Vol. 23, No. 2 ,2008.

6.Stephen Casewit, "The Mystical Side of the Muqaddimah: Ibn Khaldun's View of Sufism", Islamic Quarterly, Vol. 29, No.3,1985.

7.Joseph J. Spengler, "Economic Thought of Islam: Ibn Khaldun", Comparative Studies in Society and History, Vol. 6, No. 3 ,Apr, 1964.

8.Dieter Weiss,"Ibn Khaldun on Economic Transformation",International Journal of Middle East Studies,Vol. 27, No. 1 ,Feb, 1995.

9.M. Umer Chapra, "Ibn Khaldun's Theory of Development: Does It Help Explain the Low Performance of the Present–day Muslim World?", The Journal of Socio–Economics, Vol.37, 2008.

10.Syed Farid Alatas, "Ibn Khaldun and Contemporary Sociology", International Sociology, Vol 21, No.6, 2006.

11.Mahmoud Dhaouadi, "An Interpretation of the Implications of Human Nature for Ibn Khaldun's Thinking ", Islamic Quarterly, Vol.32, No.1,1988.

12.车效梅:《中东伊斯兰城市起源初探》,《山西师范大学学报》,2005年第 3 期。

13.何美兰:《7—12 世纪伊斯兰城市的布局及其成因——以开罗为例》,《首都师范大学学报》,2011 年第 5 期。

14.李振中:《社会历史哲学奠基人伊本·赫勒敦》,《回族研究》,2004 年第 1 期。

15.孙培良:《中世纪的巴格达》,《世界历史》,1980 年第 1 期。

16.金忠杰:《〈古兰经〉注释及其文化内涵与现实意义》,《阿拉伯世界研究》,2006 年第 6 期。

17.马忠杰:《伊斯兰法理学浅说》,《中国穆斯林》,1993 年第 4 期。

18.张广智:《伊本·卡尔敦及其〈通史〉》,《历史教学》,1982 年第 6 期。

19.徐善伟:《伊本·卡尔敦的史学观》,《史学史研究》,2000 年第 3 期。

20.许晓光:《浅析赫勒敦史学研究中的唯物论思想因素——兼及伊斯兰文化对西欧文化的影响》,《史学理论研究》,2008 年第 4 期。

21.徐善伟:《论伊本·卡尔敦的历史哲学》,《史学理论研究》,2001 年第 3 期。

22.胡小溪:《孤独的夜行者——伊本·赫勒敦》,《世界文化》,2008 年第 7 期。

23.王新中:《阿拉伯世界的孟德斯鸠——突尼斯经济思想家伊本·赫尔敦的贡献》,《西亚非洲》,2001 年第 1 期。

24.刘林海:《早期基督教的历史分期理论及其特点》,《史学史研究》,2011 年第 2 期。

后　记

经过多年的资料积累，四年的翻译、思考和写作，终于完成了《伊本·赫勒敦"文化科学"理论研究》一书，在拙著即将出版之际，我想借此机会对一些问题做一些解释和说明，也想表达自己的一些感想和感谢。

《历史绪论》中，伊本·赫勒敦将其创建的新科学命名为"文化科学"，乍一看起来，这个范畴似乎有些不可思议，在对《历史绪论》英文译本进行翻译的过程中，我也有几分疑惑，因为所有的人文社会科学都可以纳入到这个范畴中来。但仔细研究就会发现，其"文化科学"是要对人类政治、经济、城市等社会现象进行形而上的理解和解释，是采用一种多学科交叉研究方法研究历史，借此开启史学研究的一种新范式。为此，需要涉猎很多学科，从其研究范围来看，包括了当下的哲学、社会学、政治学、宗教学，乃至民族学等学科，关涉到人文社会科学的大部分学科，且对很多学科的研究，伊本·赫勒敦都走在时代的前列。难怪学者泰旺西评价其许多观点走在马基雅维利、孔德、卢梭、马克思、斯宾塞、涂尔干等近现代西方思想家之前很远。正因为如此，也给笔者的研究带来了很大的挑战，需要在对《历史绪论》英译本研读的基础上,对其"文化科学"涉猎到的学科都要有一定程度的认识和理解,否则就会造成学术术语或观点上的南辕北辙。但这种挑战非常值得,让我有机会了解了更多学科知识,拓展了我的学术视野。伊本·赫勒敦对史学研究新范式的开启,让我认识到学术研究一定要开拓学术视野,不能就事论事,更不能坐井观天,特别是要有深厚的哲学功底,你的研究才有可能高屋建瓴。

与伊本·赫勒敦思想的结缘,使我对哲学发生了浓厚的兴趣,哲学对我来说,是一门爱之愈深、恨之越切的学科,爱它是因为它太重要,一个民族的文化最核心的地方是哲学,哲学是指导一个民族文化发展的方向与智慧。哲学还是一种批判的武器,一个社会如果丧失了哲学的批判眼光,就会沉浸于洋洋自得而不能自拔,就会丧失行动的价值目标,就会成为现实的奴隶而找不到社会进步的方向。但由于哲学门槛太高,要跨入哲学的门槛,到哲学的精彩世界修行,需要有深厚的学术积累,需要有天才的头脑。伊本·赫勒敦就是这样一个天才,是"一位阿拉伯天才"(汤因比语),正因为伊本·赫勒敦对"百年翻译运动"期间翻译的包括哲学在内的古希腊罗马文化的广泛涉猎,以及阿拉伯亚里士多德学派的哲学思想的研读,才能对史学的研究入木三分,才获得了"伊斯兰教所产生的最伟大的历史哲学家,也是历代最伟大的历史学家之一"的美誉(希提赞誉)。

反思终归反思,在反思之余,有必要指出,书稿之所以能够顺利完成,除笔者本人的努力外,与一些单位和个人提供的机遇和帮助分不开。该书是教育部人文社会科学研究项目"伊本·赫勒敦的'文化科学'理论研究"的最终成果,感谢教育部社会科学司给予我深入研究伊本·赫勒敦"文化科学"理论的机会;感谢宁夏大学政法学院任军院长给予拙著问世的机会;感谢国家图书馆工作人员不厌其烦地给我提供英文资料,使书稿的撰写得以顺利完成;感谢本书的责任编辑丁丽萍、赵学佳,为书稿的出版所付出的辛勤劳动;感谢我的爱妻官艳琳,在工作之余,主动承担家务;感谢我的爱子冯子奇,能够独立、自觉地完成学习任务，为我的研究腾出了更多时间。感谢只是一种礼节性的表达，对感读者最好的回报还是能够有一本像样的著作呈现出来，虽然这个夙愿没有能够很好地实现，但这种难能可贵的认识，会让我在以后的研究中，尽力克服一些缺憾、弥补一些不足，争取做到心安理得。

伊本·赫勒敦是一位百科全书式的人物，涉猎的学科范围很广，由于笔者精力和能力所限，对于一些问题的研究还有一些不尽如人意的地方，敬请读者谅解。因笔者使用《历史绪论》的英文译本开展研究，由于语言的差异和笔者理解的偏差，对一些内容的翻译和理解可能还存在不到位的地方，敬请读者不吝赐教。

2015 年 11 月 22 日深夜于寒舍中